语义出版及其服务研究

苏 静 著

·北京·

图书在版编目（CIP）数据

语义出版及其服务研究/苏静著. —北京：科学技术文献出版社，2021.10
ISBN 978-7-5189-8541-8

Ⅰ.①语… Ⅱ.①苏… Ⅲ.①电子出版物—出版工作—研究 Ⅳ.① G237.6

中国版本图书馆 CIP 数据核字（2021）第 220960 号

语义出版及其服务研究

策划编辑：周国臻　责任编辑：巨娟梅　张瑶瑶　责任校对：张　微　责任出版：张志平

出　版　者	科学技术文献出版社
地　　　址	北京市复兴路15号　邮编 100038
编　务　部	（010）58882938，58882087（传真）
发　行　部	（010）58882868，58882870（传真）
邮　购　部	（010）58882873
官 方 网 址	www.stdp.com.cn
发　行　者	科学技术文献出版社发行　全国各地新华书店经销
印　刷　者	北京虎彩文化传播有限公司
版　　　次	2021 年 10 月第 1 版　2021 年 10 月第 1 次印刷
开　　　本	710×1000　1/16
字　　　数	192千
印　　　张	12　彩插4面
书　　　号	ISBN 978-7-5189-8541-8
定　　　价	42.00元

版权所有　违法必究

购买本社图书，凡字迹不清、缺页、倒页、脱页者，本社发行部负责调换

目 录

第1章 绪 论 ·· 1
  1.1 研究背景与意义 ·· 1
    1.1.1 研究背景 ·· 1
    1.1.2 研究意义 ·· 4
  1.2 国内外研究现状述评 ···································· 4
    1.2.1 语义出版的理论探索 ······························ 5
    1.2.2 语义出版的应用实践 ····························· 15
    1.2.3 研究现状评析 ··································· 21
  1.3 研究内容与研究方法 ··································· 22
    1.3.1 研究内容 ······································· 22
    1.3.2 研究方法 ······································· 24

第2章 语义出版的概念基础 ································ 25
  2.1 语义出版的基本定义 ··································· 25
    2.1.1 数字出版 ······································· 25
    2.1.2 语义出版 ······································· 27
  2.2 语义出版的内在属性 ··································· 32
    2.2.1 知识组织 ······································· 33
    2.2.2 知识服务 ······································· 36
  2.3 语义出版的价值功效 ··································· 37
    2.3.1 内容层面：提升出版产品知识价值内涵 ············· 37

2.3.2 服务层面：优化出版产品知识服务模式 ········· 38
2.3.3 运营层面：创新出版产品知识盈利渠道 ········· 39
2.4 语义出版的驱动因素 ····································· 40
2.4.1 大数据时代下的出版业态转型 ··················· 40
2.4.2 语义网环境下的知识服务升级 ··················· 42
2.4.3 开放式背景下的学术交流导向 ··················· 44
2.4.4 新媒体视域下的微型内容诉求 ··················· 46
2.5 小结 ··· 48

第3章 语义出版的体系框架 ······························ 49
3.1 语义出版的基本架构 ····································· 49
3.1.1 框架设计 ··· 49
3.1.2 基础层 ··· 51
3.1.3 资源层 ··· 57
3.1.4 方法层 ··· 58
3.1.5 服务层 ··· 60
3.2 语义出版的实现流程 ····································· 61
3.2.1 数字出版实现流程 ·································· 61
3.2.2 语义出版实现流程 ·································· 62
3.3 语义出版的标准规范 ····································· 64
3.3.1 制定原则 ··· 64
3.3.2 标准体系 ··· 65
3.3.3 典型内容 ··· 66
3.4 语义出版的关键技术 ····································· 73
3.4.1 本体构造技术 ······································· 73
3.4.2 语义标注技术 ······································· 76
3.4.3 语义推荐技术 ······································· 78
3.4.4 信息可视化技术 ···································· 80
3.5 小结 ··· 82

第 4 章　语义出版的内容组织 … 83
4.1　语义元素的识别 … 83
4.1.1　书目元素 … 84
4.1.2　内容元素 … 87
4.1.3　社交元素 … 89
4.2　语义关系的揭示 … 91
4.2.1　基于书目的语义关系 … 91
4.2.2　基于概念的语义关系 … 94
4.2.3　基于引证的语义关系 … 97
4.2.4　基于论证的语义关系 … 99
4.2.5　基于科研本体的语义关系 … 101
4.3　语义网络的聚合 … 103
4.3.1　基于主题集成的语义网络 … 103
4.3.2　基于科研合作的语义网络 … 105
4.3.3　基于社群交互的语义网络 … 107
4.4　小结 … 108

第 5 章　语义出版的服务形态 … 110
5.1　语义出版的服务需求 … 110
5.1.1　科研生命周期的服务需求 … 111
5.1.2　科学交流活动的服务需求 … 112
5.2　语义出版的服务方式 … 114
5.2.1　面向系统学习的知识化服务 … 114
5.2.2　面向场景识别的精准化服务 … 115
5.2.3　面向移动应用的碎片化服务 … 116
5.3　语义出版的产品形式 … 117
5.3.1　基于文献增值的语义出版产品 … 118
5.3.2　基于集成揭示的语义出版产品 … 120
5.3.3　基于智能推理的语义出版产品 … 122
5.4　小结 … 123

第 6 章　我国语义出版的推进策略··········124

6.1　发展环境及存在问题··········124
6.1.1　政策环境··········124
6.1.2　产业环境··········126
6.1.3　存在问题··········130

6.2　战略层面··········133
6.2.1　优化语义出版发展的政策环境··········133
6.2.2　支持语义出版示范性平台建设··········135
6.2.3　加快语义出版标准体系建设··········136
6.2.4　加强语义出版理论探索··········138

6.3　产业层面··········139
6.3.1　着力语义出版核心技术的联合研发··········139
6.3.2　加大语义出版领域知识库的开发力度··········142
6.3.3　强化语义出版人才队伍的持续建设··········144
6.3.4　探索语义出版服务产品的盈利模式··········145

6.4　小结··········147

第 7 章　研究总结与展望··········149

7.1　主要结论··········149
7.2　研究不足与展望··········152

附　录··········154
附录 1　访谈提纲··········154
附录 2　高链接量关联数据的集合目录（TOP 50）··········156

参考文献··········162

后　记··········181

图目录

图 1.1　Shotton 等针对 *PLoS NTD* 期刊论文的
语义出版效果图 ································· 7
图 1.2　科研实体的语义关联与互动展示实例 ············· 8
图 1.3　基于语义网的科技期刊数字化模型 ··············· 10
图 1.4　Smart Content 路线图 ······················· 17
图 1.5　研究框架 ··································· 22
图 2.1　中国知网（CNKI）增强出版设计路径 ··········· 30
图 2.2　语义出版的知识属性集中性 ···················· 33
图 2.3　知识表示发展光谱 ···························· 35
图 2.4　语义波：互联网发展趋势及其核心技术 ·········· 43
图 2.5　2010—2014 年国际主要出版商的开放出版论文
处理费收入 ···································· 45
图 3.1　语义出版的体系框架 ·························· 51
图 3.2　关联数据集云图（2017 年 1 月版）············· 54
图 3.3　中国数字内容产业用户规模 ···················· 56
图 3.4　多来源元数据集成与管理流程 ·················· 57
图 3.5　Article of the Future 项目研发的交互性地图 ····· 59
图 3.6　Article of the Future 项目研发的交互性表格 ····· 59
图 3.7　数字出版的实现流程 ·························· 62
图 3.8　语义出版的实现流程 ·························· 63

图 3.9　语义出版的标准规范体系⋯⋯⋯⋯⋯⋯⋯⋯⋯⋯⋯⋯⋯⋯⋯⋯ 66
图 3.10　RDF 三段式表示⋯⋯⋯⋯⋯⋯⋯⋯⋯⋯⋯⋯⋯⋯⋯⋯⋯⋯ 71
图 3.11　《汉语主题词表》中主题词"边坡"分类体系⋯⋯⋯⋯⋯ 74
图 3.12　概念"边坡"本体可视化效果图⋯⋯⋯⋯⋯⋯⋯⋯⋯⋯ 76
图 3.13　出版领域语义标注模型⋯⋯⋯⋯⋯⋯⋯⋯⋯⋯⋯⋯⋯⋯ 78
图 3.14　机构及所属国家文献出版规模的可视化示例⋯⋯⋯⋯⋯ 82
图 4.1　Wiley 书目元素框架⋯⋯⋯⋯⋯⋯⋯⋯⋯⋯⋯⋯⋯⋯⋯⋯ 85
图 4.2　Taylor 书目元素框架⋯⋯⋯⋯⋯⋯⋯⋯⋯⋯⋯⋯⋯⋯⋯⋯ 85
图 4.3　国外学术场景下主流社交媒体工具⋯⋯⋯⋯⋯⋯⋯⋯⋯⋯ 90
图 4.4　书目关系语义关联结果⋯⋯⋯⋯⋯⋯⋯⋯⋯⋯⋯⋯⋯⋯⋯ 94
图 4.5　基于论证的语义关系结构⋯⋯⋯⋯⋯⋯⋯⋯⋯⋯⋯⋯⋯ 100
图 4.6　科研本体的分类示意⋯⋯⋯⋯⋯⋯⋯⋯⋯⋯⋯⋯⋯⋯⋯ 101
图 4.7　基于科研机构关联的部分语义关系示例⋯⋯⋯⋯⋯⋯⋯ 103
图 4.8　知识主题本体示例⋯⋯⋯⋯⋯⋯⋯⋯⋯⋯⋯⋯⋯⋯⋯⋯ 104
图 4.9　基于主题集成的语义网络示例⋯⋯⋯⋯⋯⋯⋯⋯⋯⋯⋯ 105
图 4.10　基于科研合作的语义网络示例⋯⋯⋯⋯⋯⋯⋯⋯⋯⋯ 107
图 5.1　正式科学交流活动的组成主体及其角色分工⋯⋯⋯⋯⋯ 113
图 5.2　基于文献增值的语义出版产品结构⋯⋯⋯⋯⋯⋯⋯⋯⋯ 120
图 5.3　基于文献增值的语义出版产品示例⋯⋯⋯⋯⋯⋯⋯⋯⋯ 120
图 5.4　基于集成揭示的语义出版产品示例⋯⋯⋯⋯⋯⋯⋯⋯⋯ 121
图 5.5　基于智能推理的语义出版产品示例⋯⋯⋯⋯⋯⋯⋯⋯⋯ 123
图 6.1　我国语义出版软件技术服务商的技术类别分布⋯⋯⋯⋯ 142

表目录

表 1.1　Shotton 等针对 *PLoS NTD* 期刊论文的语义出版实验内容 ······· 7
表 1.2　传统出版物和纳米出版物特点对比 ······· 9
表 1.3　语义出版的 DBIU 层次模型 ······· 10
表 2.1　SCI 收录的部分数据期刊基本信息 ······· 31
表 2.2　以信息、知识为中心的组织与计算行为对比 ······· 34
表 3.1　超星知识服务系统基础资源集成框架 ······· 52
表 3.2　代表性关联数据的基本情况 ······· 55
表 3.3　信息可视化技术的数据需求和呈现形式 ······· 80
表 4.1　核心书目元素的 DC 元数据描述 ······· 87
表 4.2　"人民金典"语义查询系统内容元素的语义解析 ······· 87
表 4.3　面向科学数据集的语义描述框架 ······· 89
表 4.4　国外主要 Altmetrics 工具/平台数据来源与计量指标 ······· 91
表 4.5　基于书目的语义关系及其 DC 描述 ······· 93
表 4.6　基于术语结构的语义关系类型 ······· 97
表 4.7　科学论文类型及其论证要求 ······· 99
表 4.8　社会化媒体素养的基本概念 ······· 108
表 4.9　基于社群交互的语义网络组成部分 ······· 108
表 6.1　我国语义出版相关专利一览表 ······· 129
表 6.2　我国语义出版软件技术服务商实力排序（TOP 10）······· 141

第 1 章 绪 论

现代信息环境下，每位科研工作者都可以成为网络学术资源的建设者、传播者和使用者。随着数字出版的不断发展，尤其是以博客、社交网络、基于位置的服务 LBS 为代表的新型学术信息发布方式的日益涌现，数字信息资源飞速膨胀。然而，海量数字资源给科研用户带来了严峻挑战。一方面，"信息过载""信息迷航""信息孤岛"等问题成为阻碍学术资源有效应用的关键瓶颈；另一方面，传统型以元数据描述为主要方式的知识表达和以 Word、PDF 等静态格式为代表的知识载体已无法满足不同知识颗粒度的科研需求。由此，科研用户无法方便、快捷、高效地获取所需的数字出版内容，并难以实现大范围内的知识共享，阻碍了科学交流效率，降低了数字出版的内容价值。这就需要出版业在数字出版基础上，利用相关性原理、有序性原理和易用性原理等对数字出版内容资源进行有序组织，旨在从纷繁芜杂的学术信息中挖掘可用性知识。在该背景下，语义出版逐步形成和发展，其内容组织单元向主题知识要素、科学研究对象、科研实体人物、科学活动事件、科学参数指标等知识内容层面发展，已成为数字出版的主流形态。

1.1 研究背景与意义

1.1.1 研究背景

（1）开放信息环境下科学交流的演变

20 世纪 70 年代，苏联情报学家 А.И. 米哈依洛夫便指出，科学交流是科学研究不可分割的一部分,是科学赖以存在和发展的基本机制[①]。在以学术期刊为核心的纸质文献成为科学交流的主导载体之前,科学信息主要以H.Menzel所谓的非正式交流方式实现,即科学信息主要借助口头、书信等方式进行直接交流[②]。随着出版技术的发展,以学术期刊等纸质文献为代表的正式交流方式成为科学交流的主导,以此为对象的生产机构(如出版单位)、收藏机构(如图书馆)、分析机构(如情报院所)等逐渐融入科学交流系统之中。此外,美国图书馆学家Lancaster便针对正式交流系统提出了情报传递环圈模型,该模型强调了科学信息传递的循环特征,突出了信息中心与信息服务在整个科学交流循环圈中的作用[③]。同时,非正式交流在整个科学交流活动中的地位也逐步提升[④]。

所谓开放信息环境,可以理解为在科学研究范式不断演进、开放获取运动蓬勃发展和语义技术快速更新的合力驱动下,逐步催生的具备交互性、智能性和共享性的数字知识资源生态环境[⑤][⑥]。在该环境影响下,学术信息传播的渠道发生了深刻变化,图书、期刊、报纸等传统型信息载体具有一定滞后性,并已无法满足科研用户的需求,博客、微博、微信、社区、论坛、预印本系统、机构知识库、学科仓储等非正式交流方式应运而生,一定程度上挤压了传统科学交流渠道的生存空间,尤其是对原有的闭合式科学交流信息链造成了冲击。同时,科研过程中的实验数据、视频、音频、评述、讨论、补充性材料等科学资源大量涌现,碎片化内容、微传播内容也重构着传统出版形式的内容价值。

因此,在开放信息环境下,语义出版及其服务研究有必要并亟待解决3个核心问题:一是有效融合正式交流方式和非正式交流方式,提升知识扩散和知识转移的速率,以期更好地发挥科学交流系统的整体功能;二是全面梳理正式交流和非正式交流的具体表现形式和资源产出形态,以便构建多来源资源规模集基础上的语义知识网络;三是深入调研科研用户的科学研究需

---

① 米哈依洛夫,等.科学交流与情报学[M].徐新民,等,译.北京:科学技术文献出版社,1980:5-10.
② 徐丽芳.科学交流系统的要素、结构、功能及其演进[J].图书情报知识,2008(6):114-117.
③ LANCASTER F W, SMITH L C. Science, scholarship and the communication of knowledge[J]. Library trends, 1978, 27(3):367-387.
④ 方卿.论网络环境下非正式交流的复兴[J].情报理论与实践,2002,25(4):258-261.
⑤ 孙坦.开放信息环境:学术图书馆信息资源建设的重定义与再造[J].中国图书馆学报,2013,39(3):9-17.
⑥ 苏静,曾建勋.开放信息环境下传统学术出版商的内容运营策略:以英国物理学会出版社为例[J].中国科技期刊研究,2015,26(7):693-698.

求和信息获取行为特征，以便开展个性化、精准性的语义出版服务，从而拓展用户市场。

（2）语义网驱动的数字出版形态升级

高速发展的万维网已成为世界文明历史进程中影响最为深远、覆盖最为广泛的信息传播媒介，同时也在不断推动着人类信息交流传播方式的创新与变革。1998年，万维网的发明人蒂姆·伯纳斯-李（Tim Berners-Lee）提出了语义网（Semantic Web）的设想，并于2001年在 Scientific American 期刊上刊登题为"The Semantic Web: a new form of Web content that is meaningful to computers will unleash a revolution of new possibilities"的论文，正式宣告了语义网的诞生，指出通过在 Web 信息创作和发布中嵌入机器可读的、代表某类知识内在含义的语义标注，使机器能够自动地处理和集成可用的数字信息，从而开拓崭新的智能化服务[1]。此后，语义网的提出受到了科学研究人员、软件开发人员和国际技术标准机构的极大关注，2002年于意大利首次召开了国际语义网会议（International Semantic Web Conference，ISWC），2003年以语义网为研究对象的 Journal of Web Semantics 期刊由爱思唯尔正式出版。尤其是随着万维网联盟（World Wide Web Consortium，W3C）接连制定并推出资源描述框架（RDF）、RDF 查询语言（SPARQL）、万维网本体语言（OWL）、规则交换格式（RIF）等一批技术标准，语义网技术在众多领域得到广泛应用，为知识表示、组织、推理、交换和复用奠定基础。

与此同时，数字出版时代主要围绕以元数据描述为核心的传统知识表达方式和以 PDF 格式为代表的静态文献资源，却缺乏面向用户的服务需求调研、商业模式设计，以及相关语义化、可视化、交互化技术的集成应用。随着语义网理论研究和实践探索的不断深入，语义出版被业界和学界认为是数字出版的主要发展方向之一。例如，2011年5月于希腊召开的第八届世界扩展语义网大会（the 8th Extended Semantic Web Conference）举办了第一届语义出版研讨会（SePublica 2011），讨论主题涵盖语义文档的出版单元、科学事实出版物的表现形式、模块化内容对象的出版框架、实体对象的语义注释工具、科学出版物的可持续发展、学术电子出版物的语义模型

---

[1] BERNERS-LEE T, HENDLER J, LASSILA O. The semantic web: a new form of Web content that is meaningful to computers will unleash a revolution of new possibilities[J/OL].Scientific American, 2001（5）[2015-04-03].http://www.scientificamerican.com/article/the-semantic-web/.

等①。2012年,欧洲学术出版会议则将主题直接定位于"语义网、数据和出版"②。

整体而言,语义出版已成为数字出版的发展趋势之一,但现阶段仍处于探索期,因此,有必要对其概念基础、体系框架、应用模式进行系统化梳理,侧重于内容层面的知识要素抽取、结构化描述与语义关联,侧重于产业链层面的面向语义化、互动化、富媒体的出版流程再造,侧重于知识单元的独立出版及其与传统出版的有效融合,并积极探索语义技术、数字出版物相关描述、发布及互操作标准等方法的适用性。

1.1.2 研究意义

本研究的理论意义在于:一是深入探析语义出版的理论内涵,包括语义出版的定义、价值功效、驱动因素等,为后续语义出版的理论研究提供一定参考基础;二是提出语义元素的识别与描述方法、语义关系的揭示与关联模式、语义网络的展示与交互手段,促进海量学术信息资源的深度组织和集成,进一步丰富和深化语义出版在知识组织研究范畴的理论体系。

本研究的现实意义在于,基于开放信息环境下的科学交流活动,从资源结构、聚合形态、实现流程、功能特征等多维角度研究语义出版的构建原理,挖掘学术信息资源内在的语义关联,并形成新兴知识资源的网络集合,实现面向科学研究的知识导航、知识评价、知识发现、情报计算等更具专业性的深层次出版服务,以提升数字出版内容的知识服务水平,促进我国语义出版的应用建设。

1.2 国内外研究现状述评

近年来,语义出版的理论探索和应用实践都处于不断变化和丰富的发展状态中,本研究将以语义出版的概念特征、表现形式、实现方法、价值功效等理论要素为对象③,并从国内外应用实践等方面展开中外研究现状综述,总结现有研究成果及其中存在的不足和问题。

---

① WAARD A D, CASTRO A G, LANGE C, et al. Proceedings of the First Workshop on Semantic Publication [EB/OL].[2015-04-03].https://svn.kwarc.info/repos/clange/conferences/eswc2011/sepublica/proceedings/proc.pdf.
② Academic Publishing in Europe[EB/OL].[2015-04-03].http://www.ape2012.eu/.
③ 苏静,曾建勋.国内外语义出版理论研究述评[J].中国科技期刊研究,2017,28(1):33-38.

1.2.1 语义出版的理论探索

早期的语义出版研究主要是探讨语义网与数字出版之间的关系，勾画语义出版的蓝图，伴随着各大出版机构和在线信息服务商的实践进展，语义出版的理论研究也愈加丰富，并主要探讨语义网技术、可视化技术和相关技术在出版领域的实现路径和实际应用价值。

（1）语义出版的概念特征研究

起初，语义出版的构建对象主要集中于学术期刊，基本概念在2009年被David Shotton首次提出，成为开展系统性语义出版理论探究的逻辑起点[1]。值得注意的是，虽然语义网技术的应用是语义出版的重要驱动力，但是David Shotton也特别指出语义出版的涵盖面更为宽泛，包含网络功能的高效利用、超链接、利用Javascript语言实现交互性等。程维红等认为，语义出版是数字出版的高级形态，是基于语义技术及其他相关信息技术的智能化出版方式，可通过语义标记丰富期刊文章表现形式，提高文章信息可操作性和交互性，增强文章关联度，改进出版流程[2]。Elsevier将语义出版定义为通过一系列技术对期刊论文进行深度加工（分类、注释、关联、分析），实现从原始的文本到结构化文本再到富含语义知识的灵活内容的转变，从而实现论文附加值的提升。

基于此，有学者指出语义出版的研究内涵不仅仅是简单形式的期刊内容分化和结构重组，应从可发现的信息服务转型至可计算（actionable knowledge）的知识服务。初景利等将语义出版定义为一种沿革"知识组织—知识发现—知识服务"的期刊出版模式，数字内容中每一个层次的信息都可以作为具体的知识单元被解析、被描述、被重组，可以通过计算机对这些单元及其复杂关系进行计算，使得这些单元与其他知识单元实现动态、个性关联，通过揭示这些单元之间关系来支持复杂的知识发现，以提升期刊的知识服务能力[3]。彭希珺等则从学术期刊的数字化发展方向提出，语义出版是通过揭示每篇论文中的知识单元及其语义类型（概念、人物、组织与机构、地理对象、

---

[1] SHOTTON D. Semantic publishing: the coming revolution in scientific journal publishing [J]. Learned publishing, 2009, 22 (2): 85-94.

[2] 程维红, 任胜利, 沈锡宾, 等. 中国科协科技期刊数字出版及传播力建设 [J]. 中国科技期刊研究, 2014, 25 (3): 340-345.

[3] 中国科学技术协会. 中国科协科技期刊发展报告（2014）[M]. 北京: 中国科学技术出版社, 2014: 225-227.

时间对象、事件、生物动物体、物质体、仪器设备、功能等）和语义关系（is-a、part-of、in、along、adjacent to、overlap、fund、take part in、causes、affect、write、publish、discover、cure 等），并且将其与其他论文、期刊和知识单元进行关联，实现知识内容的深度挖掘和基于动态关联的知识发现[①]。

同时，除去以学术期刊为语义出版资源基础外，其他文献型学术资源、社交媒体资源、数据型资源等也成为语义出版的集成来源。有研究指出，语义出版是学术出版的高级产物，可通过应用现代网络标准提高出版物的互动性、开放性和易用性，主要方式是采用本体将出版物内容转换为机器可读的 RDF 元数据形式，以内在语义编码丰富出版产品形态[②]。王晓光等则认为，语义出版可自动实现在线文献中的不同资料、事件、记录之间的关联和集成，并进一步指出语义出版在出版内容、形式和服务上呈现出内容结构化、数据融合化、信息可视化、对象关联化、阅读个性化的特征[③][④]。徐丽芳等指出，语义网技术促使数字出版由载体数字化向数据结构化转型，同时，语义出版与密集型数据出版、可视化出版和互动出版之间体现出相互交织的特点，共同服务于科学交流的价值目标[⑤][⑥]。

（2）语义出版的表现形式研究

2009 年，David Shotton 率先系统设计了针对科技期刊论文语义出版的表现模式，并以美国公共科学图书馆旗下期刊 *PLoS Neglected Tropical Diseases* 的论文为实验案例。其实验内容主要包括分析 DOI、超链接、标签树、互动图表、支持重新排序的参考文献，以及可语义标记的文本术语及其与相关信息的链接、基于上下文的引用关系识别等语义出版形式的可行性（表1.1）[⑦]，出版效果如图 1.1 所示。

---

① 彭希珺，张晓林. 国际学术期刊的数字化发展趋势[J]. 中国科技期刊研究，2013，24（6）：1033-1038.
② Semantic Publishing [EB/OL]. [2015-04-03]. https://semanticpublishing.wordpress.com/category/semantic-publishing/.
③ 王晓光，陈孝禹. 语义出版的概念与形式[J]. 出版发行研究，2011（11）：54-58.
④ 王晓光，陈孝禹. 语义出版：数字时代科学交流系统新模型[J]. 出版科学，2012，20（4）：81-86.
⑤ 徐丽芳，方卿，邹莉，等. 2006—2010年数字出版研究综述[M]//方卿，徐丽芳. 出版学研究进展. 武汉：武汉大学出版社，2010：199-274.
⑥ 徐丽芳，丛挺. 数据密集、语义、可视化与互动出版：全球科技出版发展趋势研究[J]. 出版科学，2012，20（4）：73-80.
⑦ SHOTTON D, PORTWIN K, KLYNE G, et al. Adventures in semantic publishing: exemplar semantic enhancements of a research article[J]. PLoS computational biology, 2009, 5（4）：1-17.

表 1.1 Shotton 等针对 *PLoS NTD* 期刊论文的语义出版实验内容

语义出版对象	具体表现形式
外部内容集成	提供正文所用软件、实验数据等对象的来源机构网站链接
	提供指向参考文献全文的 DOI 链接
	提供机器可读的元数据和参考文件（RDF N3 和 RDFa 格式）
内部内容增强	提供可执行的表格和图片内的数据集
	语义标注文本词汇，并指向规范文档
	增加其他语种（葡萄牙语）摘要
	参考文献列表按字母顺序、出版年、本篇论文提及频次排序
	交互式图表（放大/缩小）
	支持论点的工具提示（tooltips）
内部内容分析	标签云和总结式的文献自动摘要
	引文分析（观点引用、背景引用、方法引用、数据引用、电子/纸质载体类型、引文是否同行评议等）
数据融合	与 Google Maps 实现时空融合（mashups）
	集成其他出版物的关联数据

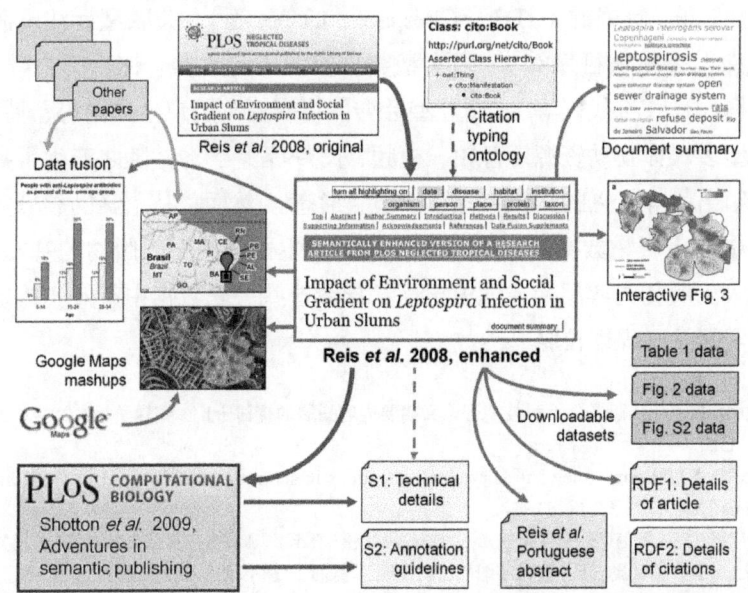

图 1.1 Shotton 等针对 *PLoS NTD* 期刊论文的语义出版效果图

此外，语义出版的表现形式还包括在摘要部分充分表达科技期刊研究论文的核心学术内容，即在现有摘要的基础上应附加重要图表、数理式和关键引文等内容[①]，或是科研实体的语义关联和互动展示[②]（图 1.2）。

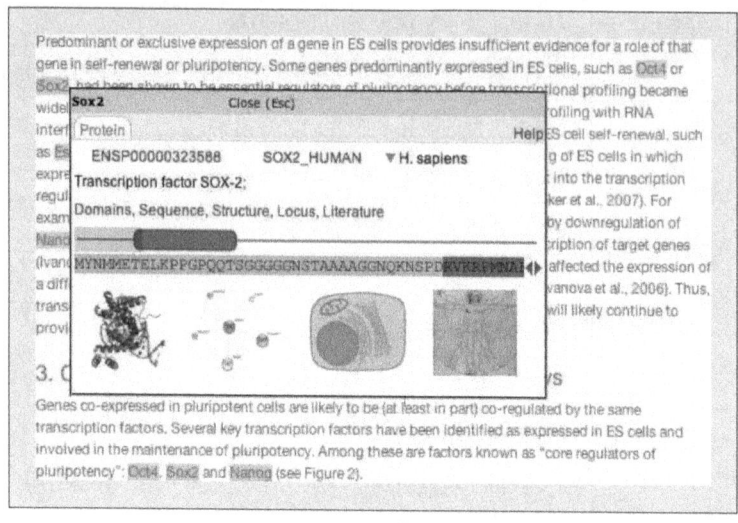

图 1.2　科研实体的语义关联与互动展示实例[③]

然而，大数据时代的资源形态不仅仅包括文献型基础资源（图书、期刊、专利等），还包括术语型工具资源（基础词库、规范文档、机构词典等）、软件型工具资源（TDA、Citespace、Ucinet 等）、关联型标注资源（科研数据库、查新项目库等）、事实型数据资源（元数据仓储、引文数据库、实验数据、计算机代码等）、交互型社会网络资源（用户生成内容、博客等）和三维型多媒体互动资源（音频、视频、图片等）[④][⑤]，并随之产生了数据出版、视频出版等新兴的知识单元独立出版形态。然而，从语义网领域关联数据云图中的出版物数据集结果来看，其内容主要是关于出版物的基本信息，很少深入出版物内容层面或词汇层面，导致这些关联数据中有效实体链接并不多，实际关联程度较弱[⑥]。

[①] 朱大明. 数字化出版条件下科技期刊论文摘要内容拓展的探讨［J］. 编辑学报，2014，26（5）：430-432.

[②] WAARD A D. From proteins to fairytales: directions in semantic publishing［J］. IEEE intelligent systems，2010，25（2）：83-88.

[③] 注：应用欧洲生物信息研究所 REFL 等工具，通过点击"Sox2"弹出菜单显示包含该实体的相关信息。

[④] 周杰，苏静，曾建勋. 下一代数字图书馆的发展思考［J］. 图书情报工作，2013，57（8）：35-39.

[⑤] 汪庆，任慧玲. 新技术环境下 STM 出版发展趋势探析［J］. 科技与出版，2014（9）：123-127.

[⑥] 徐雷. 语义出版应用与研究进展［J］. 出版科学，2016，24（3）：33-39.

因此，随着学术交流方式及载体形态的愈加多样，如何发现、整合并对大数据环境下多种资源的语义知识关联进行有效表示是亟待解决的课题，纳米出版物模式①和微型出版物模式②也便应运而生。相较于传统出版物，纳米出版物是指以核心科学论据（core scientific statements）为对象，对其归因、质量和来源进行语义描述，并以 Named Graph/RDF 形式序列化存储和表示（表1.2）③。微型出版物以揭示科学论证结构为核心，能够支持发现论点和论据（数据、方法、材料规格、参考文献等）之间的逻辑关系。

表1.2 传统出版物和纳米出版物特点对比

类型	传统出版物	纳米出版物
语义编码	无	有
内容	全文（详细）	结论＋情境（精简）
形式	文字表达	概念三元组集合
格式	PDF、DOC、TXT等	RDF、XML
最小单元	词	概念
结构形态	静态、单一线性	动态连续性
可分割性	无	有
机器可读性	弱	强
链接	无	有
集成多种资源	无	有
适于大数据处理	否	是

（3）语义出版的实现方法研究

1）宏观层面

宏观层面的语义出版实现方法是指通过构建语义出版框架模型来揭示语义出版的实现路径，如新型数字化期刊发展模型 Journal 3.0，基于语义网的

---

① GROTH P, GIBSON A, VELTEROP J. The anatomy of a nanopublication [J]. Information services and use, 2010, 30（1-2）：51-56.
② CLARK T, CICCARESE P N, GOBLE C A. Micropublications: a semantic model for claims, evidence, arguments and annotations in biomedical communications [J]. Journal of biomedical semantics, 2014, 5（1）：28.
③ 吴思竹，李峰，张智雄. 知识资源的语义表示和出版模式研究：以 Nanopublication 为例 [J]. 中国图书馆学报, 2013, 39（4）：102-109.

科技期刊数字化模型（图1.3）[①]和出版资源服务系统[②]，DBIU层次模型（表1.3）[③]，面向个人应用的数字复合出版环境构建模型[④]，基于碎片重组的动态数字出版模型[⑤]，基于特征描述、特征抽取和知识关联的语义出版技术框架[⑥]，上述内容对于国内建设主体推进语义出版发展有着较强的参考价值。其中，Journal 3.0是由原中国科学院国家科学图书馆馆长张晓林教授提出的，他认为应从丰裕化结构化语义化内容、关联与融汇发现技术和开放与交互传播利用方法3个维度建设学术出版新方向[⑦]。

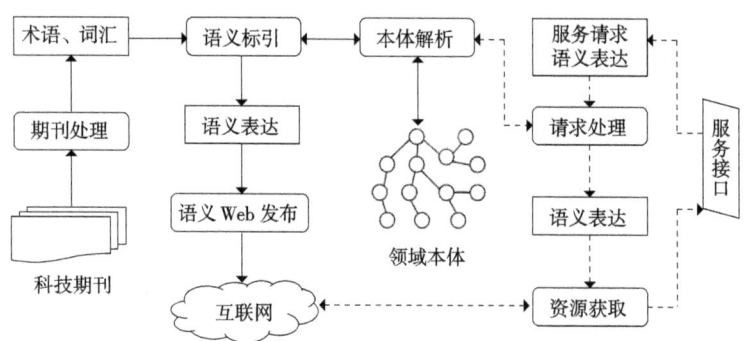

图 1.3　基于语义网的科技期刊数字化模型

表 1.3　语义出版的 DBIU 层次模型

层次	关键任务与相关技术
用户层	用户需求识别与跟踪、用户行为学习、用户兴趣网络建模、个性化资源推荐等
交互层	文章、段落、图表、数据、附件资料的交互性设计、导航设计、信息混合设计、开放接口设计、浏览终端设计、资源下载服务、信息可视化等
业务层	文档采集、文档结构化处理、文档内实体识别、语义标注、文档分析、信息抽取、自动关联、知识网络构建、XML语言、领域本体等
数据层	结构化、半结构化与非结构化数据及文档的存储、XML数据库、关系数据库等

---

① 王石榴.基于语义 Web 的科技期刊数字化[J].中国科技期刊研究，2013，24（6）：1143-1145.
② QI H Y，LI Y Z. Design of publishing information service system based on Web 3.0[J]. IERI procedia，2012，2（4）：543-547.
③ 王晓光，陈孝禹.语义出版：数字时代科学交流系统新模型[J].出版科学，2012，20（4）：81-86.
④ 张濮.个人数字复合出版环境的构建[J].出版发行研究，2010（3）：43-46.
⑤ 温有奎，吴广印.碎片化科研创新点动态挖掘研究[J].数字图书馆论坛，2014（7）：25-32.
⑥ 李楠，孙济庆，马卓.面向学术文献的语义出版技术研究[J].出版科学，2015，23（6）：85-92.
⑦ 翁彦琴，李苑，彭希珺.英国皇家化学会（RSC）：科技期刊语义出版模式的研究[J].中国科技期刊研究，2013，24（5）：825-829.

2）中观层面

中观层面的语义出版实现方法涉及语义标准层、语义技术层和语义工具层3个方面。语义标准层侧重于针对学术资源组成要素形成的标准规范，如面向引文的 CiTO① 和 FaBiO② 元数据标准，面向科学数据的 GBIF 元数据规范③、DataCite、DataStaR 元数据方案、OTA 元数据方案等，面向附加/补充材料的美国光学学会附加资料实施计划（OSA supplementary materials draft implementation plan）④，面向图像专用的 IPTC 元数据规范⑤，面向数字出版物的发行版本格式标准 EPUB 等；语义技术层包括资源描述框架（RDF）、万维网本体语言（OWL）、可扩展标记语言（XML）、规则交换格式（RIF）、HTML 5、EARMARK⑥、关联数据、本体⑦、SPARQL 协定与 RDF 查询语言、文献计量学、社会网络分析、相似度计算等⑧，有助于学术资源的知识表示、推理和交换；语义工具层则包括 Protégé、Ontosaurus、Drupal、OntoEdit、IPython Notebook、Authorea、REFL、Ztreamy⑨、LarKC⑩ 等，有助于学术资源的语义化组织与关联化发布。

就现实而言，学者往往是针对一种或多种语义出版实现方法开展理论性探索。具体来说，一是基于知识组织体系的语义映射与资源整合。例如，Marcondes 将论文概念与美国国立医学图书馆开发的一体化医学语言系统的术语进行匹配和标注，为论文概念提供了一个统一的分类体系，并通

---

① PERONI S, SHOTTON D. FaBiO and CiTO: ontologies for describing bibliographic resources and citations [J]. Web semantics: science, services and agents on the World Wide Web, 2012, 17: 33-43.
② SHOTTON D. CiTO, the citation typing ontology [J/OL]. Journal of biomedical semantics, 2010, 1 (S-1): S6 [2015-06-08]. http://www.ncbi.nlm.nih.gov/pmc/articles/ PMC 2903725/.
③ BRAAK K. Update projects to use GBIF metadata profile version 1.1 (currently 1.0.2) [EB/OL]. [2015-06-08]. http: //dev.gbif.org/issues/browse/POR-2460.
④ OSA Publishing. Author guidelines for supplementary materials in OSA journals [EB/OL]. [2015-06-08]. http: //aolp.osa.org/submit/style/multimedia.cfm.
⑤ IPTC. IPTC photo metadata standard [EB/OL]. [2015-06-08]. http: //iptc.org/standards/photo-metadata/iptc-standard/.
⑥ PERONI S. Semantic web technologies and legal scholarly publishing [M]. Cham, Switzerland: Springer, 2014: 45-94.
⑦ 梁艺多, 翟军. 本体推理在关联数据链接发现中的应用研究 [J]. 现代图书情报技术, 2015 (4): 87-95.
⑧ 陈兰杰, 侯鹏娟. 数字文献资源关联关系揭示方法研究 [J]. 图书馆, 2015 (2): 41-45.
⑨ FISTEUS J A, GARCIA N F, FERNÁNDEZ L S, et al. Ztreamy: a middleware for publishing semantic streams on the Web [J]. Web semantics: science, services & agents on the World Wide Web, 2014, 25 (2): 16-23.
⑩ 黄智生, 钟宁. 海量语义数据处理: 平台、技术与应用 [M]. 北京: 高等教育出版社, 2012: 17-27.

过 UMLS 的语义类型搭建论文之间存在的关系[1]。欧石燕以《汉语主题词表》为例，制定基于 SKOS、SKOS-XL 和 SKOS 扩展的叙词表语义化表示方案，开发基于 N-Triples 格式的词表语义化转换程序，采用新兴的 SPIN 框架对语义化词表的完整性进行验证，并通过 "Jena TDB+Fuseki+Pubby" 的组合将 SKOS/RDF 词表数据在网络上发布为关联数据，且提供词表关联数据检索界面[2]，该方法促进了中文叙词表在网络环境下的发布、共享与应用，也使《汉语主题词表》成为推进我国语义出版建设的示范性本体工具。赖院根等通过《中国图书馆分类法》(Chinese Library Classification, CLC)与《国际专利分类表》(International Patent Classification, IPC)的类目映射、创新主题提取和基于叙词表的语义相似度计算来解决异构科技文献链接中存在的问题，探讨期刊论文和专利文献的整合框架[3][4]。鲜国建应用简单知识组织系统将《中国农业科学叙词表》进行了规范语义描述，并与 AGROVOC、NALT 等农业知识组织体系建立映射，构建了覆盖科学数据、科技文献和叙词表的多维语义关联模型[5]。

二是基于文献计量学的语义网络构建。例如，围绕发文共现与耦合、引文共现与耦合、发文-引文共现 3 个层面对数字文献资源中的元数据概念及其计量语义关系进行揭示和推演，进一步系统化地构建了具有本体模型、语义网络及社会网络的共有特性的数字文献资源计量语义网络[6]。周杰等通过成果继承、传播关系、共被引关系、主题关系、耦合关系、合作关系及隶属关系等构建语义关系网络，以反映知识流动方向和科研合作态势[7]。

三是基于数据挖掘的结构语义化分类与相似度计算。马凤采用隐语义相似度分析模型，挖掘某一特定类别的专业文献间的相似度[8]。陆伟等提出一种研究性论文的结构功能框架，对学术文本内在结构的章节功能

---

[1] MARCONDES C H. Knowledge network of scientific claims derived from a semantic publication system [J]. Information services & use, 2011, 31 (3-4): 167–176.
[2] 欧石燕. 中文叙词表的语义化转换 [J]. 图书情报工作, 2015, 59 (16): 110–118.
[3] 赖院根. 期刊论文与专利文献的链接研究 [J]. 图书情报知识, 2011 (1): 63–69.
[4] 赖院根, 曾建勋. 期刊论文与专利文献的整合框架研究 [J]. 图书情报工作, 2010, 54 (4): 109–112.
[5] 鲜国建. 农业科技多维语义关联数据构建研究 [D]. 北京: 中国农业科学院, 2013.
[6] 王菲菲, 邱均平, 余凡, 等. 信息计量学视角下的数字文献资源语义化关联揭示 [J]. 图书情报工作, 2014, 58 (7): 12–18, 29.
[7] 周杰, 曾建勋. 数字环境下的语义出版研究 [J]. 情报理论与实践, 2013, 36 (8): 32–35.
[8] 马凤. 基于隐语义相似度分析的专业文献检索方法及实证研究 [J]. 情报理论与实践, 2014, 37 (1): 110–115.

和逻辑体系进行了定义，采用词表与序列标注等方法从3个不同层次（基于章节标题、基于章节内容和标题、基于段落）解决了结构功能的自动分类问题①。

3）微观层面

微观层面的语义出版实现方法是指通过解析学术信息资源内容，精细化揭示语义出版的知识单元结构及内涵。在数字图像方面，王晓光等针对敦煌壁画提出一套数字图像语义描述框架（semantic description framework of digital image，SDFDI）②，以实现数字图像标注内容的规范化和机器自动标注，为其他领域数字图像的组织和管理提供借鉴和参考。Fariza Fauzi 和 Mohammed Belkhatir 从图像文本描述归纳出面向互联网图像的语义特征模型③，还有进行二分理论、三分理论、二维理论等图像特征分类与分层研究④。在科学数据方面，应注重从数据题名、数据创建日期、数据创建者、数据收集与处理过程、数据文件格式、数据产生背景、数据内容、摘要、永久识别符、存档资源链接、实验条件、所用软件工具、环境要求、有关实验设计的原理、研究动机和相关讨论等元素进行描述⑤⑥⑦。在科研实体方面，利用维基百科的人物条目信息⑧丰富中文人名名称规范文档，基于规范文档的机构实体关联关系构建⑨，设计 DOI、ORCID、ISNI、ISSN 等科研实体唯一标识符集成关联的元数据框架⑩。而引文方面的语义研究主要包括3个方面：一是基于引文著录信息的关联研究，如潜在合作伙伴识别、科学历史演化分析等；二是基于引文内容的关联研究，主要揭示文献之间

---

① 陆伟，黄永，程齐凯.学术文本的结构功能识别：功能框架及基于章节标题的识别［J］.情报学报，2014，33（9）：979-985.
② 王晓光，徐雷，李纲.敦煌壁画数字图像语义描述方法研究［J］.中国图书馆学报，2014，40（1）：50-59.
③ FAUZI F，BELKHATIR M. Multifaceted conceptual image indexing on the world wide web［J］. Information processing & management，2013，49（2）：420-440.
④ 黄崑，王珊珊，耿骞.国外图像特征研究进展与启示［J］.图书情报工作，2015，59（8）：138-146.
⑤ 邱春艳.期刊文献与科学数据的关联服务研究［J］.情报资料工作，2014（2）：63-66.
⑥ 王丹丹.数据论文：数据集独立出版与共享模式研究［J］.情报资料工作，2015（5）：95-98.
⑦ 刘凤红，崔金钟，韩芳桥，等.数据论文：大数据时代新兴学术论文出版类型探讨［J］.中国科技期刊研究，2014，25（12）：1451-1456.
⑧ 贾君枝，薛秋红.中文人名名称规范档与维基百科的链接［J］.图书情报工作，2015，59（16）：129-134.
⑨ 王星，曾建勋，苏静，等.机构规范文档构建方式研究［J］.数字图书馆论坛，2015（7）：2-8.
⑩ 贤信，曾建勋.科研实体唯一标识系统研究［J］.图书情报工作，2015，59（12）：113-119.

引用关系的深层语义内涵，如文献引用强度分析[1]、引文情感分类（负面、中立、积极等）[2]、引用动机表征[3]、引文功能语义标注及其实现流程[4][5][6]、引用的主体、时间、主题、位置[7]等；三是基于引文语种的关联分析，如跨语言引文推荐[8]等。

（4）语义出版的价值功效研究

从语义出版的知识价值出发，初景利等认为语义出版将期刊及其论文从一个孤立、静止的知识包变成了嵌在相互关联和作用的知识体系中的活的知识工具，帮助用户发现或验证新知识，并超越传统的质量控制、成果记载、知识传播等功能[9]。尤其是在语义网环境下，科技期刊进行语义出版模式探索的核心价值在于实现知识关联、共享与服务[10][11]，只有建立在语义出版的基础上才能最大限度地挖掘集群知识的潜在价值[12]。Bob DuCharme 认为，出版领域对重要概念的分类、命名及关联关系的确定，将有助于语义本体的建立，而应用语义网技术工具可以促进出版商的内容组织和网络传播[13]。此外，知识链接是实现语义出版的重要手段，其价值体现在实现多源成果的集成展示和统一检索，实现论文与引文间的交叉揭示与融会贯通，实现科学对象间（机

---

[1] WAN X J, LIU F. Are all literature citations equally important? automatic citation strength estimation and its applications［J］. JASIST, 2014, 65（9）: 1929-1938.
[2] 刘盛博, 丁堃, 张春博. 基于引用内容性质的引文评价研究［J］. 情报理论与实践, 2015, 38（3）: 77-81.
[3] 杨思洛. 引文分析存在的问题及其原因探究［J］. 中国图书馆学报, 2011, 37（3）: 108-117.
[4] 齐燕. 引用语义化相关问题初探［J］. 情报理论与实践, 2013, 36（8）: 15-20.
[5] 陆伟, 孟睿, 刘兴帮. 面向引用关系的引文内容标注框架研究［J］. 中国图书馆学报, 2014, 40（6）: 93-104.
[6] RADOULOV R. Exploring automatic citation classification［D］. Waterloo: University of Waterloo, 2008.
[7] 刘盛博. 科学论文的引用内容分析及其应用［D］. 大连: 大连理工大学, 2014: 46-83.
[8] TANG X W, WAN X J, ZHANG X. Cross language context aware citation recommendation in scientific articles［C］//The Association for the Advancement of Artificial Intelligence. The 28th AAAI Conference on Artificial Intelligence（AAAI 2014）, Jul 27-31, 2014, Quebec.
[9] 中国科学技术协会. 中国科协科技期刊发展报告（2014）［M］. 北京: 中国科学技术出版社, 2014: 225-227.
[10] 刘岭. 学术交流需求变化环境下的科技期刊服务趋势及策略［J］. 中国科技期刊研究, 2015, 26（3）: 252-256.
[11] 翁彦琴, 李苑, 彭希珺. 英国皇家化学会（RSC）: 科技期刊语义出版模式的研究［J］. 中国科技期刊研究, 2013, 24（5）: 825-829.
[12] 刘天星. 中国科技期刊集群发展之路探讨［J］. 中国科技期刊研究, 2014, 25（6）: 754-760.
[13] DUCHARME B. What can publishing and semantic web technology offer to each other?［EB/OL］.［2015-04-09］. http://www.snee.com/bobdc.blog/2009/02/publishing-and-semantic-web-te.html.

构、作者、出版、基金)的知识耦合、学科发展中的知识关联及科技期刊的即时统计与评价[①]。

从语义出版的利润价值出发，David Shotton认为语义出版提供的增值服务能获得合理的商业回报，因此，应以一种成本可控的方式在学术出版领域推广实施[②]。语义出版意味着出版机构可以充分利用丰富的期刊内容信息，深度挖掘知识并提供关联分析，进而形成知识体系，帮助用户发现或验证新知识，这将成为期刊的新服务方向和新利润空间。此外，长远来看，知识服务是出版机构将来生产和发展的主体业务，而语义出版作为知识服务的重要组成部分，需要注重经济效益，多数情况下应提供有偿的知识服务。

从语义出版的产业价值出发，语义出版的意义体现在[③]：一是内容资源的结构化和有序整合，为后续的科学归类、再利用和动态出版奠定资源基础；二是文本语义标签和编辑、审稿人等实体之间的自动关联，可有效减少稿件在编辑部的滞留时间，有效避免审稿人与稿件主题不匹配的情况发生，从而提高出版时效；三是通过主题输入自动构建论文结构和目标信息的创新出版方式，必然提高学术资源传播的效率；四是全方位展示研究现状的演化路径、所用材料、方法、结果等，能够打破科学交流过程中的"信息孤岛"，帮助科研工作者直观化、立体化获取并理解科研信息。

1.2.2 语义出版的应用实践

爱思唯尔、汤森路透、施普林格等国外大型科技出版机构率先将语义出版引入学术领域的应用实践，随着实践工作的愈加深入，语义出版更加立足现实可行性，商业领域的语义出版也取得了相应进展，为我国语义出版的实践路径提供了重要的参考依据。

(1) 国外语义出版的应用实践

早期，维基百科、汤森路透等信息服务提供商和华盛顿邮报、卫报社、BBC等传统出版机构率先开展语义出版应用实践的先驱性工作，语义出版

---

① 曾建勋. 基于知识链接的科技期刊数字化出版策略[J]. 中国科技期刊研究, 2011, 22(1): 6-9.
② SHOTTON D. Semantic publishing: the coming revolution in scientific journal publishing[J]. Learned publishing, 2009, 22(2): 85-94.
③ 余溢文, 陈爱萍, 赵惠祥. 基于语义网的学术期刊发展初探[J]. 中国科技期刊研究, 2013, 24(5): 954-956.

的概念模型初见端倪。2007年起，维基百科从英文、德文等语言版本的维基百科"infobox"及"页面分类"中提取数据，借由RDF技术创建可供查询的语义网，并提供了应用接口，可以让人们自由访问其中数据。全球领先的专业信息服务提供商汤森路透于2008年便推出以语义网技术为核心的"Open Calais"服务，主要用于将HTML、XML和TXT等非结构化文件表示成语义化的注释型材料，并将之细分为命名实体（如人名、地名、组织名等）、事实、事件等类别，提供面向第三方企业的商业应用①。同时，BBC的Music Beta项目②和体育赛事内容自动发布系统也起到语义出版的示范效应，而《纽约时报》也已构建从1913年起所出版的约3万个主题的索引集，描述了位置、人物、组织和事件等，用来提供新闻提醒服务，以时间轴的方式自动化编辑特定主题的所有相关信息③。

随着自然语言处理技术、语义网技术等逐步成为当前互联网技术研究的热点，学术出版领域也将语义出版视为重要发展方向，并率先实验于科学技术与医学（STM）领域且将成果应用于产品生产过程当中。首先，大型科技信息服务机构将语义出版逐步引入学术领域的应用实践，纷纷推出了多类型的语义出版功能模块和服务形式，推动了学术资源的知识解析、标识与集成，产生了众多知识内容深度聚合与发现的知识工具，促使主流的科技出版信息服务平台从单一的信息发布平台转型为集知识组织、知识挖掘和知识评价为一体的动态化科学研究支撑平台。代表性成果有爱思唯尔的Article of the Future项目④和Smart Content项目⑤（图1.4）、Wiley推出的面向化学领域的Smart Article项目⑥、自然出版集团的语义模型架构⑦、*PLoS Neglected Tropical Diseases*（*PLoS NTDs*）实施的Semantic Enriching计划、美国古特

---

① Open Calais: Thomson Reuters[EB/OL].[2015-04-09]. http://www.opencalais.com/.
② BBC Music[EB/OL].[2015-04-09]. http://www.bbc.co.uk/music/artists/mostviewed.
③ 安东尼乌，等.语义网基础教程[M].胡伟，程龚，黄智生，译.3版.北京：机械工业出版社，2014:105-109,111.
④ The article of the future: creating an optimal way to communicate research[EB/OL].[2015-04-09]. http://www.articleofthefuture.com/about.
⑤ MAYER D. Mainstream semantic enrichment: a key platform for your growth now easier than ever before.[EB/OL].[2015-04-09].http://www.stm-assoc.org/2011_12_02_Innovations_Mayer_Mainstream_Semantic_Enrichment.pdf.
⑥ The Smart Article: discover new enhanced chemistry content[EB/OL].[2015-04-09].http://onlinelibrary.wiley.com/subject/code/000128/homepage/new.htm.
⑦ 孙坦.数字出版与数字图书馆：面向语义知识服务的融合归一[EB/OL].[2017-01-21]. http://www.lisjournal.net/tabid/98/InfoID/4722/frtid/210/Default.aspx.

传媒集团（Gunter Media Group）创建的语义搜索平台 Pubs 21①等。

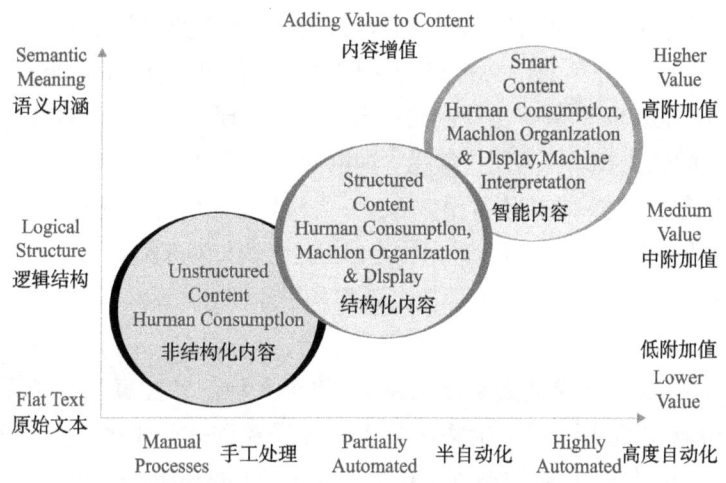

图1.4　Smart Content 路线图

其次，包括学协会组织在内的科学团体也积极开展对科学文献进行语义内容标注、语义表示和再组织的工作。美国光学学会（The Optical Society of America，OSA）为了增强 Optics InfoBase 的语义揭示功能，创建《光学和光电子主题词表》，以弥补传统型《光学分类与标引体系表》在语义关联中的不足，增强精细化的主题聚类和浏览，便于用户更容易找到最相关的文章、图片和知识点，增强信息检索和知识挖掘能力，进一步提高出版平台的个性化服务功能②。英国皇家化学学会（Royal Society of Chemistry，RSC）的语义出版宣言为"见证科学的生命力"（see science come alive），即通过整合 RSC 的期刊论文构建结构化科学，其核心要素包括对化学学科知识环境（如 RSC 知识本体库、RSC 化学结构数据库 ChemSpider）的关联链接，对化合物、化学术语、生物医学术语等内部元素的自动识别、分类和颜色标记，以及全文嵌入式 HTML（Rich HTML）的呈现方式③。该举措有助于 HTML 论文正文和摘要中高亮显示化学名称，用户可通过点击化学名称直接链接至 ChemSpider 的原始记录，以发现更多关联数据和参考资料。目前，

---

① SCARDILLI B. Pubs 21.com：a new semantic search option［J］. Information today，2014，31（4）：31.

② 李玲. 美国光学会期刊出版发展动态研究［J］. 中国科技期刊研究，2014，25（8）：1005-1008.

③ RSC. Semantic publishing［EB/OL］.［2015-04-09］. http：//www.rsc.org/publishing/project-prospect/.

RSC已提取完成2008—2010年逾3万篇期刊论文的化学名称,并整合至ChemSpider,新发布的期刊论文也将遵循化学名称抽取的出版流程,并逐步回溯至涵盖170年的论文存档。英国物理学会出版社(Institute of Physics Publishing,IoPP)的数字出版网络平台,集中体现了知识集成的核心理念和知识发现的领先技术,为用户接受、理解和利用学术信息资源提供增值服务。其语义功能主要体现在以下3个方面:一是深化学术资源加工颗粒度和整合方式;二是强化开放即时型评价体系构建;三是强调与外部资源的多维关联[①]。

最后,其他全球著名的科技出版机构、学术组织和研究中心在语义出版方面的举措也具有一定代表性意义。例如,用户可以利用自然出版集团的ReadCube(集成页面阅读工具),将个人标记和注释添加于在线科技资源;微软实验室依赖于生物医学本体和受控词表开发的本体识别插件,可面向Word自动识别和添加语义信息;欧盟ImageNotion项目开发工具ImageNotion,可对图片定义一系列的术语,有利于计算机理解、组织和导航;医学临床工具OvidMD将Ovid平台的科研成果转化为临床实践,可供医生在接待患者的间隙利用5~15分钟快速检索和可靠获取最新治疗方案、循证指南和药物治疗信息。此外,《新英格兰医学杂志》加强了网站与用户之间的互动行为,允许用户对文章进行标签,并将期刊内容中的参考文献、图表资源及实验附加资料都作为可以抽取并独立使用的知识资源进行管理,满足一系列个性化的服务需求。由哈佛大学干细胞研究所创办的 *Stem-Book*,是一本以干细胞生物学为主题的开放获取期刊,该期刊除去面向研究人员提供以Web2.0为标志的在线讨论功能外,还积极适用于科学协作框架(Science Collaboration Framework,SCF),利用Web3.0技术(包括社交网络、语义网络、文本挖掘等)允许在线科学出版物或科学数据的互操作,从而通过语义共享达到数据、信息和知识的交换[②]。同时,也可通过生物医学数据和科学文献资源的语义集成,构建UniProt知识库(UniProt Knowledge Base,UniProtKB)和基因表达图谱(Gene Expression Atlas,GEA),用于计算分析2型糖尿病患者基因与疾病的关联性[③]。

---

① 苏静,曾建勋.开放信息环境下传统学术出版商的内容运营策略:以英国物理学会出版社为例[J].中国科技期刊研究,2015,26(7):693-698.
② SUDESHNA D, GOETZ M, GIRARD L, et al. Scientific publications on Web 3.0 [C] // The 13th International Conference on Electronic Publishing. ELPUB, 2009: 107-129.
③ SCHUHMANN R D, GRABMÜLLER C, KAVALIAUSKAS S, et al. A case study: semantic integration of gene-disease associations for type 2 diabetes mellitus from literature and biomedical data resources [J]. Drug discovery today, 2014, 19 (7): 882-889.

值得注意的是，科研用户个性化信息需求和高效信息传播诉求，推动了直观性强、可复用、可再现的知识单元独立出版形态的发展，如视频出版、数据出版等。代表性出版成果有以报道生物、医学、化学、物理和环境等领域的实验技术和方法为主的视频实验期刊 JoVE（Journal of Visualized Experiments）。该期刊出版的每一个实验技术视频都附有详细的文字、代表性成果的描述和总结性陈述等，支持用户对视频论文评论和提问，对于提升青年科研人员的实验技术能力大有裨益[1]。但该出版形态还存在诸多亟待完善之处。例如，检索方面仅局限于基于论文文本描述的主题检索，缺乏对视频文件内在信息知识点的抽取，相关元数据的扩展检索和与其他知识点的链接也有待增强。

（2）国内语义出版的应用实践

语义出版虽然被视为推动大众出版与科技出版领域快速发展的主流新媒体技术，但截至2013年并没有受到我国科技期刊和出版企业的重视，对其采纳度较低[2]。尤其是相较于国外出版组织和信息服务机构对语义出版的高度关注，国内语义出版是以信息集成服务商（万方数据、中国知网）、国家级专业性学术期刊和部分图书出版机构为示范，但整体未出现规模化的语义出版实践，绝大多数出版传媒机构对语义技术的认知度和实施能力都较为不足。

随着国家新闻出版署推进产业升级的政策力度加大，以及语义出版经济效益、社会效益和环境效益的日益体现，已有部分出版机构率先尝试语义出版。例如，作为广东省新闻出版局"出版流程再造工程"的试点单位，汕头出版社将主要精力集中于语义编辑技术的研发，对数字内容进行自动化分析、分类、整理、概括等，使内容提供商所提供的信息内容能够让用户以快速、准确、结构化的方式获取。《色谱》按照标题、段落结构化论文，支持HTML全文发布和图表的放大浏览，并可通过点击链接关联至参考文献的摘要或全文[3]。《中国肺癌杂志》借鉴国际先进的医学期刊网络化模式，应用加拿大 Open Journal System（OJS）系统的 Embed PDF 功能，实现全文 PDF 和 HTML 格式之间的链接和切换[4]。《化学进展》突破以论文为核心的资源组织

---

[1] 李苑.视频实验期刊（JoVE）：视频出版的启示[J].中国科技期刊研究，2014，25（9）：1157-1161.
[2] 丛挺，徐丽芳.我国出版企业新媒体技术采纳状况分析[J].中国编辑，2015（2）：38-41.
[3] 侯春彦，李富岭.科技期刊全方位数字化的成功探索：以《色谱》为例[J].出版发行研究，2014（4）：70-73.
[4] 王玥，刘谦，范晨芳.内嵌 PDF 文档在科技期刊网络发布平台全文展示中的应用[J].中国科技期刊研究，2013，24（1）：136-140.

对象，深度关联外部数据，并可视化呈现知识点及其之间的交互关系[1]。人民出版社相继开发了一系列语义查询、自动对比、概念关联、自助听读等语义自动识别工具，通过分析用户搜索行为、同一字段的重复率、固定词组、文章语句的结构特征和标注词语的关联词，来自动识别和构建知识点的语义关联网络[2]。《中国药学》（英文版）、中国抗癌协会系列期刊等也逐步认识到语义出版对于全面提升期刊知识服务质量的重要性。

值得关注的是，2013年科技部国家科技支撑计划"基于语义的动态数字出版服务系统研发与应用示范"项目成功立项，该项目充分发挥产学研相结合的优势，由时代出版传媒公司申报，武汉大学、武汉理工大学等高校联合参加，对动态数字出版涉及的关键技术进行攻关，并集成其他先进技术，开发和建设面向科技与教育等专业出版领域的动态数字出版服务平台"时代e博"，形成以跨媒体内容动态组织、按需出版为主要特征的新型动态数字出版模式[3]。该项目切实推进了研发成果的产业化应用示范，带动了全国出版企业进行技术升级和产业转型，有力支持和促进了我国语义出版的稳步发展。

此外，国家科技图书文献中心成员单位纷纷将其资源语义化，提供互联网上的资源发布和检索查询[4]。王颖等提出了基于本体的国史知识检索平台构建框架与实现流程，为国史知识展示设计可视化方式，并提供实体检索、查询问答、关联检索、时序检索及语义资源浏览等服务[5]。黄涛为发现不同本体之间实体元素（包括本体的类、属性或者个体）映射关系、解决计算机系统的语义异构问题、提高本体整合与检索的精度和准度，引入本体语义匹配技术，主要包括基于上下文的元素层次本体匹配算法和基于加权本体的结构层次本体匹配算法，并将其示范应用于教育领域的知识语义检索[6]。上述研究

---

[1] 翁彦琴，李苑，董文杰.《化学进展》办刊创新实践与思考［J］.中国科技期刊研究，2015，26（7）：687-692.

[2] 科印网.人民出版社探索语义自动识别技术获得可喜成果［EB/OL］.［2015-04-09］.http://www.keyin.cn/news/zhhd/201007/21-310120.shtml.

[3] 林清发.项目带动数字出版转型发展：以时代出版传媒公司为例［J］.出版发行研究，2014（9）：19-22.

[4] 乔晓东，白海燕，梁冰.NSTL的关联数据构建与应用场景设想［J］.数字图书馆论坛，2012（2）：54-60.

[5] 王颖，张智雄，孙辉，等.基于本体的国史知识检索平台构建研究［J］.图书情报工作，2015，59（16）：119-128.

[6] 黄涛.知识服务的语义匹配机制研究［M］.武汉：华中师范大学出版社，2015：81-97.

成果，可成为我国语义出版建设中面向领域知识的深度检索与语义服务的实践参考。

1.2.3 研究现状评析

通过上述分析可看出，国内外学界和业界对语义出版给予了高度关注，语义出版的成功研发可以提高数字内容的可操作性和可交互性，丰富数字内容的表现形式。更为重要的是，其还能以技术推动数字内容的结构化和关联性，增强机器对数字内容的理解能力，使之更有利于内容的按需重组与集成，实现大规模、个性化的内容服务，从而创新信息服务模式，在知识生产、利润提升和产业服务方面起到积极作用。

从理论探索来看，语义出版是数字出版领域未来发展趋势之一，具有知识价值、利润价值和产业价值。但就目前而言，语义出版的理论基础还缺乏系统性梳理，有关的概念界定还比较模糊，尤其是与增强出版、数据出版等出版形态存在着交织错杂的关联关系，此为其一。其二，缺乏面向语义出版流程的方法层面的系统性梳理，以及相关实现方法的可用性和兼容性还有待检验。其三，尽管当下语义出版的表现形式多样，但需要在明确用户需求的基础上，构建以细化知识颗粒度为基准的语义网络，实现海量学术资源的组织、关联、聚合和评价，从而为用户提供碎片化服务、精准服务和知识服务，而目前语义出版在知识服务视角下的应用场景和服务形态研究尚未形成，语义出版服务产品及其发布形式的设计规划较为缺失。

从应用实践来看，语义出版已被业界视为最有价值的业务之一。以论文增值为主体的语义出版模式较为盛行，信息服务提供商、在线信息集成平台也相继开展了语义表示、语义关联和语义发布的示范性产品功能研发，FrameNet、WordNet、VerbNet 等语义型词典中丰富的英文词汇概念及语义关系，也成为实现文本资源语义网络构建的基础依据，蛋白质浏览器、化合物浏览器、基因组浏览器等专业型资源浏览工具，最大限度地提升了用户阅读体验。我国数字出版领域也在积极关注和初步尝试语义出版方面的工作，但尚未有实质性开展，主要表现为网络平台功能多为 PDF 格式的全文下载或是摘要等基本著录资源的简要浏览，传达至用户的在线信息量较少等。究其原因，主要是相较于国外成熟的商业性数据库、系统性本体知识库和专业化 XML 排版软件，我国基础数据建设能力较为薄弱，许多出版机构尚不支持 XML 排版，甚至不能实现 HTML 全文出版，本体知识库建设还在探索之中，《汉语主题词表》等知识组织体系的本体转化效能和适用性仍有待实践，领域本体的构建和维护欠缺支撑力度，从而难以按照Web形式重新打造数字内容的组织、呈现和利用方式。

因此，有必要在已有研究的基础上，重新审视开放信息环境下和语义网影响下的数字出版新形态——语义出版的概念内涵、流程框架、关联方法和原理、服务形态等，突破以篇级文本论文、数据论文、视频论文等资源形态为单元的信息组织与出版方式，挖掘并展示其中的知识点及关联关系，探讨语义出版在知识服务视角下的应用形式和推进策略，以期为我国的语义出版提供理论依据和实证支持。

1.3 研究内容与研究方法

1.3.1 研究内容

本研究对国内外语义出版的演化历程和项目实践进行了比较，并结合知识组织理论、科学交流理论、社会网络、用户行为特征等系统梳理了语义出版的概念基础，提出开放信息环境下的学术资源产生渠道、出版形态和用户交互模式，由此，重构了语义出版的体系框架，具体阐述了语义出版的实现流程，设计了语义关系的揭示框架和语义网络的实现路径，着重从学术出版视角阐述了语义出版的内容组织与服务形态建设，并立足于我国实践发展提出语义出版的推进策略。研究框架如图1.5所示，具体从以下6个方面展开研究。

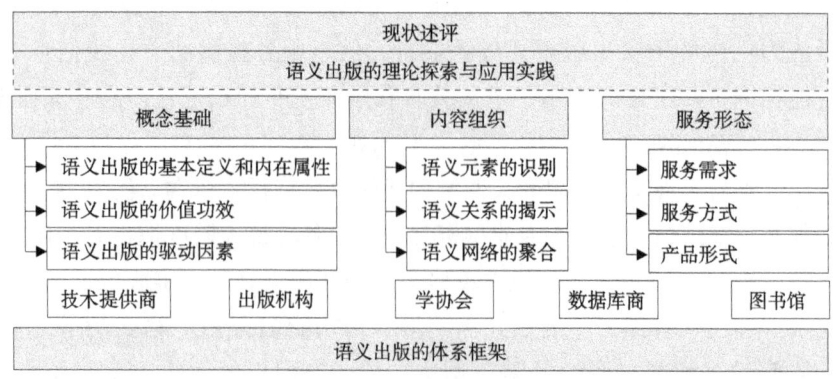

图1.5 研究框架

（1）语义出版的建设进程

语义出版的建设进程主要包括理论探索和应用实践两个方面，前者是依据文献调研方法，从语义出版的概念特征、表现形式、实现方法和价值功效4个视角梳理语义出版的相关理论，后者是通过对国内外大型传统出版商、技术提供商和信息服务商等出版构建主体（如美国公共科学图书馆、爱思唯尔、施普林格、维基百科、汤森路透等），以学协会为代表的出版组织机构（如国际科技和医学出版商协会、英国皇家化学学会、欧洲学术出版和学术资源联盟、全球学术与专业出版者协会、英国联合信息系统委员会等）及Outsell、Simba Information等出版咨询公司的相关成果进行深入调研，初步总结、归纳语义出版的发展历程、现状和趋势，对语义出版技术标准制定和整体发展方向加以阐释和探讨。

（2）语义出版的概念基础

基于语义出版研究与建设进程，系统梳理语义出版的理论基础，包括语义出版的定义，指出其与数字出版、增强出版和数据出版的区别与交叉之处，明确语义出版的内在属性。同时，对语义出版的价值功效进行阐释，包括在内容层面可以提升出版产品知识价值内涵，在服务层面可以优化出版产品知识服务模式，在运营层面可以创新出版产品知识盈利渠道。此外，试图揭示驱动语义出版的四大因素，包括大数据时代下的出版业态转型、语义网环境下的知识服务升级、开放式背景下的学术交流导向、新媒体视域下的微型内容诉求。

（3）语义出版的体系框架

针对学术资源碎片化、科学交流网络化、科研用户个性化等特征，结合学术资源的数字出版环境，深入研究开放信息环境下学术资源产生机制和出版形态，构建包括基础层、资源层、方法层和服务层的语义出版基本架构，并具体提出语义出版的实现流程，尤其指出了与传统出版流程异同之处。同时，详细阐述支撑开展语义出版的本体构造技术、语义标注技术、语义推荐技术、信息可视化技术等关键技术，以及涉及可扩展标记语言（XML）、资源描述框架（RDF）、Web本体语言（OWL）、SPARQL协定与RDF查询语言、简单知识组织系统（SKOS）等内容的技术标准规范。

（4）语义出版的内容组织

首先，将语义出版的基础层内容资源拆解为书目元素、内容元素和社交元素3个语义元素类型，基于此，从书目、概念、引证、论证和科研本体多维视角揭示语义关系，并深入阐释由此聚合而来的基于主题集成的语义网络、基于科研合作的语义网络和基于社群交互的语义网络。

（5）语义出版的服务形态

依据科研生命周期的发展规律，结合现有科学活动交流需要，分析语义出版的服务需求，据此提出语义出版的服务方式可从 3 个方面再造，包括面向系统学习的知识化服务、面向场景识别的精准化服务、面向移动应用的碎片化服务。同时，借鉴现有语义出版服务平台的体系框架和服务内容，示范性构建基于文献增值的语义出版产品、基于集成揭示的语义出版产品和基于智能推理的语义出版产品。

（6）我国语义出版的推进策略

首先，从政策环境和产业环境两个方面分析我国语义出版发展的机遇条件，结合专家实证访谈提出现有语义出版实践发展的问题和挑战。据此，从战略层面和产业层面分别提出相应的推进策略，以期对我国语义出版的运作机制和未来发展起到有益的指导作用。

1.3.2 研究方法

本研究立足于国内外语义出版的理论研究与实践现状，结合案例分析，总结语义出版的成功经验和有待加强与改进的地方，并提出适用于开放信息环境下科学交流的语义出版实现方法和服务形态。主要采用以下几种方法。

（1）文献研究法

广泛调查分析国内外语义出版的项目实践、理论研究现状、组织机构、相关政策和语义技术，为本研究的开展奠定坚实的文献基础。

（2）案例分析法

选取国内外开展语义出版有较大影响力和典型性的项目进行比较分析，了解其开展语义出版的成功经验和改进方法，为我国语义出版的实践提供借鉴。

（3）情景分析法

利用情景分析法分析科学交流系统的变化及其影响因素，分析科研人员的行为特征及其对语义知识网络构建的影响，并构建基于海量数据组织与开发的语义出版模式和服务情景，以满足开放信息环境下科研活动的需求。

（4）深度访谈法

深度访谈法是主观的、定性的研究方法，通过寻求数字出版和语义出版领域的相关专家的权威意见和建议，判断和预测研究方法和结论的有效性与合理性，充分利用专家经验和学识对语义出版现状进行专业解读，确保研究结论的可靠和准确。

第 2 章 语义出版的概念基础

语义出版作为新兴的数字出版高级形式，本身具有强大的生命力和发展潜力。直至目前，语义出版的概念基础仍处于不断探索和丰富的发展阶段，其中，也必然存在一些争议问题。尤其是，语义出版中的"语义"和"出版"意味着什么，与数字出版的区别究竟表现在哪些方面，语义出版的知识价值又该怎么理解，语义出版对当下的出版产业链与内容运营模式是否可以带来新生力量等，都是值得探讨的、重要的基础性理论问题。因此，本章将系统分析和阐述语义出版的基本定义、内在属性、价值功效和驱动因素，这将有助于深入理解和掌握语义出版的相关概念，从而推进我国语义出版研究的基础性理论建设。

2.1 语义出版的基本定义

"语义出版"这一术语是由英文"semantic publishing"翻译而来，国外首次提及时间为 2009 年，国内引入时间为 2011 年。目前，国内外语义出版的研究视角众多，定义各有不同，仍然尚未达成统一的、被认可的权威定义。因此，有必要率先对语义出版的定义加以分析和界定，进而厘清语义出版与数字出版的关系和层次，从而将语义出版与数据出版、增强出版等不同概念的出版形态加以区别。

2.1.1 数字出版

数字出版既是数字内容产业的组成部分，也属于现代信息服务业的重要组成部分，它是传统出版业在数字化和网络化时代背景下发展而成的出版形态。有学者认为，数字出版是指在出版的整个过程中，从编辑、制作到发行，所有信息都以统一的二进制代码的数字化形式存储于光、磁等介质中，信息的处理与传递必须借助计算机或类似设备来进行的一种出版形式[1][2]。2010年，原新闻出版总署发布《关于加快我国数字出版产业发展的若干意见》[3]，其中指出"数字出版是指利用数字技术进行内容编辑加工，并通过网络传播数字内容产品的一种新型出版方式，其主要特征为内容生产数字化、管理过程数字化、产品形态数字化和传播渠道网络化"。由此可见，尽管数字出版的定义侧重点各有不同，但具体表现为数字技术在传统出版业的编辑加工、复制和传播等多个出版活动环节中的渗透与融合，也可理解为网络技术、数字技术等带来的出版业态的全新升级。

同时，随着数字技术的不断更新，数字出版在不同发展时期也呈现出特定的阶段性特征。例如，在第六届中国数字出版博览会上，原方正电子数字出版业务部和产品部总经理付洪韬从技术角度指出我国数字出版的3个发展时代，首先是电子书制作及数字版权管理技术（Digital Rights Management, DRM）推动数字出版开启了1.0时代，其次随着从业者对数字出版内涵的深入理解，基于全媒体技术的数字化加工、生产、存储和发布技术推动数字出版进入2.0时代，最后在移动互联网改变了人们生活方方面面的今天，以大数据技术、云计算技术、人工智能等为代表的新计算技术推动我国数字出版进入3.0时代[4]。也有学者提出了数字出版发展三阶段论[5]，认为数字出版大致经历了以数字图书、数字期刊和数字报纸为代表的数字化发展阶段，经历了以数据库产品、网络原创文学为代表的碎片化发展阶段，正在经历以知识体系为逻辑内核、以语义标引为技术基础、以云计算为技术支撑和以大数据知识服务为外在表现形态的体系化发展阶段，并且体系化的发展有可能催生出数据出版这一新的出版形态。

---

[1] 谢新洲. 数字出版技术［M］. 北京：北京大学出版社，2002：12.
[2] 徐丽芳. 数字出版：概念与形态［J］. 出版发行研究，2005（7）：5-12.
[3] 新闻出版总署. 关于加快我国数字出版产业发展的若干意见［EB/OL］.［2016-12-23］. http://www.gapp.gov.cn/news/798/76914.shtml.
[4] 搜狐网. 方正电子：新计算时代下的数字出版3.0［EB/OL］.［2016-12-23］. http://roll.sohu.com/20150715/n416833675.shtml.
[5] 张新新. 变革时代的数字出版［M］. 北京：知识产权出版社，2016：24-30.

2.1.2 语义出版

语义出版是一种基于语义网技术和多种网络信息服务标准的新型出版形态，它是基于传统出版物资源、社会化媒体资源、在线开放获取资源等多来源内容资源的规模化集成，利用各种语义工具和数据挖掘手段，对文字、视频、音频、图片、表格、公式等数字内容资源所蕴含的主题知识单元、科学研究对象、科研实体人物、科学活动事件、科学参数指标等知识内容进行语义化抽取和标注，探索科学知识的语义关系及其构成的知识网络。整体而言，语义出版主要涉及语言学、计算机科学、出版科学、逻辑学、信息学等学科，旨在促进出版内容资源从分散经营向规模经营转变，促进出版内容资源从以数量扩张为主向以质量提升为主转变，从而加速出版产业的优化升级。

(1) 语义、出版与语义出版

目前，国内外关注较多并受到认可的语义出版概念，分别是由牛津大学动物学系的大卫·肖顿（David Shotton）和武汉大学信息管理学院的王晓光教授提出的，主要是从技术基础和表现方式对语义出版加以界定。前者认为通过增强期刊论文的内在语义价值、抽取易于进行自动化处理和分析的元数据、相关主题论文的自动化链接，并提供可验证数据的获取途径，从而使论文之间的知识单元整合更为智能的出版形态可以称为语义出版[1]；后者认为语义出版是基于传统互联网技术和语义网技术，结合自然语言处理、本体和信息可视化技术而发展起来的一种新兴出版形态，其主要是通过语义标记丰富期刊文章表现形式及显性内容，提高文章信息可操作性和交互性，增强文章关联度，改进出版流程，实现智能化出版和在线文献中不同资料、事件、记录之间的关联和集成[2][3]。然而，为科学系统地认识语义出版这一概念的性质、功能与特点，有必要对其中英文释义、领域适用性和认可度进行重新审视。

语义出版是翻译于"semantic publishing"，该词组可以被拆分为"semantic"和"publishing"两个单词。其中，据《朗文当代高级英语辞典》和 WordNet

---

[1] SHOTTON D. Semantic publishing: the coming revolution in scientific journal publishing [J]. Learned publishing, 2009, 22 (2): 85-94.
[2] 王晓光，陈孝禹. 语义出版的概念与形式 [J]. 出版发行研究, 2011 (11): 54-58.
[3] 王晓光，陈孝禹. 语义出版：数字时代科学交流系统新模型 [J]. 出版科学, 2012, 20 (4): 81-86.

英语词典记载，"semantic"可以具化理解为"relating to the meanings of words""of or relating to meaning or the study of meaning"，即涉及单字、单词和词组的含义，可直接译为"语义""语意"或者"语义的"。同时，"publishing"既可统称概括为出版业、发行业等产业组成部分，又可翻译理解为出版、发行、发表、公布等具体环节的行为活动。此外，从中文权威释义来看，1995年第1版《语言逻辑辞典》认为"语义"是通过语言传达一定的思想内容，达到交流思想的目的，可从词汇、逻辑、语境等方面传达句子的语义信息，1996年第3版的《现代汉语词典》将"语义"直接解释为词语的意义。同时，《新华词典》将"出版"定义为把书刊、图画等印出来，有时特指书刊的编辑工作。由此可见，"语义"被更多视为语言学领域的专有术语，"出版"的概念则较为稳定和传统。

然而，随着现代信息技术和出版实践活动的不断发展，"语义"和"出版"的概念被赋予了新的内容与活力。"语义"在语言学、计算机科学技术、医药科学、出版科学、电子通信与自动控制技术、逻辑学等专业领域均有应用，且研究应用侧重点既有交叉，又有不同。例如，语言学中的"语义"可以简单地被看作词汇的概念意义和语法的关系意义[①]，主要包括语义特征、语义间隙、语义三角、语义场等语义学和语义论方面的相关研究，而计算机科学技术中的"语义"是指有意思或与之相关的，在于帮助机器对自然语言进行处理和理解，主要包括语义网、语义网络、语义存储器等方面的语义研究。与此同时，语义分析和语义翻译则涉及语言学、计算机科学技术等多学科技术的共同研究与应用。此外，我国过去在界定"出版"概念时认为，编辑、复制和发行是出版的三大基本要素或必要条件，出版内容更多限定于著作权法所称的作品，复制往往与印刷这种具体的复制手段相对应。但是，在当前信息技术影响下的出版科学活动中，应重新审视"出版"概念，需要注意以下两个问题：一是出版行为应包括对大量不具备独创性的信息知识的复制和传播；二是复印、下载、打印、屏幕显示等手段也属于复制方式。基于此，有学者将"出版"定义为将文字、图画、声音、图像、数字或符号等信息知识记录在一定介质上，并进行复制，向公众传播的行为，强调出版构成要素应包括信息知识、复制和广泛传播这3个基本要素，只要具备这3个基本要素就构成了出版[②]。

---

① 叶蜚声，徐通锵.语言学纲要（修订版）[M].北京：北京大学出版社，2010：121-124.
② 师曾志.现代出版学[M].北京：北京大学出版社，2006：24-28.

那么，在"语义"和"出版"这两个相对独立概念的基础上，"语义出版"又该怎么理解呢？"语义出版"中的"语义"可以理解为数据（含各种统计或测量的数字数据和符号、声音、图像等模拟数据）、词汇、句子、篇章等内容资源所蕴含的概念意义或逻辑意义，以及内容资源之间的关联意义，而"语义出版"中的"出版"则符合现代出版学对出版的基本定义，在内容层面强调信息知识，突破了图书、期刊、报纸、工具书等传统出版物内容资源的限制，注重融合社会化媒体资源和开放获取资源等其他信息来源的发布内容，注重多来源内容资源的细颗粒度加工、知识化组织与语义性关联，在复制与传播层面强调以屏幕显示为复制手段，以计算机、手机等电子通信设备为传播渠道。

（2）数字出版与语义出版

从全流程出版过程来看，语义出版与数字出版有一定重合之处，都具有推动技术耦合性和电子设备依赖性的特征，语义出版可以被视为一种数字出版的高级形态，但两者在具体侧重点上却是有所不同。以产品形态来说，数字出版的覆盖范围多种多样，网络动漫、网络游戏、手机出版物（如彩信、彩铃）等产品形态均可列在范围之内，而语义出版多是以图书、学术期刊、会议论文、科技成果、法律法规、工具书、年鉴等类型的数字化资源为来源，最终的出版产品突破了形态限制。以技术基础来说，计算机通信技术、流媒体技术、数字存储与显示技术等共同驱动了数字出版的快速发展，而语义出版则更加依赖于知识库层面的本体构造技术，语义层面的标注、描述、推荐技术，以及用户服务层面的信息可视化与用户交互技术。以浏览单元来说，学术期刊的数字出版呈现单元是篇，图书则以章节或整书为浏览下载单元，而语义出版不是基于元数据支撑的检索发现，其注重大量检索点和关联点的抽取和语义标识，注重提高多来源、多类型、多结构知识内容的关联程度，从而实现以知识内容单元为核心的按需重组，并按照一定逻辑框架进行语义发布，以供用户在线浏览。

（3）增强出版、数据出版与语义出版

增强出版是具有基于对象的结构，且对象之间具有显性链接，其对象可以是文章、数据集、图像、影片、评论、模块或数据库中的信息链接，换而言之，增强出版可以被理解为是通过开放链接方式在正式出版物基础上添加研究型数据（research data）、额外材料（extra materials）、后出版数据（post publication data）、数据库记录（database records）等其他相关信息的出版形态[1]，其特征包括数据增强、语义增强和呈现增强[2]。目前，国内外比较具有代表性的增强出版建设主体有英国物理学会出版社的IOPscience和中国知网。其中，IOPscience为用户提供标准版和高清版的图片。并且，IOPscience会邀请论文作者录制MP4格式的介绍性视频，时间范围没有特殊限制，一般在3~5分钟，并在作者讲解过程中应增添图表、演示文档等辅助性材料，以便用户理解作者核心观点。此外，中国知网增强出版的设计路径是先由编辑部上传Word原稿，CNKI排版平台对其中的基本信息进行自动标注和PDF格式排版，并同时生成标准XML格式文件，这是增强出版开展的基础。此外，作者可根据论文需要上传音视频资料、图像资料、实验数据、公式推导过程和其他资料，资料格式包括文档格式（如PDF、DOC、DOCX等）、图片格式（如JPG、GIF、TIF等）、音频格式（如MP3、WMA、AVI等）、视频格式（如MP4、AVI、RM、WMV等）和其他格式（如3D、特殊大文件等），CNKI加工平台会给每篇文献建一个资料库，对增强出版资料进行元数据标注，并分配DOI保护作者著作权，以利于碎片化标引、细颗粒度检索和数据聚类（图2.1）。

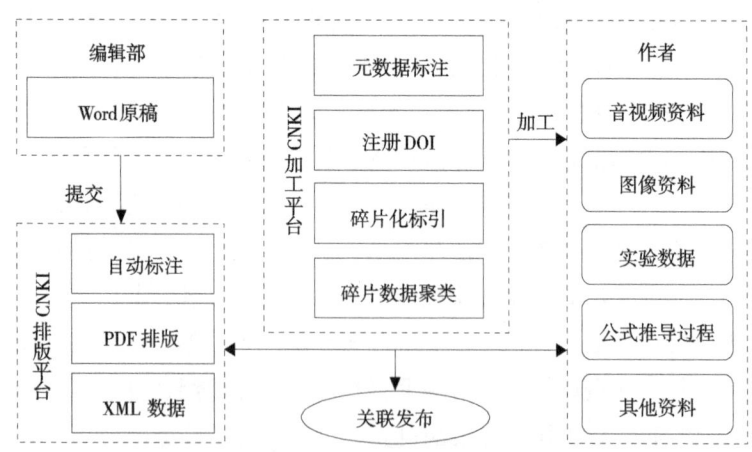

图2.1　中国知网（CNKI）增强出版设计路径

此外，不仅经过同行评议的学术论文可以被视为正式科学记录，而且附加的原始性数据和解释性数据在科学研究交流和复用验证过程中的作用也愈

---

[1] VAN GODTSENHOVEN K. Emerging standards for enhanced publications and repository technology survey on technology [M]. Amsterdam: Amsterdam University Press, 2009: 87.
[2] 刘锦宏，张亚敏，徐丽芳. 增强型学术期刊出版模式研究 [J]. 编辑学报，2016，28（1）：15-17.

加明显。然而，很多科研人员表示，学术论文的获取途径已经较为便捷和稳定，而如何获取科学数据则存在较大问题[①]。由此，国际科学组织、基金资助机构、科研院所和出版机构均加速制定了一系列科学数据保存和开放共享政策，以明确要求学术论文作者提供规范化、可靠性数据。近年来，随着可用科学数据集的数量和规模的爆发式增长，BioMed Central、施普林格、Wiley、自然出版集团等主流出版社都推出了数据期刊（表2.1）和数据论文的数据出版（data publication）形式，并迅速受到了业界和学界的关注。就我国而言，《地理学报》于2014年以增刊形式发表数据论文，2015年，由中国科学院计算机网络信息中心主办的数据期刊《中国科学数据（中英文网络版）》通过原国家新闻出版广电总局审批，同时，中国科学院文献情报中心正在积极筹备《语义数据学报》。

表2.1 SCI收录的部分数据期刊基本信息

期刊名称	出版商	ISSN	学科领域
Geoscience Data Journal	Wiley-Blackwell	2049-6060	地球科学 气象与大气科学
Earth System Science Data	Copernicus	1866-3508	地球科学 气象与大气科学
Journal of Chemical and Engineering Data	Amer. Chemical Soc.	0021-9568	热力学 化学
GigaScience	BioMed Central Ltd	2047-217X	多学科
Journal of Physical and Chemical Reference Data	Amer. Inst. Physics	0047-2689	物理学 化学
The International Journal of Robotics Research	SAGE Publications Ltd	0278-3649	机器人

具体来看，数据出版包括数据提交、同行审议、数据发布、数据永久存储和数据引用评价这5个环节，属于传统学术论文的出版方式，但又有所不同，需要开展数据存储、管理、挖掘和共享服务[②]，重在对数据集的本质揭示、重新分析和互操作，可以在非商业利用的前提下自由下载和共享，以促

---

① WARE M. Access vs. importance: assessing professional and academic information [EB/OL]. [2017-01-14]. https://www.wesrch.com/business/paper-details/pdf-BU1H5HLPVNEUU-access-vs-importance-assessing-professional-and-academic-information#page1.
② 李小燕，田欣，郑军卫，等. 我国数据出版前景探析 [J]. 中国科技期刊研究，2015, 26 (8): 792-799.

进科学数据的可发现、可访问、可理解和可重用[①]。以CNKI的数据出版实践为例，数据出版的对象包括未正式出版的表格、图片、音频、视频等各种数据文件，需要经过结果化处理、元数据标注、DOI注册结构化，以供用户检索和支持大数据分析，同时以矢量数据、XML格式对外发布。

综上所述，增强出版、数据出版和语义出版作为3个新兴的出版模式，均极为强调内容资源的碎片化处理和结构化加工，并在出版内容和呈现方式方面具有一定交叉性。具体来看，增强出版具有语义增强的特性，因此，就该层面而言，语义出版可以理解为是一种增强出版形式。但是，上述3种出版模式又具有不同侧重点：增强出版的主要对象是原始出版物的功能增值，既包括对原始出版物的结构化处理及对其知识单元交互功能的提高，如高分辨率图片的放大阅读和下载，又包括对原始出版物的解释、说明和补充，如作者录制的音频和视频文件等全媒体内容的附加展示；数据出版是以数据共享需求为推动力，以数据集为出版单元，具有开放特性，目的在于数据的追本溯源和开放共享，以提高信息获取和数据整合效率；而语义出版既要尽可能地提高数据集的可发现性来支持科研人员开展学术活动，包括从论文等文献形态到相关数据的关联链接，或是通过运用应用程序使数据在论文的上下文中直接显示，还要通过对出版内容资源进行语义标注，构建富含语义关系的知识组织体系，并在此基础上提供以某一主题、学科、科研主体等为对象的知识挖掘和评价功能，而不仅仅是对原始出版物的功能增值。

2.2　语义出版的内在属性

语义出版是适应知识化服务需求的新型产物，需要深入内容层面进行语义组织处理，将不同主题学科、不同内涵外延、不同属性关系的知识内容进行识别、标识和关联，形成具有关联性、有序性、交互性特征的知识网络图谱，可用于知识推理、知识演化、知识聚类分类等。目前，关于知识的概念没有明确的定义。据《现代汉语词典》记载，知识是人们在改造世界的实践中所获得的认识和经验的总和。一般来说，知识是科学体系中的基本

---

① KLUMP J, BERTELMANN R, BRASE J, et al. Data publication in the open access initiative [J]. Data science journal, 2006, 5: 79-83.

单元或组件，具有认知属性[①]。同时，知识也可用来描述信息的概念、概念之间的关系，以及概念在陈述具体事实时所必须遵守的条件，所以，语义描述往往与知识描述相等同。因此，语义出版可视为基于数字出版物的围绕于知识的语义化加工、生产和传播的新型出版形态，相较于传统出版和数字出版，语义出版更具有较集中的知识属性（图2.2）。由此可知，语义出版的内在属性可以归纳为两个关键要素：一是知识组织，侧重于研究面向产业创新的工程化语义知识组织方法；二是知识服务，侧重于研究面向用户需求的差异化语义知识服务产品。

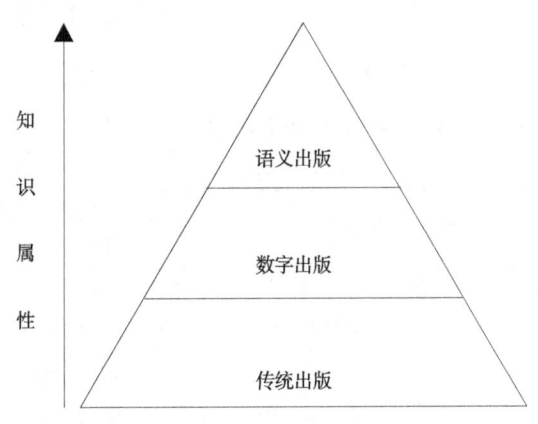

图2.2 语义出版的知识属性集中性

2.2.1 知识组织

知识组织的概念，起源于信息组织。信息，一般指能给人们带来新知识的消息、新闻、情报、资料、数据、图表、密码之类的东西[②]。信息作为科学概念是1948年申农（C. E. Shannon）首先在通信领域中提出的，是为解决通信技术问题而创立的一种数学理论。他认为，信息是"两次不定性之差"，即人们获取新知识后，改变了原有知识状态，减少或消除了原先的不定性。这种从通信系统中提出的信息概念，被称为狭义信息概念。按照现代信息理论的观点，任何信息均包含语法信息、语义信息和语用信息3个层次，其中，语义信息涉及信息本身的含义及逻辑上的真实性和精确性，这被称为广义信息。对此，信息组织可以表述为按照一定的目标，利用一定的规则、方法和

[①] 马费成. 论情报学的基本原理及理论体系构建［J］. 情报学报，2007，26（1）：3-13.
[②] 袁正光，刘学谦，张锡玲. 现代科学技术知识辞典［M］. 北京：科学出版社，1994：156-157.

技术对信息的外部特征和内部特征进行揭示和描述，并按给定的参数和序列公式排序，使信息从无序集合转换为有序集合的过程[①]。

但是，在开放信息环境下，信息作为知识的原料或者半成品，显然已经不能满足人们的利用需求，尤其是在新型科学研究范式和学术交流活动的影响下，科研用户的知识发现需求不能仅仅通过以文献内外部特征为对象的信息组织而得到满足，因此，人们需要对此进行整序和提炼，形成系统化的信息，即知识。依据"知识组织—知识发现—知识传递"的知识传播过程，率先需要从知识组织角度，运用系统原理、语言学原理、逻辑学原理和知识分类原理，对开放性、异构性的多源信息对象进行知识语义化、关联化和智能化的描述、评价与组织（表2.2）。

表2.2 以信息、知识为中心的组织与计算行为对比

类型	以信息为中心	以知识为中心
知识结构和内容的开发主体	生产者和企业	消费者和同行生产者（团体、社区）
知识不同表达方式的加工处理	闭合语义，文档（含数据和内容）、模型和行为的独立存储	开放语义，通过统一平台可以大规模处理文档、模型和行为
知识关联方式	基于字符串（strings）的关联	基于事物（things）的关联，事物包括作品、地点、机构、时间、主题概念、学科专业、人物等
知识逻辑的来源	以人为主	以机器学习为主，机器观察和环境学习，从用户使用习惯和规律中学习和演变
知识表示和计算模式	以过程为中心，周期时间密集型。定向算法和程序将逻辑知识结构化锁定在代码中，以关系运算符执行	以数据为中心，存储密集型。外部声明性知识结构，基于语义和价值的逻辑推理，以语义运算符执行

此外，知识组织的过程不仅仅局限于对知识进行存储、整序和供给，还包括用分析、归纳、推理等方法来实现知识挖掘的知识表示过程。知识表示是知识组织的重要组成部分，图2.3中的知识表示发展光谱[②]系统描绘了Web 3.0如何从句法互操作、结构互操作逐步发展至语义互操作，从而具有

---

① 马费成，宋恩梅.信息管理学基础［M］.2版.武汉：武汉大学出版社，2011：173.

② DAVIS M. Project 10X's semantic wave 2008 report: industry roadmap to Web 3.0 & multibillion dollar market opportunities［R/OL］.［2016-10-07］.http://www.isoco.com/pdf/Semantic_Wave_2008-Executive summary.pdf.

更为广泛的知识表示和推理能力，具体包括从标签集合或分类，发展至词典、分类法和叙词表，再发展到图式和概念模型、本体和基于理论的逻辑，乃至更高级的基于价值的推理和其他全新应用。

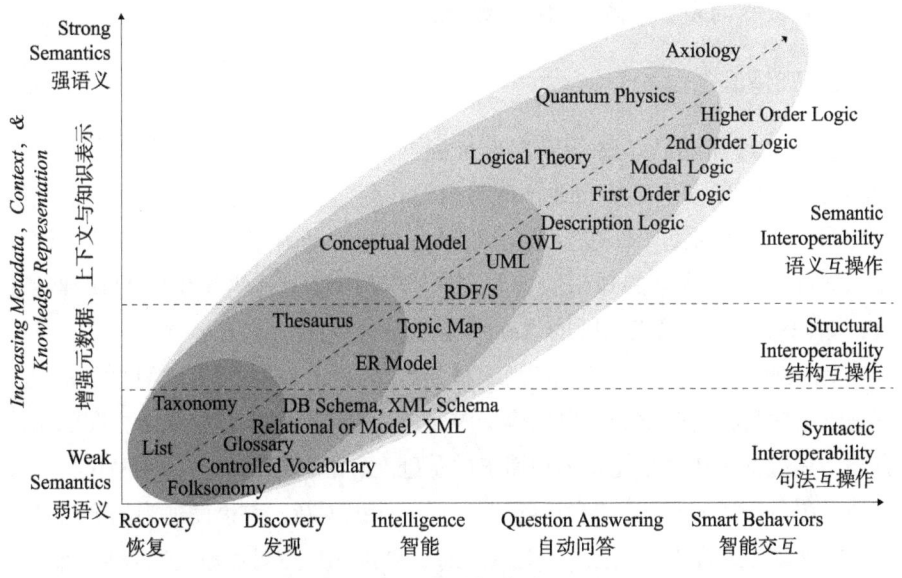

图 2.3　知识表示发展光谱

由此可见，知识组织是开展语义出版的基础性建设。基于知识组织的语义出版，既要制定元数据标准规范，又要运用叙词表、本体、分类法等知识组织工具，还要动态构建和应用规范文档，通过创建开放链接，给不同来源、不同类型、不同结构的知识单元建立语义关系，包括期刊、图书、报告等出版物载体之间的语义关联，出版物知识单元之间及其与外部扩充性、解释性资源之间的语义关联等，以期挖掘隐性知识图谱，促进语义出版物朝开放性发展，从而增强出版产品的知识属性。也有学者提出过语义出版的三阶段论[①]，认为语义出版的第一阶段是关注题录、参考文献等外部特征揭示的初级阶段，第二阶段是关注章节、表的内容结构，包括图表、公式等内容模块的浅层语义特征描述阶段，第三阶段是关注术语、概念等命名实体，相关资源语义集成的深度语义特征标引阶段。尽管该论述将语义出版划分为3个不同的发展时期，但各发展时期的核心内容均属于知识组织的概念范畴。近年来，出版业逐渐开始关注语义技术，联合技术服务商尝试运用情

---

① 李楠，孙济庆，马卓．面向学术文献的语义出版技术研究［J］．出版科学，2015，23（6）：85-92．

报计算、数据挖掘、智能检索等分析处理技术，探索出版内容资源碎片化、分类标引和规范提取知识点的流程方式，以期通过知识关联提取隐性知识、创建语义出版产品。究其根本，其基础也是标签系统、规范档、分类法、主题词表或叙词表、本体等知识组织系统的构建。

2.2.2 知识服务

在知识经济时代，知识需求愈加强烈。同时，在当下的媒体融合和出版融合的形势驱动下，出版业不应将自己仅仅定位于信息服务产业，而是需要转型升级为传播知识、提供知识的智力产业，即为用户提供开放化、语义化、智能化、立体化的知识服务。相对于知识组织是语义出版的基础性建设，知识服务则是语义出版的目标性建设。

知识服务首先是一种认识和组织服务的观念[1]，不同于传统信息服务的是，它是以用户目标为驱动力、以内容资源建设为基础、以问题解决为方向的增值服务，其过程是在充分挖掘用户需求的基础上，通过采集加工、有序化集成和调动多源分布式、开放性的内容资源，形成知识创新，并借助适当的方法和手段，以互动方式提供专业化和个性化服务，帮助用户点对点地快速获取知识。

由此可见，知识服务的本质依据是内容资源，这就要求出版业重新审视自我核心能力和市场定位，明确自身优势，在开展知识服务时凸显非对称竞争优势，以适应市场竞争环境。作为数百年传播主体的传统出版业，已经积累了大量的优质内容资源，主要体现在内容资源具有较高的可信性和体系化程度。首先，出版物的生产需要经过出版机构和领域专家的质量控制，并经多环节审校，内容资源的正确性、专业性、可信性都较高，而面对互联网的海量信息资源，用户需要耗费大量时间对内容进行评估、遴选、获取，出版社则可以帮助用户降低时间成本。其次，互联网信息资源大多呈现碎片化特征，即便是互联网上的长文本相对于书籍来说体系化程度也较低，而对知识体系的需求是在知识利用和学习时用户关注的核心因素。因此，如何发挥出版内容的可信性和体系化优势，向用户提供特定优势领域的知识内容的增值服务，应是出版社提供知识服务时需要考虑的因素之一。

此外，知识服务也是出版业延伸产业链、拓展经营领域和运营模式的重要方式。目前，许多出版机构已经以知识服务为发展目标，从出版内容提

---

[1] 张晓林. 走向知识服务：寻找新世纪图书情报工作的生长点［J］. 中国图书馆学报，2000，26（5）：30-35.

供商向知识服务提供商转型的专业出版机构推出的出版产品有荷兰爱思唯尔出版集团的 Science Direct 数据库、德国施普林格出版集团的 Springer Link 全文数据库、人民交通出版社的中国交通运输知识服务数字出版平台、人民军医出版社的全军医学数字集成应用系统、商务印书馆的百种精品工具书数据库、《自动化学报》知识服务平台[①]、知识产权出版社的中外专利知识服务平台、外语教育与研究出版社的在线 e-Learning 等。

那么,出版业在以知识服务为目标推进语义出版时,其侧重点需更加聚焦化。首先,尽管语义出版的基础是多源开放性、分布式资源的集成整合,但是,出版业需要以自身高质量、特色化出版内容为资源建设核心,基于语义网、网格、知识挖掘等语义技术加强语义出版产品制作能力建设,对其进行 XML 结构化加工,将非结构化数据进行业务流程改造,并深化知识主题的语义标引,借助于知识组织工具、规范标识体系实现知识内容关联,从而利用语义增强实现知识内容的精准检索、精准挖掘与精准服务,以实现知识服务的深耕。其次,基于用户需求加强语义出版选题和产品设计能力建设,细分用户市场,围绕科研生命周期、学术交流活动,分析用户行为特征、偏好及其他潜在规律,形成经过选择、过滤和排序的知识服务产品推荐,满足用户不同颗粒度、不同目的、不同场景的知识服务个性化需求。最后,基于媒介融合加强语义出版产品表现能力建设,利用可视化技术实现内容的显性揭示,利用交互性的网络特征给用户和作者提供交流、互动的服务功能,利用高度传输的网络特征缩短知识内容获取时效,从而建立起符合出版业特点的多层次、跨媒体、全方位的知识服务模式,引导知识服务出版模式的创新。

2.3 语义出版的价值功效

2.3.1 内容层面:提升出版产品知识价值内涵

语义出版提供的是一种知识的完整表达形式。作为知识载体的语义出版产品,直接关系着知识传播的质量、速度和范围,并直接或间接地影响着知识创新和知识应用的程度。由此,在出版产品的内容层面,语义出版强调内容资源的结构化、关联化和有序化,这将有助于出版产品知识价值内涵的提升。

其中,结构化是指深入出版内容加工环节的语义结构化,考虑到关键

[①] 任艳青,陈培颖,胡蓉,等.科技期刊的知识服务系统:以《自动化学报》知识服务平台为例[J].中国科技期刊研究,2011,22(5):688-692.

词、概念实体等对象蕴含的多种不同含义及其被用于不同上下文中的不同含义,借助元数据统一描述规范揭示事物的属性特征(properties),通过添加语义标记揭示事物及其关系的类型特征(typed),基于此,可以把异构性出版内容进行结构化、层次化分解,有助于内容资源的语义化关联和动态化获取。关联化是指语义出版应用本体、语义网、开放链接等技术,达到出版内容数字资源内部及其与数据、对象实体等知识单元之间的自动关联的目标,将分散在各种书籍、报纸、不同格式音视频媒体、互联网及其他媒介中的海量信息资源进行快速集成和开放共用。语义出版的关联性突破了载体开本、版面和存储容量等物理要素的客观限制,对知识内容承载量进行了延伸,由此形成的知识网络,能够促进语义资源的关联知识发现,能够解决开放信息环境下海量异构信息与碎片化需求的矛盾,使用户较为容易地开展溯本阅读、扩展阅读和战略阅读。有序化是指通过知识计算、知识评价等自动化与人工化相结合的编辑出版环节,对已构建完成的语义知识网络进行意义排歧(sense disambiguation)、自动纠错、筛选和排序,突出显示知识价值含量最高的内容资源,使隐性知识转化为用户能够快速获取的显性知识。

语义出版的结构化、关联化和有序化,能够通过对知识统一编码,改进知识表示质量,增强知识检索能力,从而挖掘资源之间的语义关系,提高用户检索的查准率,能够通过数据挖掘、本体论、自然语言语义分析等手段,创建多源知识的开放链接,提升知识关联状态,实现知识调度结果在逻辑上的相关性、在组织上的有序性和在应用上的易用性。整体而言,语义出版将内容加工方式从以文献单元组织为核心推进到以数据知识组织为核心,将出版内容资源的"内容为王"最大程度演化为"语义为王",极大程度地提升了生产与供给高价值含量出版产品的能力。

2.3.2 服务层面:优化出版产品知识服务模式

知识服务的快速发展为个性化制造和服务创新提供了有利环境,人依靠机器生产产品变成机器围绕人生产产品成为可能[①]。由此,在出版产品的服务层面,语义出版强调服务模式的可视化、智能化和个性化,这将有助于出版产品知识服务模式的优化。

---

① 人民网.胡锦涛:在中国科学院第十五次院士大会、中国工程院第十次院士大会上的讲话[EB/OL].[2016-12-23]. http://theory.people.com.cn/GB/11808872.html.

可视化是语义出版知识服务模式的主要特性。语义出版强化了海量信息资源的中心化分层与表现，图片、数据、概念等碎片化内容单元的知识化识别与显示，具体形式包括具有缩放功能的高清图片、化学结构的三维动态显示、高亮的文本条目、语义标签云、标签树等，这些附加于出版产品的新型的可视化表现形式，能够有效地提高用户的阅读、理解和记忆效率，使语义出版产品产生用户黏性。例如，借助不同颜色对内容资源中的不同类别的关键信息进行分类标注，使得用户能够快速查找同一类型的内容对象，如机构信息、作者信息、概念信息等；根据高亮词条出现的频率和位置来确定字体大小及出现的顺序，帮助用户快速定位目标词条；通过知识地图等知识可视化技术手段，以图像方式表现知识关系及其构成的可根据中心度分层的知识网络，可以快速掌握和评估某一领域、某一主题、某一科研实体的发展图景。

语义出版知识服务模式还具有智能化和个性化的特性。其中，智能化不仅体现在语义出版知识服务可提供可操作的数据集和可交互的图表，其重点还在于会构建以本体式知识体系为内核的语义出版知识服务产品，它能够综合采用文字、图片、音视频等知识对象，围绕某一主题、领域、问题提供动态化知识解决方案。此外，为了满足用户的不同颗粒度知识服务需求，语义出版需要以用户需求为基础开展相应服务。为此，语义出版知识服务是在跟踪用户行为、识别用户兴趣的基础上，利用基于语义的个性化推荐技术为用户推荐服务，能够以用户为中心动态地呈现语义出版内容资源，由此提高知识的获取能力、阅读的个性化程度及用户的科研效率。

2.3.3 运营层面：创新出版产品知识盈利渠道

目前，我国出版业已经全面完成从计划经济体制转变为市场经济体制的过程，这就要求出版业在保持市场化自主经营的前提下，制定适应于市场经济优胜劣汰的竞争机制和以提高内容资源利用效率为核心的专业化内容运营模式，并且，在此过程中还需继续坚持社会效益和经济效益的有机统一。而语义出版便是符合上述要求的最佳选择之一。基于知识组织和知识服务的语义出版具备商业资本的特质，它强调运营层面的市场化、专业化和效益化，可以创新出版产品的知识盈利渠道，面向产业创造新的经济利益和商业模式，可以提高出版业的投资回报率。

马克思剩余价值学说指出，"服务就是商品，服务有一定的使用价值

（想象的或现实的）和交换价值"①。其中，服务的使用价值可以体现在服务的属性满足人们的某种需要。由此可知，语义出版产品属于知识服务业的内容产品，可以满足用户对知识的需求，它作为一种商品，必然具有经济价值属性。

当前，知识已经通过内容付费模式实现了商业价值变现，这也让知识有了实现经济价值的通用手段。2016年9月，国内网络问答社区"知乎"在其媒体开放日表示，用户愿意为优质知识内容付费的时刻已经到来，并且这个趋势正在加速②。对此，出版业需要构建一个集知识服务市场、知识供求系统、知识分享场景、基于认知盈余的优质信息平台为一体的知识经济基础设施，用户可以借此获取和分享知识、经验和见解。

在此契机下，数字出版向语义出版的升级转型，不仅能够满足用户知识消费的需求，也拓展了出版业的盈利方式。数字出版时代的收益是以数据库资源的使用收入为主，语义出版时代的盈利渠道则会转向基于丰富信息资源的知识深度挖掘、关联分析，以及发现、验证新知识等信息深加工领域③。基于此，形成的语义出版产品与服务将涵盖更多的技术研发与创新价值，将从以数据库资源为核心向以软件工具型资源为核心转化，不仅能够满足用户知识服务需求，产生体系化知识传播的社会效应，还可拥有更多的自主知识产权，能够提升知识产品供给能力，有助于从中获取有偿的商业利润。

2.4 语义出版的驱动因素

2.4.1 大数据时代下的出版业态转型

自2000年以来，随着世界范围内数字化时代和信息时代的全面到来，新兴的数字出版媒体正在悄然兴起，并不断地冲击着传统出版媒体的内容运营和盈利模式。例如，用户阅读方式已经不再局限于传统纸质媒介甚至光存储媒介，电子图书、数字期刊、以手机为载体的移动阅读等逐渐被用户所青睐。近年来，全球学术出版正在实现内容创作、出版、投送、传播、销售和消费等出版环节的全流程数字化管理，尤其是STM领域的数字出版发展

---

① 蒋南平，龙运书，冉恩贵. 经济学基础 [M]. 北京：清华大学出版社，2014：17-19.
② 黄有璨，吴越. 知乎的野心与"新机会"——周源：知乎将进入"平台化"阶段，打造知识服务市场. [2017-01-11]. http://mp.weixin.qq.com/s/2HAygt28y3wlRw9z0y5f3Q.
③ 李航. 浅析语义技术对传统出版的影响及发展策略 [J]. 出版发行研究，2017（1）：35-38.

第 2 章
语义出版的概念基础

势头则更为强劲。在大数据时代,尽管数字出版的前期积累为传统出版的转型升级与融合发展奠定了良好基础,但数字出版更偏向数字化出版,缺乏出版物内容资源的结构化、关联化和语义化。尤其是随着信息技术、社交媒体和移动互联网的快速发展,出版业的数据资源呈现爆发式增长,俨然需要重新审视现有的出版业态,并探索发展符合时代特征的出版模式,而新兴的语义出版便是大数据驱动下出版业态升级的产物之一。

对此,学界和业界也存在一种争议,即出版业是否符合大数据特征。研究表明,大数据具有分布式、异构性、实时性、低价值密度等特征,但据中国新闻出版研究院副院长张立计算得知,传统出版作为内容产业的一部分,其整体内容的数据量也仅在 TB 级别,由于生产方式的限制,目前尚不具备大数据的全部特征,大部分单个出版单位离大数据还相当遥远[1]。尽管出版业的内容数据量没有达到大数据的标准,但大数据既是资源和工具,也是一种思维方式,这种思维方式对出版业探索语义出版发展路径具有积极的指导作用。

一是提供数据加工的结构化思维方式,这是开展语义出版的重要基础。出版业拥有大量的优质内容资源,可通过识别将出版内容的字、词、句、段落和其他形式的非结构化数字图像转化为数据化文本,并记录和存储于结构化数据库,从而支撑后续数据资源的语义标识、分析和动态重组。二是提供数据组织的关联化思维方式。目前,有许多政府和企业机构相继投入大量资金建设大数据资源库,并提供相关的数据来源。例如,2017年1月4日首次向社会公布的我国人口与健康领域的大数据资源的数据量高达 49.1 TB、2.8 亿条,包括生物医学、基础医学、临床、公共卫生、中医药学、药学、人口与生殖健康七大类[2]。出版业可利用已有经济投入的权威数据成果,降低自身数据库构建和服务成本,设计语义出版产品和新型服务,同时,也可在数据关联基础上实现内容的交叉检验。三是提供数据挖掘的预测性思维方式。大数据的核心即为相关关系分析法,即将注意力集中于相关关系的发现和使用上,而非因果关系的预测方式上[3],由此产生的预测

---

[1] 张立. 出版业有"大数据"吗?[EB/OL]. [2017-01-03]. http://blog.sina.com.cn/s/blog_4b0920d60102wtvk.html.

[2] 新华社. 我国人口与健康科学大数据首次发布[EB/OL]. [2017-01-03]. http://www.gov.cn/shuju/2017-01/05/content_5156735.htm.

[3] 迈尔-舍恩伯格,库克耶. 大数据时代:生活、工作与思维的大变革[M]. 盛杨燕,周涛,译. 杭州:浙江人民出版社,2013.

性技术和工具将有助于提升语义出版的相关性推荐和智能推理功能。四是提供数据传播的个性化思维方式。大数据时代下的出版业需要关注用户行为数据，依据规模庞大的用户行为数据分析出版市场需求、细分用户群体和识别潜在用户群体，为每个群体量身定制个性化服务，进行具有针对性特征的学术资源语义化推荐，形成高利用性和高认可度的知识服务产品。

基于上述分析，出版业需要具备身处大数据时代的紧迫感和责任感，需要适应大数据驱动下的信息发展环境，开展语义出版，不应将视野局限于出版物内容资源的加工，而应转换原有思维方式去改变现有的静态内容生产模式，寻求新型学术信息资源的语义组织、发布与共享形式。

2.4.2 语义网环境下的知识服务升级

1998年，语义网的概念由万维网的发明者蒂姆·伯纳斯-李（Tim Berners-Lee）首次提出，在他看来，"语义网是现在万维网的一个延伸，所有的信息都具有定义完好的含义，更利于人与机器之间的合作"[1]。而且，语义网的主要任务之一是，着重解决知识获取和知识表示问题，以计算机应用程序可以理解的方式或方法描述事物，包括事物之间的关系（例如，A是B的组成部分，而C是D的组成人员）及事物的属性（如尺寸、重量、使用期限和价格等）[2]，使计算机不仅可以理解词语和概念，而且还能理解其中的逻辑关系。同时，语义网的核心技术包括可扩展标记语言（XML）、资源表述框架（RDF）和本体（Ontology）。其中，通过RDF可以连通所有涉及的人物、地点、事物、组织、时间、统计资料、基因等格式化数据，并且这些数据是机器可理解和可处理的，这是对现有数据的再利用，借此产生的新数据和基于URI的关联网络可以无限扩展下去。在语义网环境下，本体的概念与领域本体、推理本体略有不同，它被理解为数据的分类和结构，常被称为"schema"，包含类（class）、属性（properties）和类型（data types）。

此外，从互联网的整个发展趋势来看，美国风险投资家诺瓦（Nova Spivack）提出语义波（semantic wave）的概念[3]（图2.4），他将互联网发展划分为4个增长时期：第一阶段为关于在线信息关联的Web1.0；第二阶段

---

[1] 戴维民. 语义网信息组织技术与方法［M］. 上海：学林出版社，2008：1-6.
[2] W3school. 语义网［EB/OL］.［2017-02-01］. http://www.w3school.com.cn/semweb/index.asp.
[3] DAVIS M. Project 10X's semantic wave 2008 report: industry roadmap to Web 3.0 & multibillion dollar market opportunities［R/OL］.［2016-10-07］. http://www.isoco.com/pdf/Semantic_Wave_2008-Executive_summary.pdf.

为以人为中心、基于社交网络的 Web 2.0;第三阶段为目前互联网的发展阶段 Web 3.0,即通过表示意义、关联知识,使用户体验更为密切、有用和愉悦的语义网,包含语义检索、本体、智能代理、知识库、叙词表、分类法、人工智能、人机交互等;第四阶段为一个无所不在的网络 Web 4.0,可以借助某种原因和沟通方式智能化链接人和事物。

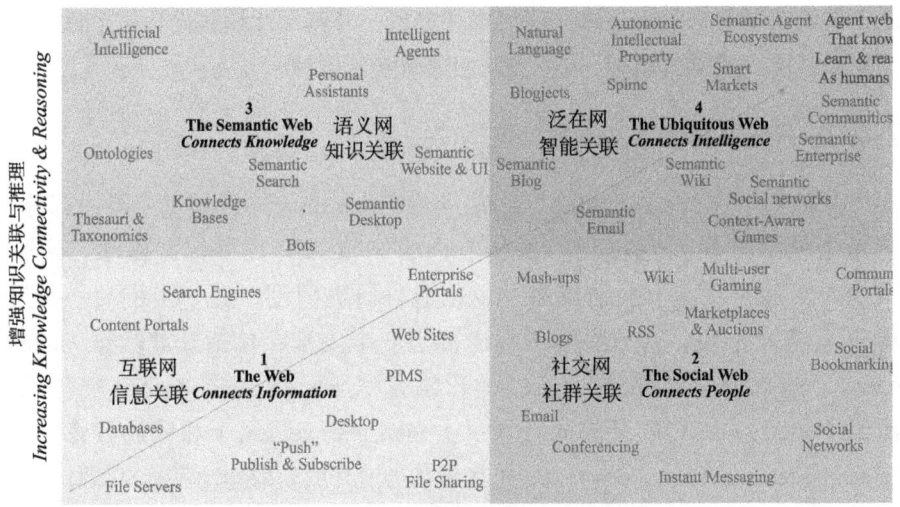

图 2.4　语义波:互联网发展趋势及其核心技术

由此可见,语义网旨在对信息资源进行语义化和关联化的显性表示,是将信息再加工和再组织的过程,能够让信息增值,并且使信息资源的可利用性和可重复性得到大幅提升。目前,网络应用已进入以语义网技术为代表的 Web 3.0 时代,出版业的数字化生存环境也随之发生了深刻的变化。一方面,语义网为出版业强化了知识服务的基础数据建设,即面对海量出版内容资源,在资源对象的选择方面,需要对不同信息源进行摄取和整合,并强调以数据为对象的内容资源抽取、描述与集成,在资源对象的加工和处理方面,不仅需要结构化存储,更需要借助本体、RDF、XML 等工具和技术对内容资源知识颗粒度赋予含义,在此基础上以一个有意义的方式将出版产品提交给用户,使知识服务更为动态化和体系化。另一方面,语义网为出版业提供了知识服务的新型商业模式。美国互联网领域的天使投资人大卫·西格尔(David Siegel)在 2013 年曾表示,语义网造就了拉取时代(pull era),即消费者可按照自我需求主动获取产品、服务、信息、知识和建议等,并预言在未来 10~20 年,语义网会将引领 - 推送

(lead-push)的商业模式改造成与消费者互动的拉取-追随（pull-follow）模式①。由此可见，语义网环境下，用户群的信息获取方式将从推送变为拉动，借此机会，出版业需要以拉动型用户需求为导向，以用户行为数据和不同颗粒度的知识单元为基础，使用户行为与目标资源形成关联关系，识别强关联的"用户需求-资源对象"数据集，对人口统计学特征、资源主题、学科类型等信息进行进一步的规律分析，并基于此预测性构建个性化定制集成、嵌入式学科服务、语义精准出版等知识服务产品。

2.4.3 开放式背景下的学术交流导向

开放科学（open science）已成为现有学术交流体系的重要组成部分，它是指使得知识发现过程中的所有内容丰富和公开可行的做法，允许其他人复制再现现有科研结果，以创造科研透明度，进一步推动科研发现。有学者指出，开放科学的概念涵盖6个要素，包括开放数据（open data）、开放获取（open access）、开放方法（open methodology）、开放源码（open source）、开放同行评议（open peer review）和开放教育资源（open educational resources）②。尤其是在当前开放获取运动和社交媒体的双重影响下，开放式信息环境的发展如火如荼，原有的学术生态交流圈也深受影响。对此，2014年8月，《自然-通讯》主编在中国图书馆馆长与国际出版社高层对话论坛上指出，在开放信息环境下，未来的科技期刊将与开放获取、开放网络、开放科研相融合。原中国科学院国家科学图书馆馆长张晓林认为，以学术期刊和论文为代表的开放学术资源，已成为学术研究不可或缺的资源，正逐步逼近"成为学术研究主流资源"的转折点③④。

具体来看，20世纪90年代开始兴起的开放获取，是由学界发起的科学公开运动，能够使科研用户免费利用互联网实现科学知识信息的生产、交流、传播。目前而言，全球开放获取出版的发展势头极为迅猛，开放获取出版已成为出版机构盈利手段之一。以学术期刊来看，有研究表明，2000年以来，开放获取期刊的数量每年增长约18%，当时预计在2021

---

① 西格尔. Web 3.0：互联网的语义革命［M］. 管策，译. 北京：科学出版社，2013.
② WATSON M. When will "open science" become simply "science"?［J］. Genome biology, 2015, 16: 101.
③ 张晓林，李麟，刘细文，等. 开放获取学术信息资源：逼近"主流化"转折点［J］. 图书情报工作，2012, 56（9）：42-47.
④ 张晓林. 开放获取、开放知识、开放创新推动开放知识服务模式：3O会聚与研究图书馆范式再转变［J］. 现代图书情报技术，2013, 29（2）：1-10.

年,一半以上的订阅式期刊会以开放获取期刊的形式存在[①②]。此外,会议录、研究报告和学位论文成为开放获取资源的重要组成部分,包括美国气象学会的会议资料,美国国家航空航天局(National Aeronautics and Space Administration,NASA)、美国能源部(DOE)等研究机构的科技报告[③④],香港科技大学、新加坡南洋理工大学等的学位论文[⑤]。同时,2010—2014年,PLoS、Wiley、Taylor & Francis、Springer等国际主要出版商的开放出版论文处理费(Article Processing Charge,APC)收入水平也呈现出大幅提升的发展趋势,具体如图2.5所示[⑥](彩插见书末)。

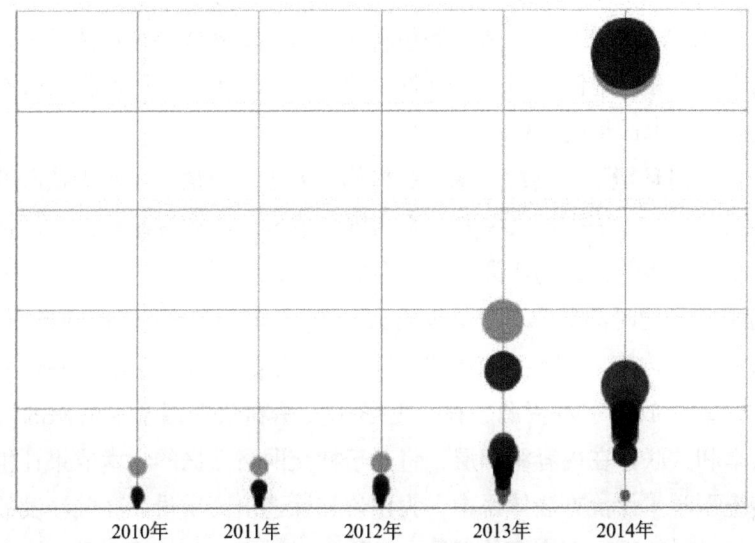

图2.5 2010—2014年国际主要出版商的开放出版论文处理费收入[⑦]

① BJÖRK B C, LAAKSO M, WELLING P, et al. Anatomy of green open access [J]. Journal of the association for information science and technology, 2014, 65(2): 237–250.
② LEWIS D W. The inevitability of open access [J]. College & research libraries, 2012, 73(5): 493–506.
③ NASA Scientific and Technical Information Program [EB/OL]. [2017-02-01]. http://www.sti.nasa.gov/find-sti/#ntrsharvest.
④ The National Technical Reports Library [EB/OL]. [2017-02-01]. http://www.ntis.gov/products/ntrl/.
⑤ HKLIS Dissertations and Theses Collections [EB/OL]. [2017-02-01]. http://library.hkbu.edu.hk/electronic/libdbs/dol.html.
⑥ Total APC expenditure 2010-14 [EB/OL]. [2017-02-21]. http://files.figshare.com/1542374/Analysis_of_Jisc_Collections_APC_data.pdf.
⑦ 注:数据是由英国联合信息系统委员会(Joint Information Systems Committee, JISC)统计,包括英国的24家高等教育机构在多家出版商关于论文处理费的经费投入。

同时，开放获取资源的自身质量和其在科研人员用户群体内部的认可度也在不断提升。据统计，2011—2015 年，Web of Science 收录的开放获取期刊数量从 654 种增长至 978 种，全库占比由 5.78% 上升至 8.13%。同时，"Taylor&Francis Open Access Survey"表明，7875 名被试者中近 7 成认为开放获取期刊质量不低于订阅式期刊[①]。此外，学术社交网络的迅速兴起，为学术交流体系的多方主体提供了全新的交流、传播和评价途径。一方面，社交网络中的开放资源得到广泛使用，使得内容创作主体显现出社会化和去中心化特征，模糊了出版从业者、科研人员和用户之间的区别界限，重构了学术生态圈内的人际交往模式。另一方面，基于社交网络数据的学术资源评价方法已被 Ebsco、Elsevier 等出版机构融入现有学术成果评价体系中，相较于影响因子等相对时滞性指标，点赞、转发、评论等社交网络行为数据更能实时性反映学术成果的质量和认可度。

开放信息环境下，传统学术出版机构需要强化以语义出版为核心的内容加工与服务模式，根据语义关联体系高度集成展示内容资源成果，使用户可以快速掌握领域结构，初步评价研究对象水平，降低科研人员在学术信息检索和利用方面的时间成本，努力朝着开放性、集成性、智能性的方向发展。具体来看，在内容开发层，应积极运用自身出版资源的专业优势和累积效应，并注重开放型学术资源、社交型学术资源和数据型学术资源的协同共建、共享和共联；在内容组织层，将基于社交网络数据的学术成果评价方法引入传统型学术评价方法体系中，为评价和筛选出高质量、高关注度的学术资源提供实时依据；在内容传播层，加强作者、用户和编辑人员的多向交流互动，根据用户需求动态开发和优化以主题演进等为对象的知识产品。

2.4.4 新媒体视域下的微型内容诉求

新媒体是相对于传统媒体而言的媒介形式及媒介应用，它不是一个恒定不变的数值，而是媒介技术不断推进下一直更新的相对概念。在人类传播史上，不同时代的新媒体会有不同的表现形式。例如，文字传播时代是以甲骨、金石、简牍、缣帛和纸张为媒介载体，数字传播时代则是以唱片、磁带、硬盘、光盘为媒介载体。如今，移动互联网影响下的新媒体又孕育出

---

① Taylor&Francis open access survey［EB/OL］.［2017-02-01］. http://www.tandf.co.uk/journals/explore/open-access-survey-june2014.pdf.

第 2 章
语义出版的概念基础

新的发展形式,如社交媒体(微博、微信等)、自媒体(知乎、得到、分答等)、移动媒体(今日头条、Google新闻等)。

新媒体的快速发展,使得信息传播渠道不再是稀缺资源,人们发布信息的方式变得多样化、多元化和多端化,造成信息容量的急剧膨胀,至此,新媒体正在推动文化内容产业经历一场前所未有的革命,开启了数字内容大规模生产、分享和应用时代。与此同时,新媒体也带来了一系列的负面效应。随着现代经济社会的高速发展,时间成本日益增加,越来越多的人抱着即时性、精准化和高效能的阅读态度,其注意力的凝聚时间愈发变短,并不愿意集中时间去解读具有某种实质性内容的出版产品。在此影响下,庞大的叙事结构在众生喧嚣中被消解,完整的意义被割裂成无数的碎片,海量的信息传播正逐步向"微传播"转变,微型传播媒介及微传播内容也越来越多地受到人们的喜爱[①]。同时,在"点击文化"的渗透中,用户大多形成以某条信息为起点不断向外延伸分散的思维结构和行为习惯,用户在连续点击中难以有深入思考的过程。

因此,我们必须清楚地认识到以下客观事实:一是新媒体俨然已经促使广大用户的阅读方式从传统深度阅读演变成"快餐式"阅读或"浅阅读";二是信息的失真、零星与泛滥也造成用户在判断信息价值、选择信息对象时会产生诸多疑虑,从而影响用户阅读体验的提升;三是随着知识经济的到来,用户追求能够短时间内快速汲取知识的内容产品,而目前的知识市场供给能力还较为薄弱。

那么,从出版业的角度出发,既然不能继续完全依赖于传统出版模式带来的生存空间,就必须寻求新媒体时代的改革突破。长期以来,出版业就一直在借助各种新型媒介技术,进行内容形式、生产方式和传播态式的革新。当前,新媒体引发了受众庞大的内容生产,但自身缺乏高品质、关联性、体系化内容的产出、集成与发布能力已成为不争的事实。因此,在新媒体视域下,出版业急需优化传统出版模式,并提出适应于用户高质量、碎片化和即时性内容资源需求的解决方案,而语义出版便是应运而生的出版形式。一方面,语义出版重在加强出版内容的语义组织与呈现,能够在海量信息资源的基础上过滤干扰信息、强化内容的知识属性及其体系化,并以不同颗粒度的知识单元形式进行发布。另一方面,语义出版重在本体的构建,

---

① 李林容.新媒体概论[M].北京:法律出版社,2015:6-11.

可以按照本体模型及时集成多源信息，依据已有的知识体系发布知识产品，以保障高质量、微型内容的快速供应。具体来看，出版业可以基于自身传统优质出版资源的再加工，对内外资源进行深化整合和流程再造，着重以内容为纽带延伸不同媒介的关联关系，以编辑为中心，依据既有的价值倾向或者经验对海量信息进行提取、过滤和整合，成为传播学领域所称的"把关人"（gatekeeper）。

2.5 小结

大数据时代要求出版业适应大数据驱动下的信息发展环境，转换原有思维方式去改变静态内容生产模式。语义网环境要求出版业借助本体、RDF、XML等工具和技术对内容资源知识颗粒度赋予含义，以拉动型用户需求为导向开展知识服务。开放式背景要求出版业注重开放型学术资源、社交型学术资源和数据型学术资源的协同共建，利用多媒介加强内容资源生产者的多向交流。新媒体视域要求出版业关注编辑能力建设，保障高品质、体系化的微型知识产品的生产与发布。由此，语义出版应运而生。作为新兴的出版形态，语义出版的定义、内涵和作用都在不断变化和拓展之中，其产品形态、技术基础、加工单元都具有一定独特性。语义出版以传统出版内容资源为核心，并集成社会媒体资源、开放数据资源等，在对知识内容进行深加工和语义关联的基础上，以系统化的知识网络呈现方式提供给用户，能够满足用户个性化知识需求。语义出版的可持续发展，依赖于以知识组织为基础的内容资源建设和以知识服务为目标的内容产品研发。语义出版强调内容层面的结构化、关联化和有序化，以提升出版产品知识价值内涵，强调服务层面的可视化、智能化和个性化，以优化出版产品知识服务模式，强调运营层面市场化、专业化、效益化，以创新出版产品知识盈利渠道。

第 3 章 语义出版的体系框架

语义出版的体系框架，旨在厘清语义出版的基本架构，着重于研究语义内容组织与动态发布的关键环节、基本标准规范和核心技术。本章根据语义出版的建设要求，提出适用于现有学术信息环境和科研人员需求的体系框架，具体从基础层、资源层、方法层和服务层 4 个层面构建，有利于明确各个语义出版建设主体的发展重点，有助于实现技术提供商、出版机构、信息集成商、信息服务商之间的分工协作，有助于保障语义出版系统的有效、稳定和可持续运行。基于此，细化梳理、对比数字出版实现流程和语义出版实现流程，明确指出语义出版实现流程的独特性，有助于语义出版建设主体在进行出版流程融合或再造时重点理解和应用。同时，详细阐述了语义出版的体系框架在标准规范和关键技术两个方面的核心构建要素。

3.1 语义出版的基本架构

3.1.1 框架设计

（1）基本要求

目前，以出版机构的数据资源来看，其可以被称为小规模、零散式、异构化数据。其中，小规模是指数据存量不大、增量不大、实时性不强，零散式是指数据来源没有标准化通道，数据存储和管理则散布在不同系统和部门，异构化是指数据存储方式、管理方式、数据结构、语义表示和知识内容本身等的不统一性。因此，语义出版的体系框架，应按照"统一数据标准、统一业务流程、统一信息服务、统一组织工具"的要求构建，利用正确的媒介融合手段，立足优质内容，基于用户定位，利用先进技术，从而实质性推动内容生产向实时生产、数据化生产、用户参与生产的方向转变，形成在文献高度增值利用和知识发现驱动下的语义出版内容传播机制。

具体来看，语义出版的基本架构，应支持数字文献资源的战略保存管理与二次开发利用，应加强出版内容、产品知识库、用户数据库的建设，提高数据采集、存储、管理和运用能力，在通过资源购买、共享协议签订、数据交换等方式拥有知识产权的前提下，保障数字资源的结构化加工水平，满足文献及其所含元数据的二次开发需要，应以国内外的技术标准规范为参照，对外提供开放性的API数据接口，保障数据资源的互通互享，以达到数据资源的规模集群效应，在服务功能层面则需要支持可视化分析、排序、智能推荐、分享等。

（2）体系框架

语义出版的体系框架是基础性、工程化的建设方案，也可适用于一篇论文或一部著作，但要形成语义出版的知识服务效应，需要在资源规模化、多源集成化的基础上实现。其中，深层次语义关联与推荐是语义出版体系建设的关键。语义出版的语义关联与推荐，对内需要提升知识组织能力，对外需要提升知识呈现和管理能力，既包括对语义出版对象集的质量评价、遴选、确定和采集，又要设计和应用统一标准和知识体系对语义出版对象集进行知识抽取、知识表示和知识关联，完成语义出版内容资源的标引、管理、整合和展现，以智能技术实现知识资源的动态构建与扩展，还需要提供对知识关联结果进行深层次识别、评价、筛选和排序的解决方案，并且基于用户行为和自身需求，以软件系统为媒介提供内容交互性强、精准度高的语义出版产品及其知识服务，以加强知识的易获得性和可利用性。

在具体操作中，针对多源基础资源采集与整合的难题，需从出版机构整体实际情况出发，对内容、渠道、技术、资本、产品、人才等内外部资源进行体系化研究和整合，通过最优化的资源配置方案提升各个环节及整体协作的效率，以加快语义化转型步伐。此外，还应做好具有实践性、前瞻性的顶层设计，开拓融合发展思路，提升数字出版内容质量和产品技术应用深度，拓展内容服务范畴，加强人才队伍建设。语义出版的体系框架如图3.1所示。

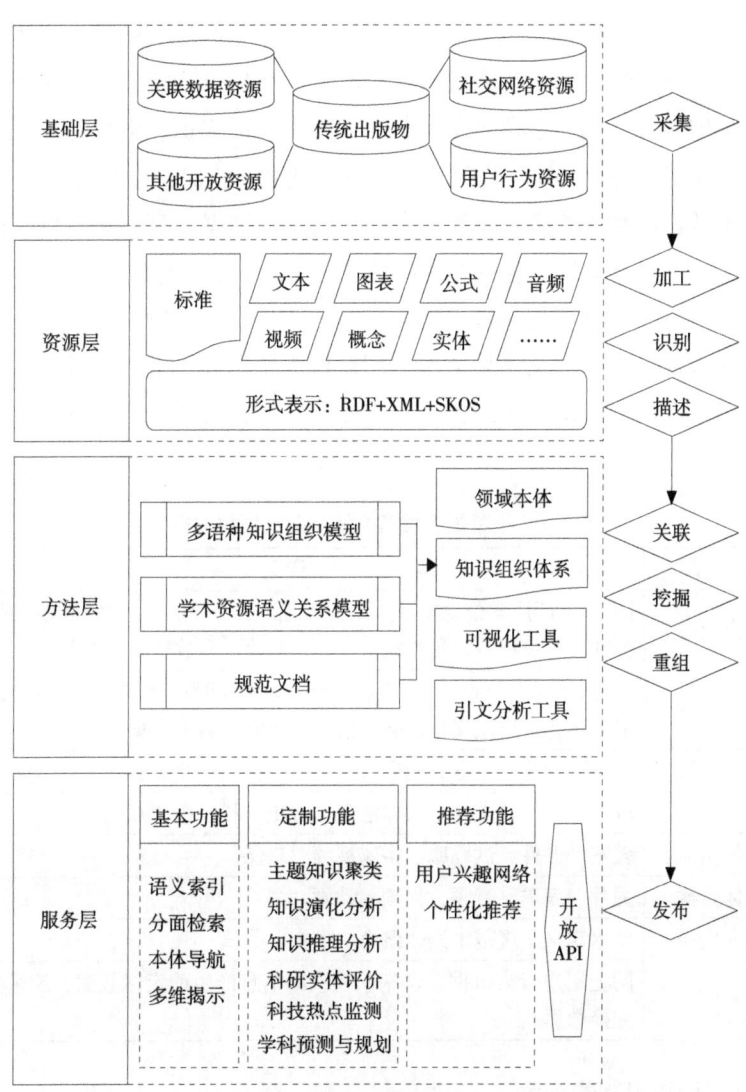

图 3.1 语义出版的体系框架

3.1.2 基础层

语义出版具有高度关联性,打破了文字和图片、表格、数据、工具、软件的桎梏,消解了学术期刊、图书、科技报告、会议论文、光盘等信息载体的形式化。为适应数据密集型科学研究,语义出版需将资源对象扩展到视频、音频、实验数据等原始数据,带来传统出版形态与开放出版、社交出版[①]等新

---
① TUTEN T L, SOLOMON M R. Social media marketing [M]. 2nd ed. Los Angeles: Sage, 2015.

兴出版形态的在线融合，帮助科研用户对知识的相关性、影响力、质量和可信性做出较为准确的判断，从而达到知识服务效益的最大化。以超星知识服务系统基础资源为例，它聚合了跨行业、跨机构的知识、信息与情报等特色资源，汇集了 1860 年迄今的中外文图书、期刊、报纸、学位论文、会议论文、科学数据等约 6.3 亿条元数据和近亿条全文数据，百万集高校、科研院所、企业的讲座、报告、慕课等音视频资源及上千家行业智库（表 3.1）。因此，语义出版体系框架的基础层需要着重围绕传统出版物资源，联合采集和存储关联数据资源、社交网络资源、用户行为数据和其他开放资源，共同推动数字出版向高级的语义出版及其知识服务转型，完成出版业的技术更新和产业蜕变。

表 3.1　超星知识服务系统基础资源集成框架

资源类型	释义
文献类资源	图书、期刊、学位论文、会议论文、报纸、专利、工具书、年鉴、地方志、标准、科技报告、科技成果、网络阅读、开放资源、专著
信息类资源	新闻、文档、企业名录、科研项目、博客、问答、学术机构、诗词、人物、成果信息、出土文物、会议信息、招聘、科学数据
专题类资源	学科、行业、主题、问题域、热焦、机构、团队、专家、会议、活动
特色类资源	故纸堆、作者文库、法律法规、文史资料、机构知识
教学类资源	教案、课件、试题库、讲座视频、慕课
多媒体资源	图片、表单、音频、视频、动画
知识元资源	学术定义、规范术语、概念、事实、数值
用户资源	网上用户行为数据，含基于互联网信息产生的定性数据、定量数据、交换数据

（1）**传统出版物资源**

传统出版物资源包括图书、期刊、科技报告、地方志、工具书、标准、法律法规、专利、统计年鉴等，是精英生产内容，即具有严格的内容评价与筛选机制，使内容产出物是按一定标准产出的，其数据结构完整统一，内容表达符合语法规范，基本不存在异构和混乱的数据，并且具有较高的知识价值含量。因此，利用已有的存量出版资源是建设领域本体、开发专业知识库的基础，是出版机构向知识服务提供商转型的发力点。

（2）**关联数据资源**

2006 年，万维网联盟提出了关联数据的概念，强调数据的相互关联及利于人机理解的语境信息，构建具有结构化和富含语义的数据网络，实现在语义网上发布、共享、链接各种数据集、信息及知识，其主要作用是为本地数据建立外部关联，形成多种数据混搭，建立新的数据集，从而发现数据之间的关联关系，有助于语义挖掘和实现知识的发现[1][2]。具体而言，关联数据是指一种在 Web 上的结构化数据发布的推荐形式，其基本原则包括 4 点：一是使用 URI 作为事物的名称；二是以 HTTP/URI 协议请求获取事物；三是当有人查找 URI 时，需使用推荐的标准（RDF、SPARQL）提供有用信息；四是应包含其他事物的 URI 链接，以便关联发现更多事物[3][4][5]。

2006 年起，多领域的参与者将数据发布为关联数据并相互关联，形成关联数据集云图（Linking Open Data，LOD）。据笔者统计，截至 2017 年 1 月 26 日，共有 1146 个关联数据集被发布（图 3.2，彩插见书末），其中，康奈尔大学的 Vivo 网络、DBpedia 的本体及实例内容、DBLP Bibliography（800 万文章目录、400 万作者）、GeoNames（800 万地理名称、600 万以上地理特征）、riese（欧洲各种统计数据）、UMBEL（Upper Mapping and Binding Exchange Layer，含 34 000 个主题概念）、生物种属知识库（GeoSpecies Knowledge Base）等已成为各类关联数据集相连的基础资源。表 3.2 详细介绍了代表性关联数据的基本情况，附录 2 具体列举了被链接次数较高的前 50 个关联数据集。此外，关联数据类型包括跨学科（cross domain）、地理科学（geography）、政府数据（government）、生命科学（life sciences）、语言学（linguistics）、媒体（media）、出版物（publications）、社交网络（social networking）和用户生成（user generated）九大类，而出版物关联数据集数量为 156 个，仅占关联数据总数的 13.61%，并且与其他关联数据集的入链数和出链数的最高值为 32 和 31，属于中等偏下的水平，说明出版物在关联数据发布方面还有较大的提升和发展空间。

---

[1] HEATH T, BIZER C. Linked data: evolving the web into a global data space [M]. San Rafael: Morgan & Claypool Publishing, 2011.
[2] 萨蕾. 数字图书馆元数据基础 [M]. 北京: 中央编译出版社, 2015: 25-30.
[3] BERNERS-LEE T. Linked data-design issues [EB/OL]. [2017-02-02]. http://www.w3.org/DesignIssues/LinkedData.html.
[4] BIZER C. Expert report on linking data [R/OL]. [2017-02-02]. http://151.1.219.218/b43d3f37-bd5d-4144-9779-b27a0ca3d1d5.pdf.
[5] BIZER C, HEATH T, BERNERS-LEE T. Linked data: the story so far [M] // SHETH A. Semantic services, interoperability and web applications: emerging concepts. Hershey: IGI Global, 2011: 23.

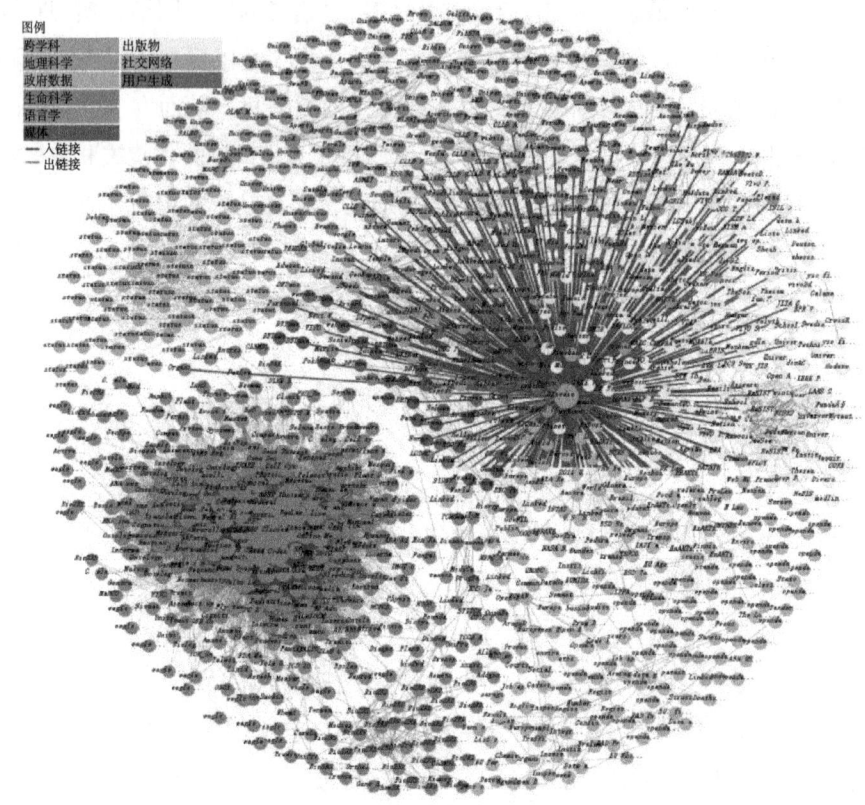

图 3.2　关联数据集云图（2017 年 1 月版）①

由此可见，关联数据具有较强的数据整合和重用功能，可以有效实现出版内容资源组织与语义网的融合，在未来的知识服务中必然发挥重要作用，而我国出版业对关联数据建设方面的重视程度和时间力度都相对薄弱，这将限制语义出版数据集规模效应的发挥，因此，有必要在语义出版的体系框架内引入关联数据的概念。一方面，可通过将 MARC、本地 XML 格式的原数据结构转换为关联数据，采用开放的标准，结合部分扩展元素，如 schema.org、FOAF、DC 等，形成通用结构的数据并以 stylesheet 输出，以提升本地资源的对外显示度和被链接的可能性。另一方面，着重关注和遴选适用于本地资源的关联数据集合，尤其是已被业界认可的、链接度较高的关联数据集合，以扩充语义出版知识资源的语义容量。

---

① 关联数据云（LOD Cloud）[EB/OL].[2017-02-01].http：//lod-cloud.net/2017-01-26.

表3.2 代表性关联数据的基本情况

项目名称	编制机构	描述方式	描述语言	建设机制	主要特点	理论基础	使用方式
DBpedia	由柏林自由大学和莱比锡大学发起，与OpenLink Software合作	RDF三元组、本体	XML语言	通过知识抽取框架从维基百科中抽取结构化和半结构化信息，利用语义网的RDF、本体等描述方式，形成跨领域、多语言、大规模的数据集，并与外部的数据集进行关联，以形成知识网络	协同编辑；数据结构化；大规模人机协同知识处理；跨领域知识库	RDF三元组、本体	在线浏览、下载数据集
Freebase	Metaweb公司	数组、图结构	二进制数据	数据由节点及其之间的图结构来表示，以由源节点、属性、目标节点、源节点对节点值组成的数组对节点及其关系的元数据关系进行存储和建模	开放、协同创建、结构化、具有一定语义特征	关联数据、语义网	提供开放接口，公众通过基于HTTP图查询结构的API来进行Freebase数据库读写访问
Cyc	Cycorp公司	采取谓词代数描述	CycL语言	将人类基础知识（事实、规则）进行规范化表示，其术语构成大的词表和断言集合，组合成微理论，用于Cyc系统推理过程	具有推理功能	机器学习、智能推理	OpenCyc以开源许可的形式向开发者和使用者提供API
Vivo	康奈尔大学图书馆	本体	XML	统一术语和概念的构建，便于本网结构之间的互操作和集成	基于XML存储本体知识库；利用语义网标准交换本体；支持推理功能	关联数据、本体、可视化技术	在线检索，本地安装Vivo
UMLS	美国国立医学图书馆（NLM）	术语组织	术语	采用术语组织方法，集成多来源和多表达的事物概念，并以一个优选词表示该事物概念，同时赋予唯一标识符	来源广泛性、异构性、多语言性、建设开放性、持续性；以概念为核心的字申术语—概念的组织方法	概念组织、语义网络	注册账号后下载数据文件，或在线浏览UMLS数据

(3) 社交网络资源

2016年6月,美国陆军部发布《2016—2045年新兴科技趋势报告》[①],提出了24个可能带来变革性或颠覆性影响的科技趋势,如机器人与自动化系统、物联网、智慧城市、移动和云计算、混合现实(即虚拟现实和增强现实)、大数据分析、社交媒体使能(social empowerment)等。其中,社交媒体使能是指社交媒体已经开始展现出改变人类行为的能力,在未来的30年内,社交媒体将会给人们带来可以创造出各自微型文化群体的能力。目前,从中国数字内容产业的整体发展趋势来看[②],在内容创造、内容互动、内容分享和内容消费各个阶段的社交用户数量都呈现出规模化特征,社交用户生成的作品数量更是加速增长(图3.3)。由此,依托于社交媒体形成的去中心化的学术网络结构和学术话语权,必然会对基于正式交流渠道的传统学术交流体系产生深远影响,需要引入赞、评论等即时性较强的社交媒体数据,以弥补因传统出版内容生产流程复杂、周期过长而产生的非实时性数据的不足。

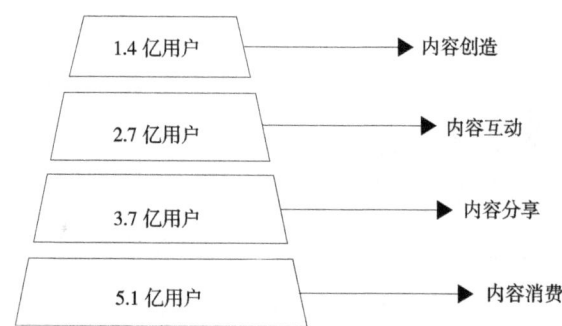

图3.3 中国数字内容产业用户规模

(4) 其他开放资源

主要包括数据仓储、政府统计数据与新闻公告、研究报告等。目前,学科常用的数据仓储包括GenBank(基因数据)、Dryad(综合学科)、PANGAEA(地球科学)、KNB(Knowledge Network for Biocomplexity,生态和环境科学)、National Biological Information Infrastructure(生物科学)、DataBasin(空间科学)、DataONE(跨学科)、PaleoBiology Database(古生物科学)、

---

① Office of the Deputy Assistant Secretary of the Army(Research & Technology). Emerging science and technology trends: 2016—2045 a synthesis of leading forecasts report [R/OL]. [2017-01-05]. http://www.defenseinnovationmarketplace.mil/resources/2016_SciTechReport_16June2016.pdf.

② 腾讯研究院: 2016中国数字内容产业全景解读 [EB/OL]. [2016-12-22]. http://www.alibuybuy.com/posts/90054.html.

PDB（Protein Data Bank）、UniProt（The Universal Protein Resource，序列和注释数据）、INSPIRE（空间科学）。此外，开放知识基金会（Open Knowledge Foundation）是一家2004年在英国剑桥成立的非营利性机构。它专注于在数字时代推进各种形式的开放数据和开放内容。它旗下的旗舰级开源软件项目CKAN，是世界顶级的开源数据门户解决方案，已经被美国政府数据开放门户网站（data.gov）、英国政府数据开放门户网站（data.gov.uk）、欧盟开放数据平台等诸多国家、区域、地方政府机构采用来建设数据门户。该平台也可作为开放资源的关联对象之一。以我国而言，国家科技管理信息系统、国家自然科学网、中国社会科学网、中科院的科学数据共享平台也是语义出版的重要数据来源。

3.1.3 资源层

资源层的核心是基于标准的规范化加工、识别、描述，以实现文本、图表、公式、音频、视频、概念、实体等对象的抽取与结构化集成，最终以RDF+XML+SKOS进行语义表示。首先，由于数据来源各异，各来源原始数据的遵循标准格式不同，元数据薄厚程度不一，甚至存在数据内容错误等情况，需要建立元数据集成管理系统进行元数据收割/导入、转换、校验、集成，对通过各渠道采集而来的元数据进行分门别类管理，按照情报工程化原理建立数据之间的联系，实现数据输入、质量控制、数据输出、关联分析等流程化处理①，以保证链接母体规范的唯一标识，完成多来源元数据的统一集成与管理（图3.4）。

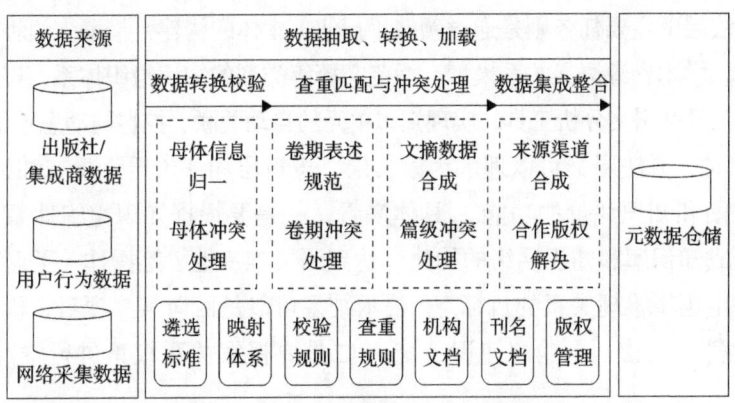

图3.4　多来源元数据集成与管理流程

---
① 杨新涯.图书馆文献搜索研究［M］.重庆：重庆大学出版社，2015：115.

在此基础上，以形成结构化、数据化、语义化结果为目标，对原始内容资源进行细颗粒度加工工作，支持知识单元加工与管理过程中通用标准的应用，完成结构化、半结构化与非结构化数据、文档的存储，形成多个 XML 数据库、关系数据库等，为下一步构建专业词库体系、专业内容分类体系、知识关联网状体系等创新型知识网络奠定基础。其中，知识单元是资源层的核心概念，它包括两个方面：一是文章、篇、章、节、段落等；二是概念、原理、图表、数据等的知识元，有助于后期通过知识元的语义逻辑关系构建知识网络[1]。知识元具有极好的扩展性，在分类和索引数据中极为有用，知识元链接形成的知识网络，一来可以通过知识元间的隐含逻辑关系和语义关联，较好地揭示概念对象间复杂丰富的语义关系，二来可以借助与更多的知识领域达成的良好互动，及时展现某一学科领域中信息吸收与知识扩散的发展演变，有利于未知知识的发现和深度挖掘。因此，厘清知识元关系，加强知识元解释就至关重要，这就要求语义出版体系框架内的资源层通过对数字内容进行多元化资源管理，实现资源碎片化加工、标引标注、主题词创建等技术处理，对知识单元的修改、标引、超链、备注、标签、关联等进行专业化编辑加工，对文字、图标、公式、表格等进行矢量化、深层次、准确标引，从而确保信息提取的精确性，满足分类存储和数据挖掘的需要。

3.1.4 方法层

在上述资源采集的基础上，完成了内容结构化处理、文档内实体识别、语义标注等语义出版实现环节，并以 XML、RDF 等机器可理解的语言进行了表示，方法层的主要任务则是通过领域（行业）本体的构建，借助多语种知识组织模型、学术资源语义关系模型、规范文档等类型的知识组织体系，以及可视化分析工具和引文分析工具，实现知识单元的自动关联、挖掘与动态重组。

同时，方法层又可以理解为语义层、逻辑层和评价层，具有知识计算、知识地图和知识评价的功能。具体来看，一是要根据知识组织体系和领域本体完成知识库和知识网络的构建，达到语义唯一性、互操作、关联揭示和富含一定逻辑推理关系的目标[2]，揭示结果可以是面向某一项目、机构、地区、学科、人物、主题的知识系统。二是要根据关联权重进行推荐计算、

---

[1] 曾建勋.知识链接的构建方式研究［J］.图书情报工作，2010，54（12）：32-35，77.
[2] 许鑫，江燕青，翟姗姗.面向语义出版的学术期刊数字资源聚合研究［J］.图书情报工作，2016，60（17）：122-129.

评价与智能排序，含筛选功能，从而有助于进行个性化推荐。三是要根据用户定制需求完成浏览界面互动设计和渲染，主要完成文章、段落、图表、数据、附件资料等对象的交互性设计，达到信息可视化和交互化的目标。图 3.5（彩插见书末）、图 3.6 即为 Elsevier 的 Article of the Future 项目研发的地图、表格等资源类型的交互性展示[①]，可供借鉴。

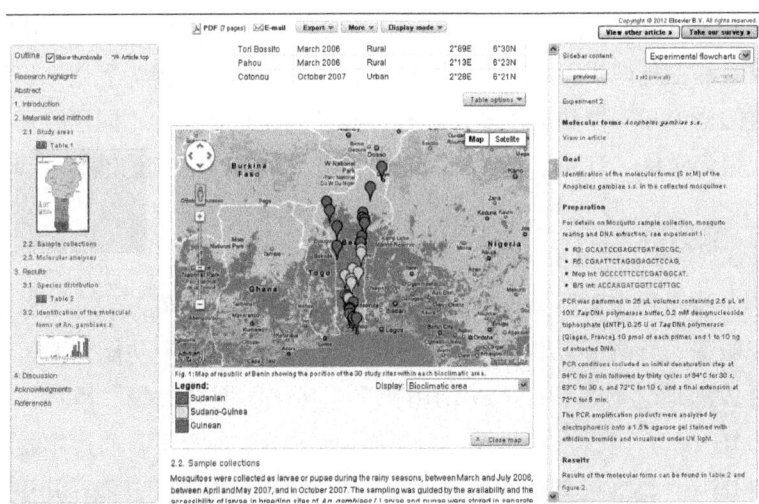

图 3.5　Article of the Future 项目研发的交互性地图

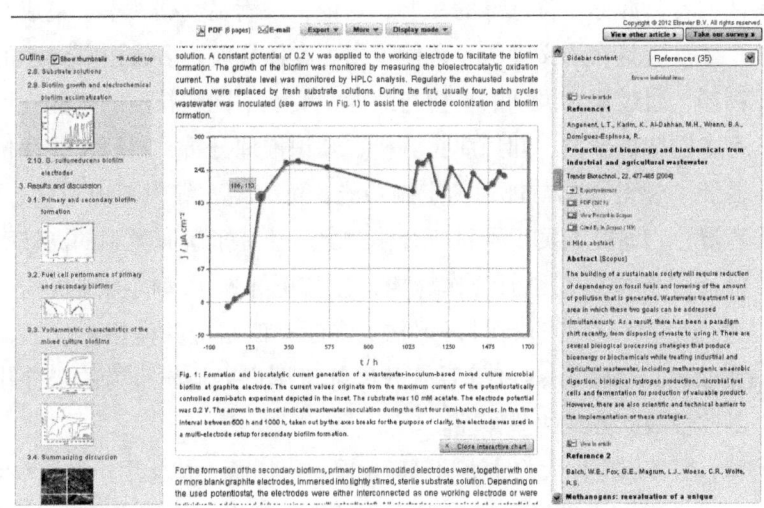

图 3.6　Article of the Future 项目研发的交互性表格

---

① AALBERSBERG I J, HEEMAN F, KOERS H, et al. Elsevier's Article of the Future enhancing the user experience and integrating data through applications[J]. Insights, 2012, 25（1）: 33-43.

在此过程中，需要语义出版建设主体研究 URI、researcherID 等规范标识应用于知识单元的语义关联与映射方式，研究从出版内容数据中挖掘关联知识、分类知识、聚类知识、预测知识、时间序列知识等的知识发现理论和方法，研究语义出版内容包含的文本、声音、图像、视频等富媒体数据的组织方法、技术和工具，研究知识标引、关联和重组的技术和工具，研究知识服务创新模式和知识应用方法。其中，以 URI 规范标识为例，需依托于公认、权威的主题词表、名称规范文档和各种实体词汇，因为上述知识组织工具构建的概念和实体数量较多，别称、同义词、近义词和不同语种形式的入口词较为多样化，有助于实现和提高语义出版中 URI 识别的准确性。

3.1.5 服务层

服务层是用来对语义出版服务产品进行功能展示和在线发布的途径，含有用户服务、管理和知识产权保护的基础功能。在服务功能方面，一是应具有开放的理念与平台嵌入式调用接口，强化数据开放服务模块，可提供 OAI-PMH 接口，支持第三方在遵循使用许可协议前提下，通过本站提供的 OAI-PMH 2.0 标准接口挖掘资源数据，使语义出版服务产品能在知识产权保护条件下，自由灵活地嵌入多种信息发布系统或应用环境，同时，能够支持多种属性内容资源标识符标准的注册、登记，以满足数据共享、集成与融汇的需求；二是应具有语义索引、智能检索、本体导航、多维语义揭示的基本功能，例如，通过概念级别的扩检与缩检，实现不同颗粒度的智能查询；三是应具有主题知识聚类、知识演化分析、知识推理分析、科研实体评价、科技热点监测、学科预测与规划的定制功能，可为期刊编辑部识别核心作者、潜在作者群，为研究人员识别科研合作对象，让其了解同类别的高被引核心期刊，为研究机构识别科研合作对象，让其更好地了解同类别机构，为管理部门遴选专家，作为进行科研评估的参考；四是应关注用户反馈，借助 Counter Statistics 和 CrossRef 等系统开展基于用户兴趣与行为的个性化推荐服务，以体现服务方式的差异性。

同时，服务层应加大关注协同创新发展。一方面，优化用户参与和反馈机制，允许用户添加语义标注的行为，及时收集用户知识需求重点。另一方面，面向研究人员、工程技术人员及管理人员构建学术研究、技术革新、产品发明、决策支持等的协同研究和创新平台，以课题管理的形式，用以课题组为核心的知识管理体系对研究和创新过程进行知识服务，帮助研究团队完成科学研究和创新,从而适应社会创新知识管理需求,为团队学习和创新决策服务。

此外,语义出版的版权环境,也是促进语义出版健康、稳定发展的必要基础,需要加强版权保护技术处理,深化其他版权保护形式,加快技术创新和标准制定,为版权保护提供有效的技术手段,达到进行数字内容资源版权保护的目的,切实保障著作权人合法权益和出版机构的合法利益。

3.2 语义出版的实现流程

3.2.1 数字出版实现流程

在讨论语义出版的实现流程之前,有必要先认识一下传统出版实现流程和数字出版实现流程。首先,传统出版是一种线性的内容资源生产、编校和传播的过程,是以著作权的权益让渡为基础,包括选题策划、组稿审稿、编辑加工、批量复制和发行等环节,编辑人员可根据策划活动结果选择合适的作者和作品,并将最终知识成果及其文化属性固化于图书、期刊等载体进行交流和传承[①]。由此可见,传统出版实现流程是由选题、组稿、编辑、校对、装帧设计、出版发行等一系列环节组成的完整流程,其中,选题的策划、论证和组稿质量直接影响着出版产品的出版效益,也是传统出版实现流程的侧重点,内容层面的描述也局限于题名、出版者、出版时间、字数、定价等外部特征的揭示。

其次,早期的数字出版实现流程是在传统出版的基础上,利用数字技术对已有的出版内容资源进行数字化加工和传播的过程,具体而言,是通过对数字内容产品的分类及编辑加工,进一步规范从内容转档、内容采编、内容管理、内容开发到内容整理加工的数字化出版制作流程。现阶段的数字出版主要是基于 XML(可扩展标记语言)解决版式和流式文件的转换,产生 HTML、PDF、Flash、EPUB、UMD 等电子服务格式。例如,Elsevier、Springer 等科技出版机构都已在出版全流程中应用了 XML,并支持数字化内容资源的全方位展示、结构化存储和多形态产品创作[②],主要包括内容创作、内容编辑与发布、内容消费 3 个环节,其中,内容编辑与发布环节包括编辑加工、协同管理、内容标引与审校的功能(图 3.7)。由此可见,数字出版

---

① 王勇安,张雅君.论出版产业融合发展的战略思维[J].出版发行研究,2016(4):14-18.
② 黄孝章,张志林,陈丹.数字出版产业发展模式研究[M].北京:知识产权出版社,2012:42.

实现流程侧重于计算机或类似设备对出版内容资源的数字化，仍然属于一种先生产后销售的线性出版模式。

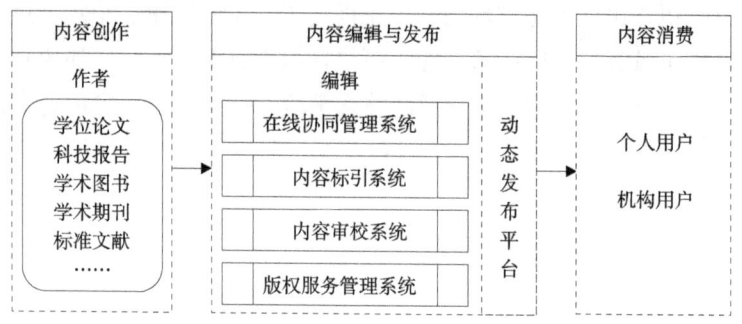

图 3.7　数字出版的实现流程

目前，数字出版的内容编辑加工阶段已经基本实现外部内容特征的揭示、章节内容结构、图表、视频、公式等内部内容的模块化抽取，以及基于字符串匹配的文本标注和关联，其结果是大规模数据集的集成整合和依据一定属性对内容进行分门别类展示。例如，检索某一主题的相关文献，页面显示结果除去文献列表外，还会包括出版日期、学科分类、语种、作者、机构、基金、文献载体（图书、期刊、报纸、学位论文、会议论文、课件、标准、专利、视频等）、文献来源等内容特征的分类选项。但是，依据分类选项而被划分的底层关联数据仍然存在数据规模较大、数据质量参差不齐、数据相关性模糊的问题。对此，科研用户往往需要基于自身知识结构，通过人工判断和层层点击跳转至目标信息界面，这不仅无法实现节省用户时间的目标，而且会极大地干扰和分散用户的思维逻辑。

究其原因，现有的数字出版实现流程主要面临3个关键问题：一是缺乏内容资源的集成整合与多源信息关联，表现为内容载体和展示方式是单一、独立的，用户无法直接获得参考文献和补充信息，也无法访问作者的研究工具和数据，这使得科研的持续性和系统性难以为继；二是缺乏内容资源的深度语义识别和标引的加工流程，仅是对内容资源进行了字面匹配，从而难以洞察和挖掘隐性的语义关系；三是缺乏在某一类别内按照一定学科/领域/自定义规则对内容相关性和内容质量进行评价、筛选和排序的组织流程，仅是对内容资源进行子集划分，从而难以构建和实现高质量的语义推荐。

3.2.2　语义出版实现流程

由上述分析可知，有必要在已有的数字出版内容编辑加工流程的基础上，围绕科研用户需求和行为特征，以加强语境理解、提高阅读效率为目标，满足知识、编辑（组织加工）、复制和广泛传播四大基本要素，从以下几个方面着重建设语义出版的实现流程（图3.8）。相对于数字出版实现流程，语义出版的实现流程增添了出版机构主动式内容采集的过程，细化了内容编辑与发布的环节内容，并在内容消费阶段重点关注用户与作者、编辑的反馈与互动。由此可见，语义出版是以内容和用户需求为核心的出版行为，属于先生产采集再加工重组后销售（基于用户需求）的双向、互动型出版模式，颠覆了传统出版的线性出版流程。

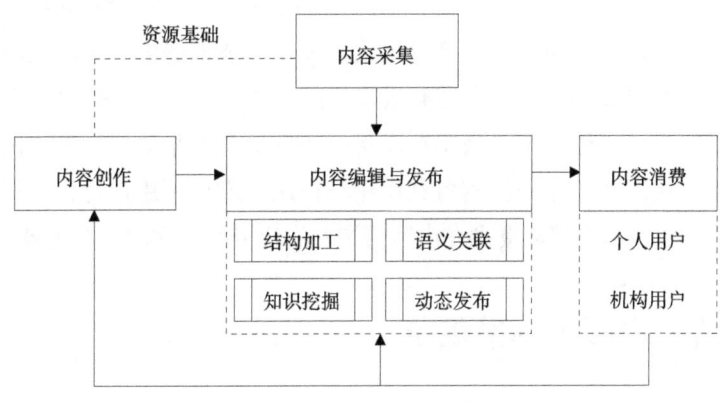

图3.8 语义出版的实现流程

具体来看，一是内容采集资源和内容创作资源构成了语义出版的资源基础，而不仅仅局限于拥有版权属性的本地资源仓储，扩大了数字出版的关联对象，为知识化服务奠定了坚实的数字资源基础。二是语义出版的实现流程创新了学术资源组织与发布方式，更加侧重于内容的结构化加工、语义化关联、知识化挖掘和动态化重组与发布，包括以从海量内容资源中抽取一定的知识单元，对其进行语义化标引、关联、分析和评价，并形成机器可读的规范化表示方式，以可视化、交互式的在线表现形式对外呈现出来，充分盘活出版内容资源的知识属性，提升内容资源的检索、聚类和应用的功能，提升内容资源的深度开发和集成应用的能力。三是在现有学术环境驱动下的语义出版，不再只是生产—传播—消费的线性过程，编辑、作者和用户的交互频率明显增强，且交互的交叉性愈发显著，需要多方主体共同完成知识的选择、复制和消费环节，从而使得编辑和作者能够及时收到用户反馈的信息，帮助编辑快速调整选题方案及知识服务产品，帮助作者在与用户的在线交互中深化研究重点，并在周而复始的过程中，促进语义出版的知识价值—

次次实现并呈螺旋式上升。同时，传统式规模化批量制作的知识生产方式俨然已经不适用于现今时代，需要融入大众参与方式，让用户参与语义标注等环节的构建与更新。

此外，编辑在语义出版实现流程中扮演着极为重要的角色，承担着知识资源的编辑、加工、识别、对象转换、生产的职责，需要增强主题项目意识、技术增强意识、知识加工意识，只有这样才能快速、高效地完成语义出版资源的整合、评价、筛选，以及知识体系的专业构建。

需要注意的是，出版不再主要是出版社的行为，所有从事信息产业的内容提供者都可成为出版者[①]。由此可见，语义出版的建设主体既包括传统出版企业，也包括信息服务机构、信息集成商和信息技术提供商等信息内容提供者。其中，传统出版企业本身拥有极为丰富且具有一定特征的内容资源优势，信息技术提供商可通过语义技术开发优化内容资源的采集、处理和用户服务方式，图书馆等信息服务机构可利用用户使用日志分析用户行为特征和完善用户服务手段，信息集成商则在内容资源和用户资源方面均占有优势。

3.3 语义出版的标准规范

语义出版的标准规范是指由国家、出版行业、企业分别或一致协商制定并由公认机构批准的一种规范性文件，是对在语义出版建设过程中涉及的内容描述、语义标记、加工、可视化等技术事项所做的一系列规定，具有专业性、强制性和权威性的特征，可以保证出版产品和系统间的信息互联与互换，实现语义出版实现流程中各类不同数据的整合、交流与共享。因此，有必要围绕语义出版的过程，也就是对数字资源内容进行抽取、标注、关联、发布等结构化操作的过程，建立并遵循一套完整的语义出版标准规范，从而推动整个行业的有序发展。

3.3.1 制定原则

语义出版的标准规范需要遵循以下制定原则。

（1）系统性原则

语义出版的实现流程，既包括数字内容的策划、创作、采集和编辑，也包括产品的发布和消费，需要从数字内容的生产到被利用的全过程着手，系

---

① 史领空.数字时代的出版[J].编辑学刊，2000（S1）：11-15.

统地构建标准规范的内容、层次和关系。同时，根据语义出版所涉及的业务模块来深入分析各个标准规范在整个体系中的位置及其与其他标准规范的关系，并对各个不同层次和类型的标准规范予以关联，然后基于兼容性、连贯性和可持续发展性的要求，选择和规划语义出版标准规范的架构和具体建设内容，从而形成相对完善的标准规范体系。

（2）实用性原则

语义出版的过程实际上也是语义出版物的制作过程。在这一过程中，需要应用大量的语义出版技术对数字内容进行更细颗粒度的标注与结构化，并将此与相关事物及内容中提及的实体信息和数字内容建立广泛的互联，从而带给用户更好的阅读交互体验。因此，语义出版的标准规范建设需要从出版实践出发，深入分析各个应用环节的需求，兼顾各方实际情况，强化标准规范的实用性、适用性和便利性，建立健全支持标准规范实际应用的操作方法、技术工具和支撑系统，实现有效的内容组织与管理，确保所构建的标准规范能够得到业界普遍接受和广泛应用。

（3）开放性原则

标准规范的开放性建设对于确保标准规范的全面性、先进性和互通性有着至关重要的作用。它可以体现在3个方面：首先，在标准规范的构建过程中，要充分采用和借鉴相关行业和领域的技术标准规范，例如，语义出版技术主要来自互联网与语义网领域，可以利用大量来自该领域的标准、元数据、词汇和语言框架，从而确保与其他标准规范之间的互通性；其次，在标准规范的构建过程中，要密切跟踪国内外语义出版及相关领域的标准规范的最新进展，借鉴国际组织和先进国家的经验，积极采用国际标准规范和业界通用的标准规范，确保构建的标准规范与国际的主流标准规范接轨；最后，积极采用最新研究成果，不断提高标准规范的前瞻性和技术含量，寻求将我国标准规范提升为国际标准规范的机会，为将我国的语义出版产品推向国际市场奠定基础。

3.3.2 标准体系

为了满足我国语义出版发展对相关标准规范的迫切需求，需要从语义出版的实现流程及语义出版物的特点出发来制定顶层的标准规范框架，在保证出版产业标准架构的完整性的同时，又要兼顾可扩展性，从而满足语义出版对标准规范的需求，为今后产业的可持续发展起到良好的促进作用。与传统出版不同的是，语义出版是以内容管理为核心，体现为以内容为核心的业务管理模式。语义出版的实现流程主要围绕从数字内容的产生到被利用这一过程进行，涉及数字资源的收集、组织加工、语义标注及发布等多个阶段。因此，基于这一流程特点和具体内容，语义出版的标准规范体系可分为通用基础标准、资源建设与加工标准、资源语义标注标准、产品制作标准及产品发布标准等5个子系统（图3.9）。

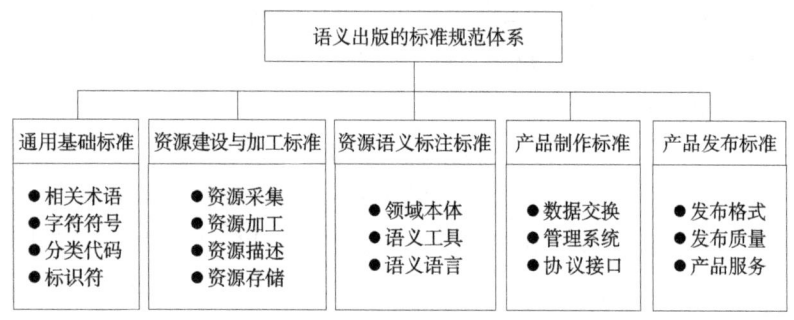

图3.9 语义出版的标准规范体系

3.3.3 典型内容

根据语义出版实现流程及其特点，对目前已有标准规范的内容、功能和特点进行了系统梳理和分析，类型上主要涉及标识符标准、资源描述标准、语义标记语言标准、数据交换标准、内容发布格式标准等5个方面。

（1）标识符标准

标识符标准主要是利用计算机可读的编码，让计算机自动对其查重，以节省劳动时间，具有唯一性特质。对于语义出版而言，需要制定语义出版物的标识规则来统一索引编码，为数据检索和交换奠定基础。以下3种是适用于语义出版领域的重要标识符标准。

1）国际标准书号[①]（International Standard Book Number，ISBN）

ISBN是专门为识别图书等文献而设计的国际编号，是最常用的标识符标准之一。国际标准化组织（International Standardization Organization，ISO）于1972年首次颁布了ISBN的国际标准ISO 2108，并于2005年对其进行了修订。ISBN是具有唯一标识价值的、可供机读的国际通用代码，可

---

① Information and documentation—International standard book number（ISBN）：ISO 2108：2005［S/OL］.［2017-01-26］. http：//www.iso.org/iso/catalogue_detail?csnumber=36563.

通过书目数据快速定位和识别出版物，有利于对图书生产、发行、销售的有效管理，使得图书在采访订购、库存控制、账目核对等出版环节的流动状态得到高效统计，也为国家掌握图书的经济生产状况提供依据。除了ISBN，ISO还发布了其他文献类型的编码标准，包括ISO 3297：2007《信息与文献　国际标准连续出版物编号（ISSN）》[1]、ISO 3901：2001《信息与文献　国际标准录音制品编码（ISRC）》[2]、ISO 15706-1：2002《信息与文献　国际标准视听作品号（ISAN）第1部分：视听作品标识符》[3]、ISO 15707：2001《信息与文献　国际标准音乐作品编码（ISWC）》[4]等。目前，以上这些标准都已经进行了中文化，形成了相应的国家标准，为国内出版业的应用提供了便利。

2）数字对象唯一标识符（Digital Object Identifier，DOI）

数字对象唯一标识符是标识或解析任何数字对象的一种内容识别符，为数字化环境下的内容产品提供唯一和持久的标识标志，主要由编码规则、元数据框架、解析系统、管理模式和有关规则组成。2000年，美国国家标准协会将DOI的编码规则确认为美国国家标准ANSI/NISO Z39.84[5]。2005年，作为DOI的管理机构，国际数字对象标识符基金会向国际标准化组织提交工作提案，于2012年成功将DOI申请为国际标准ISO 26324：2012《信息与文献　数字对象标识符系统》[6]。该系统可为互联网实体分配标识唯一的国际代码，可应用于出版商、信息管理者、多媒体分销商、档案和互联网技术等领域。此外，DOI还被设计成一个通用框架，提供了一个结构合理、可扩展的数字资源识别手段，可适用于任何数字对象。同时，DOI还可以兼容ISBN和ISSN等标识符，增强了数字环境下内容资源的协同性和互操作性。

---

[1] Information and documentation—International standard serial number（ISSN）：ISO 3297：2007[S/OL].[2017-01-26]. http：//www.iso.org/iso/catalogue_detail?csnumber=39601.

[2] Information and documentation—International standard recording code（ISRC）：ISO 3901：2001[S/OL].[2017-01-26]. http：//www.iso.org/iso/catalogue_detail?csnumber=23401.

[3] Information and documentation—International standard audiovisual number（ISAN）—Part 1：Audiovisual work identifier：ISO 15706-1：2002[S/OL].[2017-01-26]. http：//www.iso.org/iso/home/store/catalogue_tc/ catalogue_ detail.htm?csnumber=28779.

[4] Information and documentation—International standard musical work code（ISWC）：ISO 15707：2001[S/OL].[2017-01-26]. http：//www.iso.org/iso/catalogue_detail?csnumber=28780.

[5] Syntax for the digital object identifier：ANSI/NISO Z39.84-2005（R2010）[S/OL].[2017-01-26]. http：//www.niso.org/apps/group_public/project/details.php?project_id=62.

[6] Information and documentation—Digital object identifier system：ISO 26324：2012[S/OL].[2017-01-26]. http：//www.iso.org/iso/catalogue_detail?csnumber=43506.

3）国际标准关联标识符（International Standard Link Identifier，ISLI）

ISLI 是标识符标准家族的新成员，是我国主导制定的一项国际标准 ISO 17316：2015①。它是基于多媒体印刷读物（MPR）的底层技术，为国际内容产业应用编制的一项通用标识符标准，主要规定了一种用于标识信息与文献领域的实体（或它们的名称）之间关联的标识符。这些实体可以是文档、媒体资源、人，又可以是时间、地点等更为抽象的事物。ISLI 不改变这些实体的内容、所有权、访问权或现有标识，而是提供了一种标识关联的通用方法，可以实现现有信息资源标识符之间的协调，使得资源的获取变得更加容易，从而创造更多价值。

4）开放研究人员及贡献者标识（Open Researcher and Contributor ID，ORCID）

为解决多元文化环境下责任者名称的歧义问题，汤森路透将开放研究人员及贡献者标识作为唯一的身份识别码应用于平台的科技信息产品中，并整合 ResearcherID 和 ScholarOne Manuscripts 等其他身份识别系统的用户信息，以确保研究人员与其科研成果建立准确关联，该举措为社会网络环境下碎片化科技信息的组织和规范提供了技术支持。

（2）资源描述标准

信息资源描述是对信息资源进行著录和标引的过程，有利于了解信息资源对象，便于信息检索和信息整合。其中，元数据是对信息资源进行结构化描述的数据，数据类型包括书目型数据、文献型数据、数字型数据、数值型数据，元数据自身也具有明确的语义和结构②。通过使用元数据标准对出版物的作者、出版日期、标题、参考文献等进行描述，可以实现数据共享和知识发现，在一定程度上满足了出版物出版、传送和交易的要求。

目前国际上已经形成了一些成熟的元数据体系：①机读目录（Machine-Readable Cataloging，MARC）。这是一种为信息资源描述、储存、交换和检索而设计的标准，由 ISO 发布为国际标准 ISO 2709：2008③。从语义上，MARC 是对文献的书目信息及其关联对象进行标记的标准，可以实现计算

---

① Information and documentation—International standard link identifier（ISLI）：ISO 17316：2015［S/OL］.［2017-01-26］. http://www.iso.org/iso/catalogue_detail.htm?csnumber=59560.
② 萨蕾. 数字图书馆元数据基础［M］. 北京：中央编译出版社，2015：1-15.
③ Information and documentation—Format for information exchange：ISO 2709：2008［S/OL］.［2017-01-26］. https://www.iso.org/standard/41319.html.

机可理解的书目信息资源交换与共享。②书目记录功能需求①（Functional Requirements for Bibliographic Record，FRBR）。这是由国际图联制定的用于描述文档及其演化的通用模型，描述对象可以是物理实体资源，也可以是电子资源，FRBR没有与具体的元数据模式关联，具有较强的灵活性。③都柏林核心（Dublin Core，DC）元数据。其目的是描述数字资源的标准，相较于MARC，DC的可扩展性更强，能够以应用需求为导向，按照复用、嵌接、扩展、修改等方式构建和扩展已有元数据。目前，该标准已由ISO发布为国际标准ISO 15836：2009②，不但得到许多数字图书馆或近年的关联数据项目的采用，还被很多元数据规范复用。④工业标准元数据的出版需求③（Publishing Requirements for Industry Standard Metadata，PRISM）。其以一种标准化形式提供受控词汇表，并允许用户自定义描述内容资源。PRISM比DC定义了更为丰富的描述词汇，但只是一个扁平的结构，缺乏层次性。此外，还有一些资源单元描述标准正在探索性应用，如用于描述数学标记语言（MathML）和可伸缩矢量图形（SVG）的工作草案④。

全国信息与文献标准化技术委员会对国际上成熟的元数据体系进行了中文标准化，取得了一定成效。例如，采用国际标准ISO 15836：2009《信息与文献 都柏林核心元数据元素集》，制定了GB/T 25100—2010《信息与文献 都柏林核心元数据元素集》。同时，还自行研制了GB/T 22373—2008《标准文献元数据》⑤等相关标准和规范。

除了采用国际标准，中国在一些特色领域也在主导制定相应元数据的国际标准。例如，中国中医科学院中医药信息研究所研制的《中医药文献元数据标准》于2014年由ISO发布为国际标准ISO/TS 17948：2014⑥，该标准

---

① IFLA Study Group on the Functional Requirements for Bibliographic Records. Functional requirements for bibliographic records[M]. Munich：K.G. Saur Verlag, 1998.
② Information and documentation—The Dublin core metadata element set：ISO 15836：2009[S/OL]. [2017-01-26]. https：//www.iso.org/standard/52142.html.
③ SURHONE L M, TENNOE M T, HENSSONOW S F. Publishing requirements for industry standard metadata[M]. Beau Bassin：Betascript Publishing, 2010.
④ W3C. Scalable Vector Graphics（SVG）WG：2 drafts published[EB/OL]. [2016-09-20]. https：//www.w3.org/blog/news/archives/4806.
⑤ 全国信息与文献标准化技术委员会. 标准文献元数据：GB/T 22373—2008[S]. 北京：中国标准出版社, 2008.
⑥ Health informatics—Traditional Chinese medicine literature metadata：ISO/TS 17948：2014[S/OL]. [2017-01-26]. https：//www.iso.org/standard/61081.html.

针对中医药的文献资源，规定了该领域文献的元数据标准化的基本原则和方法，提供了一套具有共性的通用描述元素，覆盖整个中医药领域。它可以促进对中医药文献进行规范、科学和合理的描述，能够提供中医药文献的标识、内容、分发、质量、限制和维护信息，从而支持中医药文献的收集、存储、检索和使用，促进中医药文献资源的交流与共享。

此外，结合语义出版中的资源描述需求，我国新闻出版行业也发布了更为具体的元数据标准，如 CY/T 90.1—CY/T 90.5—2013《出版元数据》、CY/T 97—2013《电子图书元数据》、CY/T 134—2015《版权信息核心元数据》。

（3）语义标记语言标准

语义标记语言是一种将电子文件结构化的标记语言。它可以对内容资源进行结构化描述与标记，以实现内容与版式的分离，支持计算机对内容的理解与处理，从而实现知识关联与共享。作为 Web 技术领域最具权威和影响力的国际中立性技术标准机构，万维网联盟（World Wide Web Consortium，W3C）自 1994 年创建以来，已经发布了 200 多项影响深远的 Web 技术标准及实施指南，如广为业界采用的 XML、RDF、OWL 等语义标记语言标准。

可扩展标记语言（eXtensible Markup Language，XML），是标准通用标记语言的子集，可以对文档和数据进行结构化处理，有助于实现数据交换、应用开发和动态内容集成。早在 1998 年，W3C 就发布了 XML 1.0 规范 W3C RFC-xml-1998[1]，使用它来简化 Internet 的文档信息传输。2002 年，全国信息技术标准化技术委员会以非等效采用的方式将其转化为国家标准 GB/T 18793—2002《信息技术　可扩展置标语言（XML）1.0》。

资源描述框架（Resource Description Framework，RDF）是一个通用的描述框架或模型，提供了描述事物信息的三元组模型，用于表达资源的元数据信息，如页面标题、作者、摘要、修改时间等，可在元数据交换中支持互操作的进行。RDF 通过 URI 标识资源，用属性和属性值描述资源，对应自然语言的主语、谓语、宾语[2]，三段式表示如图 3.10 所示，人们可以用其描述存在的任何事物的属性及事物间存在的关系。其中，主语代表资源，即

---

[1] Extensible markup language（XML）1.0：W3C RFC-xml-1998［S/OL］.［2017-01-26］. http://www.w3china.org/translation/xmlbase20010627_cn.htm.

[2] W3school. RDF［EB/OL］.［2017-03-01］. http://www.w3school.com.cn/rdf/rdf_intro.asp.

所有可以由 RDF 进行表达的对象，包括文献资源、网页、网页中的单个元素等，谓语代表资源的属性，即资源的名称、责任者、主题、载体、数量等，宾语则代表属性的值，既可以为数字、字符等单个值，也可以是本身为另一资源的复杂值①。目前，关联数据、数字出版及其他领域也主要采用 RDF 进行资源表示。

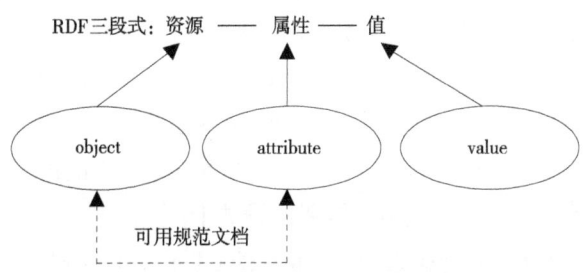

图 3.10　RDF 三段式表示

Web 本体语言（Web Ontology Language，OWL）是一个语义标记语言，用于在万维网上发布和共享本体。OWL 源于 DAML+OIL Web 本体语言，以 RDF 词汇扩展的形式开发②。OWL 可被用来表示词汇表中的术语含义及术语之间的关系，在语义表达方面，OWL 更易于机器理解内容。

简单知识组织系统（Simple Knowledge Organization System，SKOS）是以 RDF Schema 的方式来表示、共享控制词汇的概念和结构，分类系统、主题标目表、分类法、术语词典等均包含在内，有利于数据交换和再使用③。它包括 SKOS 核心元素、SKOS 映射和 SKOS 扩展，OWL 与 SKOS 核心元素的结合运用，将会产生更强有力的资源表达基础。

此外，其他可应用于语义出版领域的语言，还包括一些微语义表达方式，如 microdata、schema.org、JSON-LD、microformat 和 RDFa 等。这些语言主要是通过在网页等文档中嵌入结构化标签，在一定程度上实现文档的语义化。

（4）数据交换标准

数据交换标准是为了实现不同系统之间的信息共享和沟通而建立的一套通用的数据文件的格式规范，以保证数据传输的完整有效和快速可靠。目前，在信息处理领域，已经形成一系列数据交换标准，可直接适用于语义出

---

① 宓永迪，夏勇. 资源描述框架（RDF）的应用［J］. 大学图书馆学报，2001，19（2）：24-26.
② W3C. OWL［S/OL］.［2017-01-26］. https：//www.w3.org/TR/owl-features/.
③ W3C. SKOS［S/OL］.［2017-01-26］. https：//www.w3.org/2004/02/skos/.

版过程。

在线信息交换标准（Online Information eXchange，ONIX）是一种数字出版物的在线描述和交换标准，包括一套信息发布、流通和传递的整合机制[①]。ONIX 为出版物提供了详细的元数据描述，涵盖书目信息、产权信息、多种交付形式的价格信息及出版物渠道信息等，其中，知识产权保护信息覆盖电子出版物的创建、发布、注册及出版发行的全过程。

统一资源定位器（Open Uniform Resource Locators，OpenURL）是基于网络传输信息对象元数据包或标识的语法标准，能够用来实现文献的动态链接和无缝整合[②]。OpenURL 于 2004 年成为 NISO 一个正式标准 ANSI/NISO Z39.88-2004[③]，是用于情境敏感服务的开放 URL 框架。

元数据收割协议（Open Archives Initiative Protocol for Metadata Harvesting，OAI-PMH），是一种能够提高网络资源整合能力、共享范围的互操作协议标准[④]。由于信息资源多种多样，很难用一种元数据标准进行描述，导致元数据的复杂性、多样性和灵活性，而 OAI 协议能够不以地理位置、系统应用、学科、语言为限制，可实现不同组织和不同资源的元数据的集成与互操作，用户也可方便快捷地获取自己所需要的数字资源。

（5）内容发布格式标准

内容发布格式标准是用于描述数字内容在多种阅读终端的存储与发布的格式要求，为数字出版物的在线显示、统一检索和版权保护提供了支持。目前，国外主流的用于阅读的格式标准主要有以下两种。

便携式文档格式（Portable Document Format，PDF）是以支持跨平台多媒体集成的信息出版和发布为目的，具有较高的集成性和可靠性，能够将文字、字形、格式、颜色及独立于设备和分辨率的图形图像等独立封装，也可包含超文本链接、声音和动态影像等电子信息。自 1995 起，Adobe 参与了 ISO 创建出版技术规范的工作组，参与制定用于特定行业及用途的 PDF 标准专业子集（如 PDF/X、PDF/A），在 2007 年，Adobe 将完整的 PDF 1.7 给了

---

① EDItEUR. ONIX［S/OL］.［2017-01-26］. http：//www.editeur.org/8/ONIX/.
② Internet Engineering Task Force. Open uniform resource locators［S/OL］.［2017-01-26］. https：//www.w3.org/Addressing/URL/url-spec.html.
③ The OpenURL framework for context-sensitive services：ANSI/NISO Z39.88-2004（R2010）［S/OL］.［2017-01-26］. http：//www.niso.org/apps/group_public/project/details.php?project_id=82.
④ Open archives initiative protocol for metadata harvesting［S/OL］.［2017-01-26］. http：//www.openarchives.org/pmh/.

美国国家标准协会，后来由 ISO 发布为国际标准 ISO 32000-1：2008[①]。

EPUB（Electronic Publication）是国际数字出版论坛（International Digital Publishing Forum，IDPF）开发的一种内容格式。这是一个自由的、自适应强的开放标准，文字内容可以根据阅读设备的特性，以最适合阅读的方式显示，尤其适合图书等编排篇幅较长的内容[②]。

3.4 语义出版的关键技术

近年来，数字内容处理技术发展加速，促进了语义出版内容层面的自动化处理。包括：文本方面的技术，如自动标引、关键词抽取、自动摘要、文本生成、抄袭检测、文本挖掘等；图像方面的技术，如对象识别、图像标注、图像内容检索、图像自动分类、图像转文本等；声视频方面的技术，如哼唱检索、运动目标识别、视频切割与标注、视频内容检索等。目前，根据语义出版的基本架构和实现流程，语义出版的关键技术包括以下4个部分。

3.4.1 本体构造技术

随着出版业与网络技术、信息技术的加速发展与融合，传统出版与数字出版并重发展已是大势所趋，在语义网环境下如何对数字出版领域的概念及概念间的关系进行清晰明确的描述与揭示，成为数字出版发展过程中亟待研究的重要课题。本体作为语义网的核心技术，是对概念体系进行的形式化归纳，可以有效进行知识表达、知识查询及不同领域知识的语义消解，还可以支持更丰富的服务发现、匹配和组合，以提高自动化程度。领域本体是指设计特定学科领域的本体，只有在构建领域本体的基础上，才能从本质提升知识组织质量，才能更好地构建服务于不同用户、不同应用场景的知识产品。因此，借助本体技术强大的表达能力与丰富的语义关系，构建数字出版领域本体是对该领域概念及概念间关系进行描述与揭示的有效措施。

在知识组织体系中，传统的信息组织模式虽然已经难以满足语义网环

[①] Document management—Portable document format—Part 1: PDF 1.7: ISO 32000-1: 2008 [S/OL].[2017-01-26]. https://www.iso.org/standard/51502.html.

[②] International Digital Publishing Forum. EPUB 3.0 [S/OL].[2017-01-26]. http://idpf.org/epub/30.

境下语义层面的新需求，但本体是对领域知识的共同理解与描述，领域本体的构建应该需要领域专家的参与，而传统的信息组织工具（分类法、主题词表）是由国家或相关专业领域的权威机构公开出版发行的，具有很强的权威性，是领域内公认的知识组织工具，并且词表中丰富的资源及清晰的层次结构可为本体的构建提供极为有利的条件。其中，主题词表是关于领域知识的主题概念的集合。主题词表以事物为中心的特点与本体三元组的描述方式非常契合，主题词表在便于本体定义类的同时，也有利于本体中个体的建立①，因此，借助公认的词表中出版领域相关概念体系，构建出版领域本体，不仅可以对出版领域的概念及概念间的关系进行清晰描述与揭示，而且还极大程度上降低了领域本体构建的成本，为从传统的信息组织工具升级为网络环境下的语义工具——本体提供了极大的可能性。

下面以主题词表为基础，以主题词"边坡"为例，实现从主题词表到领域本体的转换（图3.11），可分为4个步骤，即定义类、定义属性、实例化及本体模型形式化。

```
TV 水利工程
    TV1 水利工程基础科学
        TV21 水利调查、水利规划
        TV22 水工勘测、水工设计
            TV221 水工勘测
            TV222 水工设计
            TV223 水工地基基础
                沉降
                地基
                边坡
                基础处理
                稳流措施
                消涡措施
    TV3 水工结构
    TV4 水工材料
```

代项： 边坡结构；边坡类型；边坡效应；边坡形式；边坡形状
分项： 层状边坡；船闸边坡；高边坡；工程边坡；航道边坡；缓坡；加筋土边坡；进水口边坡；库岸边坡；渠道边坡；人工边坡；灾害边坡
参照： 岸坡；边坡地质工程；边坡加固；边坡开挖；边坡可靠性；边坡排水；边坡坡度；边坡设计；边坡稳定；边坡预裂；滑坡；坡角；岩土工程
参考释义： 边坡是路基的组成部分；是位于路基两侧腰部的路基构造，露天采矿场四周由台阶和运输坑线等构成的倾向采场的坡面，也称露天矿边帮，它随开采台阶不断到达境界面而逐渐形成，露天矿边坡确定是否合理及边坡稳定与否极大地影响矿山经济效益及人员和设备的作业安全；影响边坡稳定性主要因素有工程地质条件、水文地质条件、开采技术条件和采矿场存在时间等；为保证路基稳定，在路基两侧做成的具有一定坡度的坡面，又称斜坡；岩体、土体在自然重力作用或人为作用下而形成一定倾斜度的临空面；在路基两侧做成具有稳定坡度的坡面
分类： 水工地基基础（TV223）；道路边坡工程（U4）

图3.11 《汉语主题词表》中主题词"边坡"分类体系

---

① 戴维民.语义网信息组织技术与方法［M］.上海：学林出版社，2008：186.

（1）定义类

类定义了对象的类型。由于主题词表以事物为中心对领域概念进行聚类，并且具有清晰的层次结构，因此可以参照主题词表中的概念分类，根据具体需求情况，适当增加或减少类目划分层次，确定适用的分类体系，如图中左侧"边坡"的分类体系，层次划分较为合理，可以将其定义为领域本体中的类。

（2）定义属性

属性用来表达概念与概念之间关系。区别于传统的知识组织工具，本体最突出的优点即是可以对概念间的关系（即属性）进行自定义，而传统的知识组织工具中的属性一般只有3类，即属种关系、等同关系及参照关系，并且属种关系层次清晰，等同关系描述详尽，却对参照关系的具体情况不能明确揭示，此时可以利用本体的特点，根据概念间隐含的关系，对参照关系进一步描述与揭示，因此运用本体的思想对词表进一步改造，在节约成本、挖掘现有资源价值的同时，也实现了对词表的补充与丰富。例如，"边坡"与"代项"中的"边坡结构""边坡效应"等之间的关系为"替代/被替代"关系，可用"dcterms：replaces/ dcterms：isReplacedby"表示；"参照"中的"岸坡""滑坡"与概念"边坡"之间隐含的属性关系就是"类型"，可用"dc：type"表示。

（3）实例化

定义个体的过程就是本体的实例化。主题词表中一些划分层次过细的类可以作为类的实例或属性值。例如，分项"船闸边坡""航道边坡"等相对于整个概念体系来说，是较为细小的类，可以作为概念"边坡"的个体来定义。

（4）本体模型形式化

本体模型创建完成后，即完成本体中类、属性及实例的定义后，需要利用网络本体语言（OWL）对本体进行形式化表示，生成.OWL文件文档化本体数据，以达到被计算机理解和利用的目的，从而实现内容资源的交流与共享。目前，已有很多较为成熟的本体构建工具，如OntoEdit、Apollo、Ontolingua、WebOnto、Protégé等，其中使用最广的是美国斯坦福大学开发的Protégé软件，该软件具有良好的图形可视化构建界面，支持XML、RDF（S）、OWL等多种语义Web本体语言和存储方式，同时还集成了大量插件，包括可视化查询插件OntoGraf、查询语言DL query和Sparql query，以及推理工具等，这些插件均可通过插件检测功能下载①。本研究使用protégé 4.3可视化构建领域本体，概念"边坡"本体可视化效果图如图3.12所示。

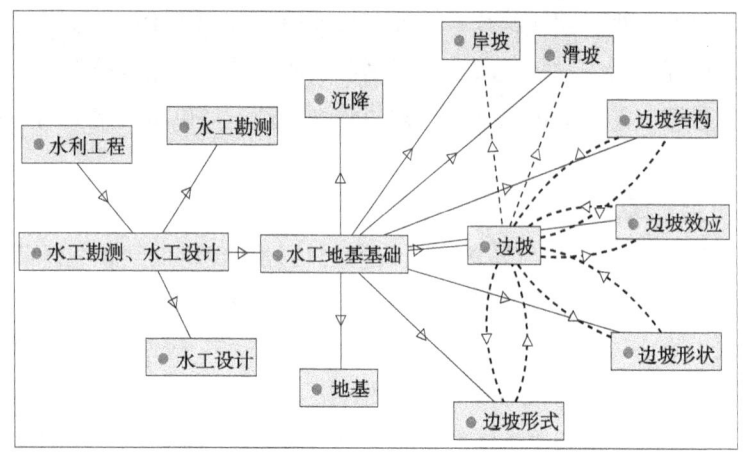

图3.12 概念"边坡"本体可视化效果图

3.4.2 语义标注技术

语义标注（semantic annotation）是指为内容资源及其各个部分增加语义信息，从中识别出类、属性及实例，从而使得计算机或agent能够理解网络资源中的内容②。语义标注的对象在不同学科领域表现形式迥异，不仅有结构化的数据集、数据记录，也有非结构化的图像、音频、视频等。

目前，对数字资源对象进行语义标注的方法从整体上可分为以下两种。

（1）手动标注

手动标注，即标注人员根据网页特征，选择适用的元数据元素，手工将语义信息写入网页的源码中。手动标注需由熟悉领域知识的专业人员完成，标注精度较高，但耗时耗力，因此只能适用于标注小范围的网页、文档。如MaryLand大学开发的SHOE Knowledge Annotator，被认为是第一个真正意义上适用手工标注的工具，它是基于SHOE本体来标记文档的，它支持同时打开多个本体来标记同一个文档。另外，支持手动标注的系统还有GATE、SemanticWord、Ontobroker、Annotea等③。

---

① Protégé [EB/OL].[2017-03-01].http://protege.stanford.edu/support.php#documentationSupport.
② 车海燕.面向中文自然语言Web文档的自动知识抽取和知识融合[D].长春：吉林大学，2008.
③ 陶皖，李平，廖述梅.当前基于本体的语义标注工具的分析[J].安徽工程科技学院学报（自然科学版），2005，20（2）：52-55.

（2）（半）自动标注

（半）自动标注是设定一定的规则、算法，以让标注工具自动标注为主，辅以人工判断标注结果的过程。自动语义标注可以扩大标注的范围与规模，但标注颗粒度相对较粗。支持半自动化语义标注的工具有 SMORE、Annotea 等，支持自动化语义标注的工具包括 AeroDaML、COHSE 等。另外，英国兰卡斯特大学 UCREL 中心开发的自动语义分析系统（USAS）除支持英文标注外，已经扩展到可以支持中文、荷兰语、意大利语、葡萄牙语、西班牙语及马来语等多种语言的标注[1][2]。目前，已有很多语义标注方面的研究成果，包括基于规则、分类模型和序列模型的语义标注、Deep Web 标注等[3]。例如，由丽萍等利用汉语框架语义知识库的语义标注句子库，根据短语类型、句法功能及短语内部构成和外部语境等其他句法语义特征分析框架元素的实现规律，构建了语义标注规则[4]；段宇锋等采用朴素贝叶斯算法与 Bootstrapping 方法相结合对中文物种描述文本进行语义标注，降低了系统学习对训练数据规模的要求，并提高了标注效率[5]；David Sánchez 等提出了一种自动无监督的方法对网页中的文本内容进行标注，该方法能够识别文本中的实体及实体间的关系，并将实体及实体间的关系用本体来表示[6]。

无论是手动标注，还是（半）自动化标注，一般都需要以知识库或本体为支撑。本体作为语义 Web 的基础，语义标注可以领域本体为语义工具，以文档内容为标注对象，从文档内容中识别出与本体匹配的类、属性、实例及约束等元素，建立文档内容与本体间的关联关系，从而为文档内容添加明确的语义信息。出版领域语义标注模型如图 3.13 所示，可分别对出版领域本体及出版资源文档进行预处理，将生成的本体元素与文档关键词进行匹配

---

[1] UCREL Semantic Analysis System（USAS）[EB/OL].[2017-03-01].http：//ucrel.lancs.ac.uk/usas/.
[2] 刘晓娟，黄海晶，尤斌.语义网技术在图书馆数字资源深度聚合中的应用[J].图书馆杂志，2015，34（6）：76-82.
[3] 王亚斌.基于本体的语义标注研究[D].兰州：兰州理工大学，2010.
[4] 由丽萍，张惠春.基于规则的中文框架元素自动标注方法研究[J].情报学报，2011，30（2）：166-171.
[5] 段宇锋，朱雯晶，陈巧，等.朴素贝叶斯算法与 Bootstrapping 方法相结合的中文物种描述文本语义标注研究[J].现代图书情报技术，2014（5）：83-89.
[6] SÁNCHEZ D，ISERN D，MILLAN M.Content annotation for the semantic web：an automatic web-based approach[J].Knowledge and information system，2011，27（3）：393-418.

及语义相似度计算，为满足预定条件的关键词添加语义信息，完成出版资源文档的语义标注。

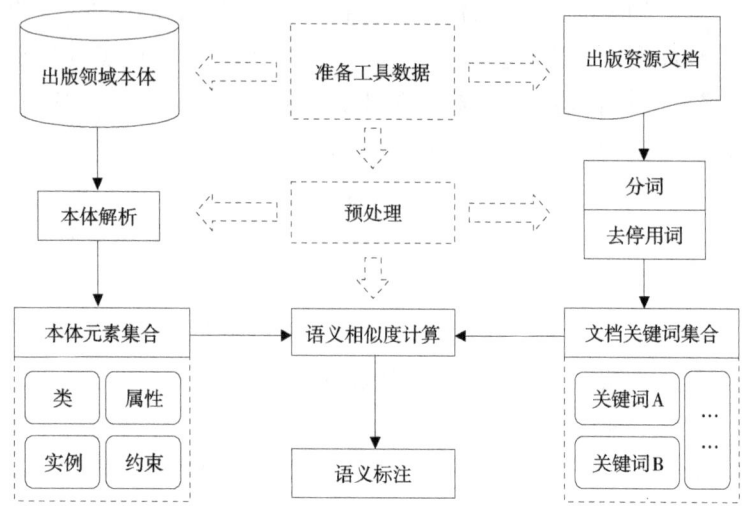

图 3.13　出版领域语义标注模型

3.4.3　语义推荐技术

语义推荐技术可以实现资源供需双方的精准高效匹配，降低个体之间碎片化交易的成本。Loizou 博士于 2006 年在意大利特兰托市召开的推荐系统研讨会上指出了传统推荐算法在实际应用中存在的不足之处，即没有考虑应用场景的语义背景，严重影响了推荐的效率与质量。同时，Loizou 博士提出了语义推荐技术的概念，即将语义知识融合到推荐过程中，以克服传统推荐技术在实际应用中的缺陷[①]。目前，国内外的语义推荐技术研究主要集中在以下 3 个方面。

（1）基于语义的内容推荐技术

该技术就是利用语义网络技术将用户的兴趣偏好、物品的描述信息语义化，通过推理用户兴趣偏好与物品及物品间的语义关系，计算它们间的语义相似度，进而产生推荐结果。意大利的 Pasquale Lops 等设计了一种基于内容的大众分类推荐系统（Folksonomy-based Item Recommender System，FIRS）。该推荐系统首先通过机器学习方法获取物品生产商提供的物品静态

---

① LOIZOU A, DASMAHAPATRA S. Recommender systems for the semantic web [C] // ECAI 2006 Workshop on Recommender Systems. 2006: 1-5.

描述信息,并将其与大众标注的动态关键词信息相结合;其次,对物品描述信息进行语义化揭示,在此过程中针对物品描述信息模糊问题,利用自然语言处理技术(如词义消歧技术)和 WordNet 知识库来消除自然语言的不确定性;再次,用监督学习方法从大众标注的关键词信息中学习用户兴趣偏好模型;最后,将前期创建的物品语义描述信息与用户兴趣偏好模型进行匹配,进而生成准确可靠的推荐结果[①]。2012 年,人民出版社发布的"人民金典"语义查询系统提供基于语义相似度的相关词推荐服务,资源涵盖《毛泽东选集》《邓小平文选》《江泽民文选》及胡锦涛同志一系列重要讲话和文章。

(2)基于语义的协同过滤推荐技术

协同过滤是通过收集相似用户群体的兴趣偏好信息,来预测群体中个体用户的兴趣偏好,以达到向用户推荐物品的目的。常用的协同过滤技术分为两类,基于用户的协同过滤和基于物品的协同过滤,前者分析的是用户的相似性,后者对比的是物品的相似性,两者出发点不同。基于语义的协同过滤推荐技术是将语义信息融入协同过滤过程中,通过对用户的兴趣偏好和物品信息进行语义化描述,提高基于用户或物品的协同过滤的质量与效率。Ferrara 等将 Wikipedia 中概念的语义关联度集成到基于用户的协同过滤推荐技术中,提高了推荐结果的准确性[②]。

(3)基于语义的混合推荐技术

这是为解决单一推荐技术(内容推荐技术或协同过滤推荐技术)的不足,采用加权、特征组合、混合等策略将不同推荐技术进行混合而成的推荐技术。例如,Lee 等采用混合人工神经网络的策略设计了面向博客圈的自动化标签推荐算法,通过从标签中提取语义信息,以学习设置最佳标签,最终形成加权的标签列表,结果证明标签列表中的标签最符合博客内容[③]。

我国出版资源量日益增长,出版类型不断丰富,将语义推荐技术融入出版发布流程中,不仅能提高出版资源的利用率与价值,还可以大幅度提升用户获取所需资源的效率。例如,在内容创作阶段,用户会在网络平台

---

① LOPS P, DE GEMMIS M, SEMERARO G, et al. Content-based filtering with tags: the first system [C] // Ninth International Conference on Intelligent Systems Design and Applications. IEEE Computer Society, 2009: 255-260.

② FERRARA F, TASSO C. Integrating semantic relatedness in a collaborative filtering system [C] // International Workshop on Personalization and Recommendation on the Web and Beyond. 2012.

③ LEE S K, CHUN A H. Automatic tag recommendation for the web 2.0 blogosphere using collaborative tagging and hybrid ANN semantic structures [C] // Wseas International Conference on Applied Computer Science. World Scientific and Engineering Academy and Society(WSEAS), 2007: 88-93.

上搜集大量的相关资源，此时平台通过分析用户的兴趣偏好，利用基于语义的内容推荐技术，计算用户兴趣偏好与网络资源的语义相似度等，最终为用户推荐切实相关的资源；在内容发布阶段，利用基于语义的混合推荐技术，通过分析发布内容的特征，计算发布内容与相似资源的语义关联关系，根据用户对相似资源的偏好程度，决定向某些偏好可能性更大的用户推荐此发布内容。

3.4.4 信息可视化技术

信息可视化技术是开展知识组织与知识服务的辅助手段。该技术起源于 20 世纪 80 年代出现的科学计算机可视化，Robertson 等于 1989 年发表了文章"The cognitive coprocessor architecture for interactive user interfaces"，首次提出了信息可视化概念[1]，通过将时序数据、层次数据、网络数据等以图像形式输出，利于用户视觉的直观获取和便于发现数据内在的隐性规律[2][3]。针对上述各种类型的数据，研究者已经提出了很多有价值的信息可视化方法与技术[4]。目前，信息可视化技术主要应用于文本数据、网络/图、时空数据和多维数据，具体数据需求和呈现形式如表 3.3 所示。随着信息可视化技术的广泛应用，众多可视化工具应运而生，如美国 Drexel 大学陈超美教授开发的 Citespace、Ucinet、Thomson Data Analyzer 等[5]。除直接应用型的可视化工具外，还有基于编程开发的可视化工具，如开源工具 D3.js（Data-Driven Documents）、Google Charts 等。

表 3.3　信息可视化技术的数据需求和呈现形式

类型	简介
文本数据可视化	以文本信息为数据源，代表技术为标签云，即将标签根据特定规则进行排序和布局，通过控制图形的大小、颜色等实现文本信息的可视化展示

---

[1] ROBERTSON G, CARD S K, MACKINLAY J D. The cognitive coprocessor architecture for interactive user interfaces [C] // ACM Symposium on User Interface Software and Technology. DBLP, 1989: 10-18.
[2] 杨彦波, 刘滨, 祁明月. 信息可视化研究综述 [J]. 河北科技大学学报, 2014, 35 (1): 91-102.
[3] SHNEIDERMAN B. The eyes have it : a task by data type taxonomy for information visualizations [J]. Craft of information visualization, 1996: 336-343.
[4] 任磊, 杜一, 马帅, 等. 大数据可视分析综述 [J]. 软件学报, 2014, 25 (9): 1909-1936.
[5] 刘玉琴, 彭茂祥. 国内外学术关系分析方法与工具研究综述 [J]. 情报科学, 2013, 31 (11): 137-142.

续表

类型	简介
网络/图可视化	网络关联关系的可视化展示,含互联网、社交网络、层次结构数据,网络可视化的经典形式是基于节点和边的可视化方法,如树图技术 Treemaps[①]
时空数据可视化	时空数据的重点是为时间与地理空间及与之相关的信息对象属性建立可视化表征,挖掘并展示其中隐藏的模式与规律,可视化结果如流式地图(Flow Map)
多维数据可视化	多维数据是指具有多个维度属性的数据,是以探索多维数据项的分布规律和模式、揭示不同维度属性间的隐含关系为目标,典型代表如散点图、投影、平行坐标等

在由传统出版、数字出版向语义出版转型升级的过程中,出版内容资源逐渐网络化、数字化和结构化,其中包括丰富的文本数据、网络数据及多维数据等,为挖掘出版资源中隐含的特征和规律,可以借鉴已有的信息可视化方法,根据可视化展示的目标、效果及数据特性的差异,在进行可视化展示时依据具体情况选择合适的工具,构建关于语义出版产品内容资源的可视化图谱,将上述信息可视化技术运用于检索结果的可视化、分析结果的可视化、知识组织工具的可视化等。

例如,以"搅拌摩擦焊技术"为研究主题,以 Web of Science 核心数据库为出版资源的来源,选用 Citespace 软件对"搅拌摩擦焊技术"的发展情况进行可视化展示(图3.14,彩插见书末)。在获取数据时以"Friction Stir Weld*"为主题进行主题检索,时间跨度为 1995—2014 年,最终检索得到 3652 条文献资源出版记录。将数据导入 Citespace 软件,绘制出版国别/机构分布图,图中圆环的大小与文献出版量成正比,可知文献出版量排名前 3 位的国家分别是美国、中国、日本,该技术的发明国家英国排在印度之后,位居第 5。此外,日本大阪大学(Osaka Univ)、中国哈尔滨工业大学(Harbin Inst Technol)及日本东北大学(Tohoku Univ)这 3 所机构的文献出版数量位居前列,并且日本大阪大学与美国杨百翰大学(Brigham Young Univ)合作较为密切。由此可见,可视化图谱不仅可以直观、形象地反映数据的真实情况,还可以挖掘出数据间隐含的较有价值的知识内容。

[①] XIN Z, YUAN X. Treemap visualization [J]. Journal of computer-aided design and computer graphics, 2012, 24(9): 1113-1124.

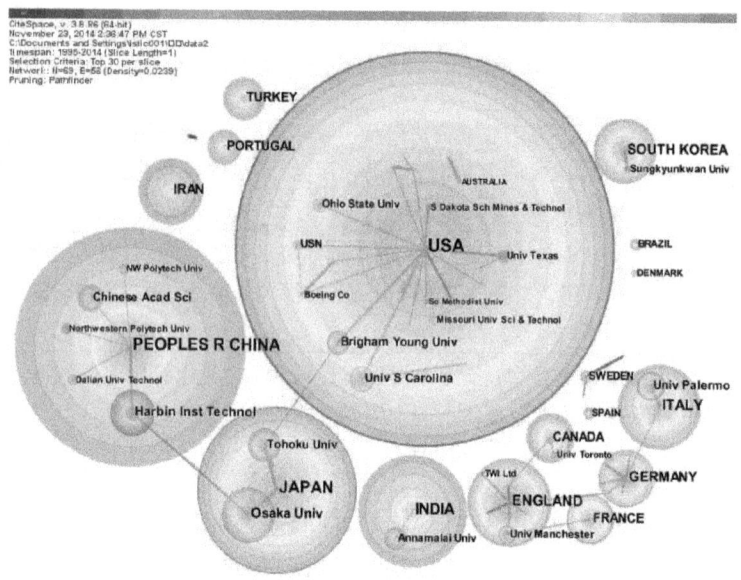

图3.14 机构及所属国家文献出版规模的可视化示例

3.5 小结

语义出版的体系框架，是由基础层、资源层、方法层和服务层4个部分组成，分阶段完成采集、加工、识别、描述、关联、挖掘、重组和发布的功能。其中，基础层是以传统出版物资源为核心，并有针对性集成关联数据资源、社交网络资源、其他开放资源和用户行为数据。从具体的语义出版实现流程来看，它是在数字出版实现流程基础上增添了出版机构主动式内容采集的过程，细化了内容编辑与发布的环节内容，并在内容消费阶段重点关注用户与作者和编辑的反馈与互动。在标准规范方面，由于语义出版为数字出版的一个子集，在广义上，数字出版标准和语义出版标准的区别有时并不明显，一般认为凡是涉及出版物结构化与关联操作，以及更深层次的实体标注等相关词汇集合都是语义出版标准规范的范畴。依据语义出版实现流程及其特点，语义出版相关的标准规范可以大致分为标识符标准（如ISBN、DOI、ISLI、ORCID）、资源描述标准（如MARC、FRBR、DC、PRISM）、语义标记语言标准（如XML、RDF、OWL、SKOS）、数据交换标准（如ONIX、OpenURL、OAI-PMH）和内容发布格式标准（如PDF、EPUB）。此外，在关键技术方面，主要包括本体构造技术、语义标注技术、语义推荐技术和信息可视化技术。

第 4 章　语义出版的内容组织

语义出版的内容组织是开展语义出版内容服务的基础，其核心：一是语义元素的抽取与识别，可理解为对知识单元的语义特征进行提取和描述；二是语义关系的揭示，包括对知识单元之间的语义结构进行理解和关联；三是语义知识的聚合，主要是围绕学科、主题、机构、作者等需求要素，根据语义结构对知识单元进行有序集成。目前，出版机构在开展和推进语义出版内容组织阶段，重点在于解决信息资源的知识化抽取、标引和关联等问题。本章着重从学术出版的视角，根据知识单元的存在形态、内外部语义特征等，提出了语义出版内容组织的实现方法，系统阐述了语义出版内容组织的对象类型、对象之间根据某种特定关联可构建而成的语义关系，以及基于多种语义关系可形成的语义网络模型，为下一阶段的语义出版服务奠定资源组织与展示的基础。

4.1　语义元素的识别

在《现代汉语词典》中，元素也被称作要素，是构成事物的必要因素。由于一种事物的表达形式与其语境、语气等条件的关系较为密切，且同一种事物又可以用多种语码序列来表示，例如，温室、玻璃房、greenhouse、glasshouse 都表示同一事物，因此，需要对语义元素进行抽取、识别和描述，可以通过元数据描述框架添加语义标签，从而使知识本身具有语义价值，使其不同于数据,是有属性、有含义的,这也有利于后期对知识进行语义化操作。王子舟等认为,知识的基本元素是由文献单元和知识单元构成[①],文献单元可分解为知识内容单元、知识形式单元与载体形态单元等,主题、题名(包括章节名)、责任者、附录、索引等均涵盖在内,知识单元是指客观知识系统中有实际意义的基本单位,如一个明确的语词概念、具体观点、科学定理、数学公式等。其中,知识单元有可分解与不可分解两类。例如,诊断学包括症状诊断学、物理诊断学、电诊断学、影像诊断学、实验室诊断学、鉴别诊断学、机能诊断学等知识单元,那么诊断学就是可分解的知识单元,而鉴别诊断学又可分解为多个不可再分解的具有完备知识表达的知识单元,有学者将这种不可分解的知识单元称为知识元[②]。因此,本研究的语义元素识别,主要是指文献单元和知识单元的抽取及其语义化描述,文献单元可表现为书目元素,知识单元可表现为内容元素,同时,考虑到现有学术交流活动中社交网络的重要性,本研究在语义元素中增添了社交元素,以期能够反映基于社交元素的语义关系及其网络结构。

4.1.1 书目元素

书目是运用一定手段和方法,对信息资源予以记录、组织和报道,以提供资源利用的途径,是记录、传递信息的工具[③]。书目数据以记录为单位,集中于对一个出版物的描述,并被记录于数据中,相关描述数据可以回答有限的问题,但对与本书、本作者、本主题有关的其他资源则均不涉及。一条书目记录是由描述书目实体内容与形式特征的各项书目元素及其数据组成的,书目元素包括题名、责任者、出版社、出版日期、版本、ISBN、内容简介等,图4.1和图4.2展示了Wiley和Taylor书目元素框架。

---

① 王子舟,王碧滢.知识的基本组分:文献单元和知识单元[J].中国图书馆学报,2003,29(1):5-11.
② 温有奎.基于"知识元"的知识组织与检索[J].计算机工程与应用,2005,41(1):55-57,91.
③ 孙豪晨.完善我国书目报导体系刍议[J].文献工作研究,1989(4):12-16.

第 4 章
语义出版的内容组织

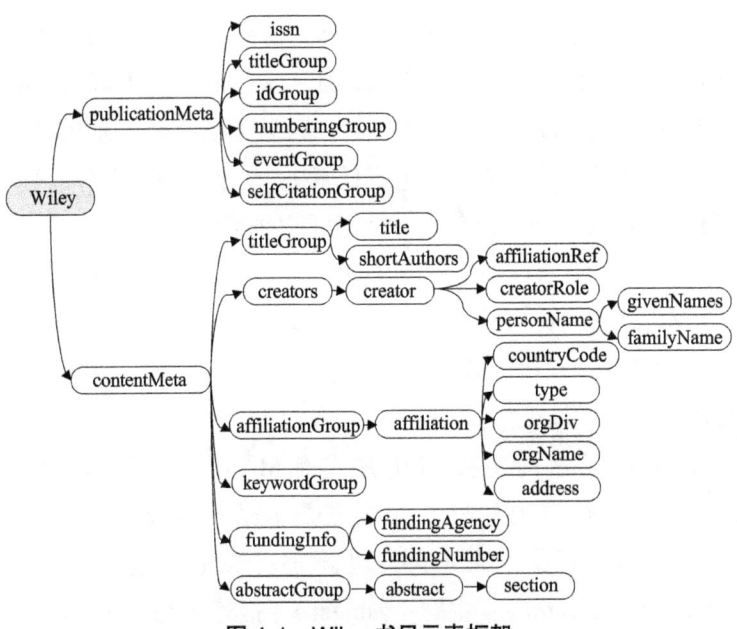

图 4.1　Wiley 书目元素框架

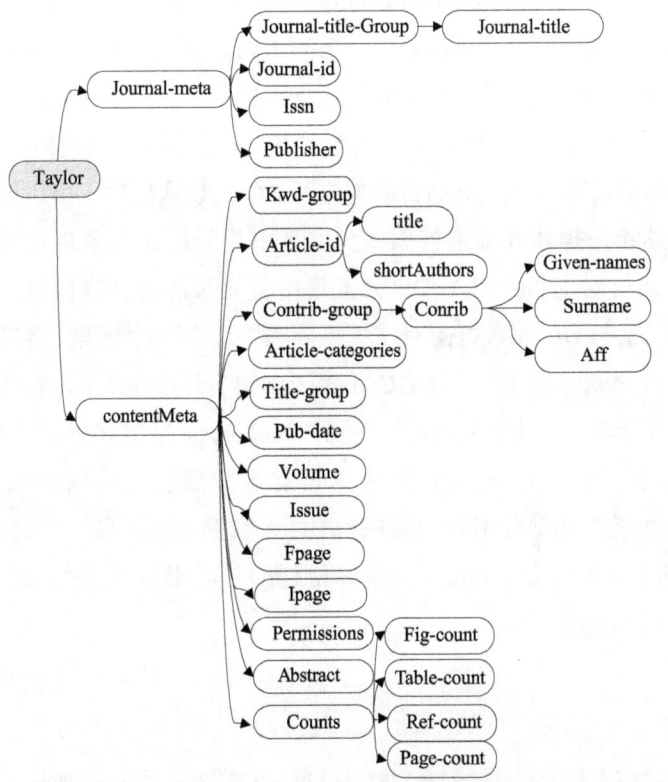

图 4.2　Taylor 书目元素框架

不同类型的信息资源内容与形式特征略有差异，因此其对应的书目元素构成也相应有所区别。结合信息资源特征、文献著录规则可知，图书、期刊、报纸等印本资源的书目元素主要有：题名（正题名、并列题名、其他题名）、责任者（第一责任者、其他责任者）、文献类型、语种、版本、卷/期、出版地、出版者、出版时间、文献数量（页数、册数等）、附件、国际标准号、获得方式等；音、视频资源的书目元素主要有：题名、责任者、文献类型、版本、出版地、出版者、出版时间、文献数量（播放时间）、尺寸、附件、国际标准号、获得方式等。电子资源的书目元素与印本资源大同小异，与之不同的是还包括色彩、格式特征等元素。

目前，书目元素的主要描述方式有MARC、DC元数据、RDA等数据描述方案。DC都柏林核心元数据是为适应网络资源特点而建立的通用的元数据元素集，该元素集包含15个核心元素，分别是：名称（title）、创建者（creator）、主题（subject）、描述（description）、出版者（publisher）、其他责任者（contributor）、日期（date）、类型（type）、格式（format）、标识符（identifier）、来源（source）、语种（language）、关联（relation）、时空范围（coverage）、权限（rights）。其中，从关联元素子项目中可知，它可以用于揭示版本关系、相关关系、整体与部分关系、参引关系等书目关系[①]。对书目数据进行DC元数据描述，可以使不同的书目数据得到统一描述并辅助检索，为实现书目间语义关系相互关联提供格式基础。通过对书目元素与DC元素集中各元素的含义进行对比分析，可得到书目元素与DC元数据的对应关系。例如，以DC元素"名称"（title）来描述书目元素"题名"，以DC元素"创建者"（creator）来描述书目元素"第一责任者"，以DC元素"主题"（subject）来描述书目元素"主题"或"关键词"等。另外，DC元数据具有可扩展性，本研究对不包含在15个核心元素中的部分书目元素进行DC元数据元素扩展，扩展的元素有：版本（edit）、卷册（volume）。最终得到的核心书目元素的DC元数据描述如表4.1所示。

---

① 全国信息与文献标准化技术委员会.信息与文献 都柏林核心元数据元素集：GB/T 25100—2010[S].北京：中国标准出版社，2010：2-3.

表 4.1 核心书目元素的 DC 元数据描述

书目元素	DC 元数据描述	书目元素	DC 元数据描述
题名	dc：title	卷册	dc：volume
第一责任者	dc：creator	出版者	dc：publisher
其他责任者	dc：contributor	出版时间	dc：date
资源类型	dc：type	国际标准号	dc：identifier
语种	dc：language	主题/关键词	dc：subject
版本	dc：edit	书目关系	dc：relation

4.1.2 内容元素

内容元素的识别是语义出版内容组织的核心内容，是区别于传统出版形态并体现语义出版知识价值的重要环节，只有对内容元素进行有效识别，才能充分挖掘知识单元之间的语义关系及其网络。目前，国内较具代表性的实践有人民出版社发布的"人民金典"语义查询系统，该系统采用语义检索技术，通过对政治类出版物内容知识单元的抽取，形成了基于内容元素的语义系统，语义解析如表 4.2 所示。

表 4.2 "人民金典"语义查询系统内容元素的语义解析

	定点词	说明
事物性状	意义作用	事物的意义和作用，"意义"包括重要性、必要性、紧迫性等，"作用"包括已经发生的作用和能够发生的作用
	状态情况	已发生的事情和存在的事物的状态和情况
	时地数序	事物存在、发生和预见的时间、地点、数量和秩序
	概念内容	事物的概念（内涵、外延）和内容
	本质要义	事物的本质属性和重要之处
	依从由来	此事物对他事物的依存、从属和由来关系
文章表达	评价判别	文章对事物价值、意义、作用的评价和对是非、善恶、美丑、好坏的判别，主要用于已经发生过的事物
	法律法规	法律法规（包括党内规章制度）中的文字内容
	意见要求	文章中提出的意见和要求，通常指对国内工作的表达形式
	主张声明	文章中提出的主张和声明，通常指对国际问题的表达形式

续表

定点词		说明
文章表达	预见展望	文章中对事物发展变化进行的预测和展望的内容
	经典名言	经典作家、历史名人的内涵深刻、影响广泛的话语,包括其他文章中引用的这些内容
	事例典故	文章中所举的事例和引用的典故
	特定表述	文章中既有特定含义,又有特定表述形式的某段文字,如党的基本路线、十七大主题、"三个有利于"的具体内容表述
	篇目章节	文章篇目及章节

　　整体而言,从类型来看,内容元素可以被划分为概念型元素、事实型元素和数值型元素。具体来看,可包括以下 5 种内容元素:一是对句子的主谓结构、述宾结构、偏正结构、联合结构等语言里普遍存在着的基本结构格式进行分析,提取以名词性词语为主体的知识单元,即主题/关键词或人、机构、项目、基金、活动等科研实体;二是具有独立属性和表现格式的知识单元,如图片、表格、视频/音频等;三是专门以数值方式表示的科学/实验数据集,配以相关的数据描述和解释说明,如实验工具、实验材料、代码、参数指标;四是基于论证视角的科学陈述元素,包括学术观点、科研结论、科学事实及规则(如科学研究方法等)、理论依据(如公式、公理等);五是引文数据集的引证态度(正引、负引)描述及结构化存储(如题名、作者、卷期、出版者等)。只有对上述内容元素进行充分描述,才能真正为语义关系揭示和语义网络聚合奠定基础。以科学研究方法为例,可以从方法的定义、关系(静态和动态)、特点(优缺点和比较句)、流程、功能等 5 个方面进行语义描述[①]。

　　本研究以科学数据集为案例对象,具体阐述内容元素的语义描述框架。首先,科学数据集的主要来源有两个:数据仓储和数据论文。从数据论文来看,一般包括两类信息:一类是传统学术出版物的外部描述信息,也可称之为数据论文的"书目信息",如标题、摘要、作者、关键词等;另一类是数据集相关信息,即数据论文描述内容,如数据访问属性(DOI/URI)、数据覆盖范围(空间和时间)、数据格式(数据编码和语言)、数据许可政策、

---

① 化柏林.学术论文中方法知识元的类型与描述规则研究[J].中国图书馆学报,2016,42(1):30-40.

作者及贡献、来源项目、数据产生方法、数据质量评估（局限性和异常）、数据重用评估等[1]。基于此，本研究结合我国国家人口与健康科学数据共享平台元数据标准信息[2]，提出了面向科学数据集的语义描述框架（表4.3）。

表4.3 面向科学数据集的语义描述框架

序号	描述元素	序号	描述元素
1	元数据标识符	15	数据集状况
2	元数据语种	16	数据集维护频率
3	负责单位名称	17	更新说明
4	负责单位联系电话	18	关键词
5	负责方地址	19	数据集所用字符集
6	负责方邮政编码	20	数据集分类
7	负责方职责	21	数据集资源域
8	元数据创建日期	22	数据描述对象
9	元数据标准名称	23	数据创建目的
10	元数据标准版本	24	安全限制
11	数据集标题	25	访问限制
12	数据集创建日期	26	元数据维护频率
13	日期类型	27	数据获取手段
14	数据集摘要	28	相关链接

4.1.3 社交元素

随着互联网进入Web2.0甚至Web3.0时代，学术交流方式已经不局限于传统出版物的线性传播，人与人之间的互动途径更为多元，人们在互联网中的角色已从被动的接收者转变为发布者，并构成社交网络的一个个节点。社交网络用户基数及其生产内容的不断积累，大大加速了文献信息及各类学术思想载体的流通。目前，国外较流行的学术社交网络平台有初创于2004年的CiteULike、2008年的ResearchGate和2009年的Mendeley等（图4.3）。同时，我国科研人员对社交网络的参与热情和认可程度也较高。据笔者统

---

[1] 屈宝强，王凯. 数据论文的出现与发展［J］. 图书与情报，2015（5）：1-8.
[2] 基础医学科学数据中心. RNA编辑数据库：元数据标准信息［EB/OL］.［2017-01-10］. http://www.bmicc.cn/web/share/metadata.

计，截至 2017 年 1 月 12 日，我国较具代表性的学术社交网络平台科学网的注册人数已达 94 149 人次，另据 CNKI 的数据结果显示，以科学网为主要研究对象的学术论文有 583 篇，且呈现逐年上升趋势，生物学（51）、科学研究管理（47）、新闻与传播（43）、图书情报与数字图书馆（35）领域科研人员对此最为关注[①]。

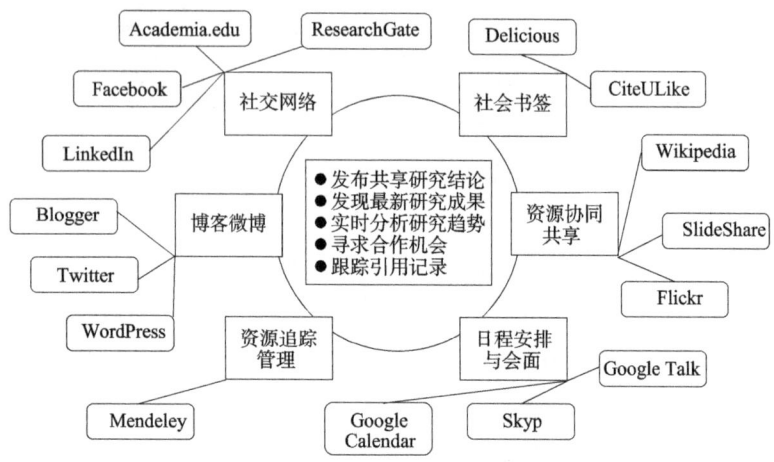

图 4.3 国外学术场景下主流社交媒体工具

同时，基于社交网络的学术评价指标 Altmetrics（译为：补充计量学）也应运而生。Altmetrics 是对基于引用数的传统论文计量方法的一种补充，包括 F1000 论文评选、维基百科和公共政策文件中的引用、主流媒体报道、研究博客讨论、Mendeley 等引用管理工具中的书签数量、社交网络转发等量化数据。Altmetrics 的数据来源于互联网，提供了有关期刊论文和其他学术成果在全球范围内关注和讨论的基本信息，目前已被应用于《自然》《科学》《柳叶刀》等期刊网站、机构数据库、研究者个人网站及科学研究评价中[②]，并受到广大科研工作者的普遍认可。

由此可见，社交元素是语义出版语义元素的重要组成部分，通过订阅、浏览、使用频次、浏览量、转发、点赞、评论等基础数据与内容元数据标签的结合，可以培育新型学术评价与信任关系，可以快速追踪特定领域关注度或认可度较高的科研成果、作者、机构。表 4.4 列举了目前国外主要

---

① 注：检索式为"主题=科学网 or 题名=科学网 or 关键词=科学网 or 摘要=科学网 and（精确匹配）"，中国知网。

② Altmetric. Top 100 article 2016 [EB/OL].[2017-01-10]. https：//www.altmetric.com/top100/2016.

Altmetrics 工具/平台数据来源与计量指标。由此，基于社交网络的社交元素主要涉及两类数据：一是平台服务器记录下的用户使用数据，如检索、浏览文摘及下载全文的次数；二是来自社交网络、新闻媒体、参考文献管理软件等的用户行为数据，如提及、添加标签、推送等。

表 4.4 国外主要 Altmetrics 工具/平台数据来源与计量指标

工具/平台名称	数据来源/计量指标
Altmetric.com	参考文献管理软件：Mendeley、CiteULike 等 主流媒体：纽约时报、New Scientist 等 社交媒体：Twitter、YouTube、新浪微博等
PLUMX	使用率（usage）：摘要被浏览次数、链接被点击次数、被下载次数、全文被浏览次数 抓取（captures）：被跟踪次数、被添加标签次数、更新被订阅次数 关注（mentions）：被评论次数、成为论坛讨论主题次数、被链接次数 社交媒体（social media）：被添加"Likes"标签次数、在 Facebook 中被分享次数、在 Twitter 中被推送次数 引用（citations）：被专利引用次数、被 PMC 论文引用次数
PLoS	被浏览（viewed）：论文在 PLoS、PubMed Central 中的使用数据，遵循 COUNTER 3 标准 被引用（cited）：论文在 Scopus、Web of Science、PubMed Central、CrossRef、维基百科等中被引用次数 被保存（saved）：论文在 CiteULike 和 Mendeley 被添加标签的次数 被讨论（discussed）：论文在 Researchblogging.org、Nature Blogs 中被提到的次数，并利用 Google Blogs 进行补充，在 Twitter、Facebook 中被分享、点赞等次数，在 PLoS 平台中被评论的次数 被推荐（recommended）：生物医药领域被 F1000 Prime 推荐情况
IOP	使用：全文总下载频次、摘要总浏览次数 引用：在 CrossRef、PubMed Central、Nature Blogs 和 Google Scholar 中的被引用次数 论文分享与书签情况：在 Mendeley、CiteULike 及 Connotea 中被分享和添加标签次数

4.2 语义关系的揭示

4.2.1 基于书目的语义关系

不同书目之间存在多种语义关系，在对书目资源元数据进行有效识别和语义描述基础上,揭示基于书目的语义关系,可为下一阶段与书目相关的语义网络构建提供可能。与国内相比,国外学者对书目关系的研究起步较早、成果较多。1980年,IFLA在其出版的UNIMARC格式中将书目关系分为垂直关系、平行关系和年代关系3类。垂直关系是指整体文献与部分文献的从属关系;平行关系是指文献不同语言、载体、形式等不同版本间的关系;年代关系是指文献之间呈现出的时间关系[1]。之后,美国学者Barbara B. Tillett在总结各种编目条例后提出了较为全面且互斥的7种书目关系,该分类对以往的分类进行了扩充与补充,具体划分类型及其含义为:①将作品与其完全相同或者在知识内容、著作方式方面相同的复制品之间的关系归为等同关系,包括复本、重印本、影印本、缩微复制品和其他类似的复制品;②将作品与其修改作品之间的关系归为衍生关系,包括修订本、改写本、译著等;③将作品与其描述、评论、评估作品之间的关系归为描述关系,包括评注本、注释本、案例等;④将作品与其组成部分或其所属作品之间的关系归为整体/部分关系,如作品合集与选集、期刊与所刊载文章、丛书与单行本等;⑤将作品与其附件之间的关系归为附属关系,两者内容和责任方式完全相同,如图书与随附光盘等;⑥将作品之间呈现的时间承接关系归为连续关系;⑦将不相关但存在共有特性的作品之间的关系归为共有特性关系,如拥有相同作者、题名、主题或可供检索的其他特性等[2]。FRBR按照"实体-属性"结构将书目关系分为高层实体关系、责任关系、主题关系、其他关系、内容关系。资源描述与检索规则(Resource Description and Access,RDA)对作品与其相关作品之间的关系进行了细化,主要对作品之间存在的衍生关系、描述关系、整体-部分关系、伴随关系及连续关系进行细化分析,并对每类关系对应的作品内涵进行了说明[3]。此外,我国学者高红提出,书目关系是指两个或两个以上的书目在目录中通过一定方式相互关联而产生的关系,并从理论角度将其分为实体与属性或属性之间存在的内在关系,以及实体与实体之间存在的外在关系两类[4]。

---

[1] IFLA. UNIMARC:universal MARC format [M]. London:IFLA International Office for UBC,1977.
[2] TILLETT B B. Bibliographic relationships [J]. Springer netherlands,2001(2):19-35.
[3] RDA发展联合指导委员会.资源描述与检索:RDA[M].北京:国家图书馆出版社,2014.
[4] 高红.书目关系的综合研究[J].图书情报工作,2006,50(9):108-112.

结合上述理论研究，本研究从书目实体与书目实体、书目实体与书目元素角度出发，分析并提出了书目间存在的语义关系，同时利用 DC 元数据对书目关系进行语义描述，进而实现不同书目的语义关联（表 4.5）。

表 4.5 基于书目的语义关系及其 DC 描述

关系		含义	描述
实体与实体	等同	书目实体与其内容相同、著作方式相同的复制品之间的关系	dc：relation
	修订	书目实体与其修订作品之间的关系	dc：relation
	改编	书目实体与其音频、视频等不同类型改编版本之间的关系	dc：relation
	翻译	书目实体与其不同语种的翻译版本之间的关系	dc：relation
	描述	书目实体与其注释、评论等版本之间的关系	dc：relation
	整体与部分	书目实体与其所属丛编或分册之间的关系	dc：relation
	附属	书目实体与其附件之间的关系	dc：relation
	连续	书目实体与其有继承关系的作品之间的关系	dc：relation
实体与元素	题名	书目实体的书名、刊名、图名、片名、曲名等	dc：title
	第一责任者	书目实体的第一创作者	dc：creator
	其他责任者	书目实体的译者、评注者等其他责任者	dc：contributor
	资源类型	书目实体所属的资源类型	dc：type
	语种	书目实体知识内容的语种	dc：language
	版本	表明书目实体版本变化的属性	dc：edit
	卷期	标识书目实体的卷期号	dc：volume
	主题/关键词	指明书目实体主题的词或短语	dc：subject
	国际标准号	分配给书目实体的国际标准号，如 ISBD、ISBN 等	dc：identifier
	出版年	书目实体的出版年份、发行年份或创作年份等	dc：date
	出版者	书目实体的出版机构、发行机构等	dc：publisher

通过对比分析不同书目实体各元素对应的数据，可得到不同书目实体间的关联关系，通过 DC 描述方式可实现不同书目的语义关联。据此，实际应用时，首先是对书目实体的元素值进行识别提取；其次是对比元素值，发现实体间的书目关系，进而得到关联结果（图 4.4）。

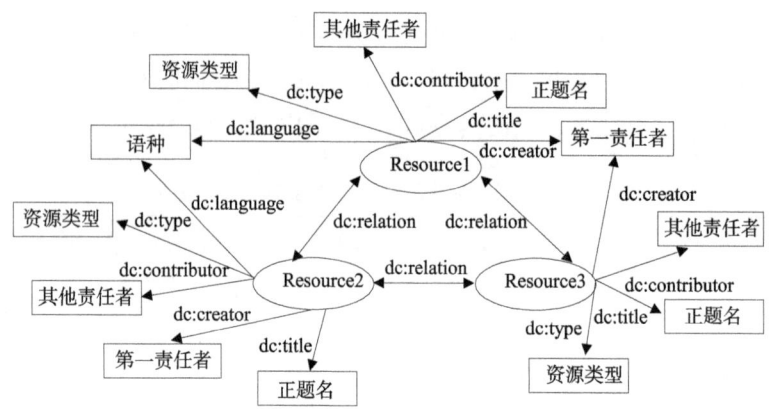

图 4.4　书目关系语义关联结果

4.2.2　基于概念的语义关系

同一个概念可以有多种表达形式,如马铃薯与土豆,自行车、单车与脚踏车,平板电视与液晶电视等,而这些表达形式又可以被分为一个人们公认的能够代表概念的优先术语(也可称为优选词、叙词)和若干个非优先术语(也可称为非优选词)。例如,马铃薯即为优先术语,与其对应的非优先术语包括土豆、洋芋等。具体而言,术语是指在特定学科领域用来表示概念的称谓集合,是通过语音、文字来表达或限定科学概念的约定性语言符号[①],本身具有专业性、单义性、简明性、稳定性和系统性等特征[②]。由此,基于概念的语义关系,可以把不同词语表述的完全相同或相近主题的文献信息聚集在一个信息集合之内,有利于概念的集成存储、关联与发布,其结果在学科领域内将更为凸显科学性和权威性,能够使用户的检索达到较为满意的结果,有助于得到学科专家的普遍认可。

叙词表(thesaurus)是一种将文献或用户自然语言经过规范化处理,以术语为基础单元的现代检索工具,自身结构完备,词汇控制严格[③]。其中,叙词表中的术语及其关系组织可以发挥如下功能,包括:检索(查询)扩展、推荐可选择的检索词、支持聚类或其他方式的优化检索、识别普通的书写错

---

① 龚益.术语、术语学和术语标准化[EB/OL].[2016-09-09].http://www.bjpopss.gov.cn/bjpssweb/n3181c48.aspx.
② 赵捷,苏静.基于知识元和 MARTIF 的术语集成方法研究[J].图书情报工作,2012,56(22):16-20,11.
③ 冷伏海,徐跃权,冯璐.信息组织概论[M].2版.北京:科学出版社,2008:179-181.

误、支持自动标引。对此，基于概念的语义关系可以直接借鉴叙词表中建立并反映的优先术语（preferred term）之间、优先术语与非优先术语（non-preferred term）之间的语义关系，主要包括用、代、属、分、参等，也可以将交叉映射的叙词表术语集作为一种层级分明的体系化内容资源补充于原有的出版内容资源，对原有的出版内容资源语义元素进行系统化、规范化和全面化扩充。

下面，结合中国科学技术信息研究所于2014年编写、出版的《汉语主题词表：工程技术卷》相关数据，以术语"微波遥感"为实例进行RDF形式表示，从而说明将叙词表或其他知识组织工具与出版资源相结合，并实现语义化描述与互操作的可能性。

```
<?xml version="1.0"?>
<rdf：RDF xmlns：rdf="http：//www.w3.org/1999/02/22-rdf-syntax-ns#"
          xmlns：dc="http：//purl.org/dc/elements/1.1/"
          xmlns：dcterms=" http：//purl.org/dc/terms/">
<rdf：Description
rdf：about="http：//webprotege.stanford.edu/RCfnmPfaFCI9yOsB3So6iAC ">
        <dc：title> 微波遥感 </dc：title>
        <dc：description> 用波长1~1000 mm 电磁波本身和在大气中传输的物理特性的遥感技术统称；该波段称为微波，微波遥感对云层、地表植被、松散沙层和冰雪具有一定的穿透能力；可以全天侯工作。</dc：description>
        <dc：type> 遥感方式 </dc：type>
        <dcterms：alternative> microwave remote sensing</dcterms：alternative>
        <dcterms：alternative> micro-wave remote sensing </dcterms：alternative>
<dcterms：alternative> microwave remote sensing technology </dcterms：alternative>
< dcterms：isPartof rdf：nodeID= "yaogan" />
< dcterms：hasPart rdf：nodeID= "beidongweiboyaogan" />
<dc：relation rdf：nodeID="dingweichuanganqi"/>
<dc：relation rdf：nodeID="weiboceju"/>
```

```
</rdf：Description>
    <rdf：Description rdf：nodeID= "yaogan">
        <dc：title>遥感</dc：title>
    </rdf：Description>
    <rdf：Description rdf：nodeID= " beidongweiboyaogan ">
        <dc：title>被动微波遥感</dc：title>
    </rdf：Description>
    <rdf：Description rdf：nodeID= " dingweichuanganqi">
        <dc：title>定位传感器</dc：title>
    </rdf：Description>
    <rdf：Description rdf：nodeID= " weiboceju">
        <dc：title>微波测距</dc：title>
    </rdf：Description>
</rdf：RDF>
```

通过上述分析可知，为对术语知识属性进行严格定义及强化知识属性值的深层集成，基于概念的语义关系类型可被划分为以下3类。一是基于术语结构的语义关系，即基于概念关系种类实现内容资源的语义表达，主要包括等同关系、等级关系和相关关系。其中，等同关系（equivalence relationship）是用来定义优先术语和非优先术语之间的用代关系，如温室和玻璃房，具体语义关系包括替代（replaces）与被替代（isReplacedby）关系，根据非优先术语的内涵与外延差异，可进一步将非优先术语分为全称（full name）、简称（abbreviation）、译称（translated name）3种类型，由此分类产生相应的等同关系。等级关系（hierarchical relationship）是用来定义不同专指度的上位术语与下位术语之间的关系，如包含（hasPart）与被包含（isPartof）关系，如动物和哺乳动物。相关关系（associative relationship），又指参照关系，是不同类目体系下具有重要语义关联的词间关系，用"in relation to"表示，如鸟和鸟类学。依据语义描述的互操作性和可扩展性，继续复用并扩展国际通用的元数据标准DCIM元数据集，设计的基于术语结构的语义关系类型如表4.6所示。

表4.6 基于术语结构的语义关系类型

语义关系		关系表示	涉及术语名称
等同关系	替代与被替代	dcterms：replaces/dcterms：isReplacedby	优先术语（use） 非优先术语（used for）
	有全称……与是……的简称	hasFullName/isAbbreviationof	
	有简称……与是……的全称	hasAbbreviation/isFullNameof	
	有译称……	hasTranslatedName	
等级关系	包含与被包含	dcterms：hasPart/ dcterms：isPartof	上位术语（broad term） 下位术语（narrow term） 族首词（top term）
相关关系		in relation to	相关术语（related term）

二是基于术语映射关联的语义关系，即基于不同知识组织体系描述的内容资源可通过映射揭示术语之间的语义关联关系，如两个术语含义完全相同的精确等同、目标概念是源概念上位词的向上等同、目标概念是源概念下位词的向下等同、含义基本相同或只有部分相同的近义等同，以及与某一概念虽既不具有同义或准同义关系，亦不具有向上匹配与向下匹配的关系，但在语义上或使用中与其有密切联系的相关等同。如若是复杂术语，必要时需要先对其概念进行解析和拆分，再进行组配和映射关联。三是基于术语分类关联的语义关系，即通过学科、主题、词性等分类描述，从不同语义层次揭示术语的语义关联关系。

4.2.3 基于引证的语义关系

基于引证的语义关系，主要是指以引文链接为基础，通过人工规范、自动规范和DOI关联，形成作者、机构、基金和引文题名等相关信息的关系聚合。具体而言，可划分为4种语义关系类型：一是耦合关系聚合，通过文献耦合来客观测度文献的相关性；二是引证路径聚合，通过研究引证关系网络图来量化文献的相似性；三是引证强度聚合，通过引证关系的强度计算文献之间的相关性；四是引证扩展聚合，文献的引证关系可扩展至作者、机构等科研实体之间的相互引证，能够揭示出文献中的知识相关性。

由此可见，基于引证的语义关系揭示方法，主要包括共引分析和文献耦合分析。具体来看，共引分析（co-citation analysis）是在1973年由美国情报学家 Small 和苏联女情报学家 I.V.Marshakova 分别在研究引证结构和文献分类时提出的分析方法，它是指两篇（或多篇）文献被后来的其他文献所共同引用，则称两篇（或多篇）文献之间具有共引关系[1][2]。其中，共引关系也可被分为强关系和弱关系，主要由共引次数所决定。共引次数越多就表明它们越相近，预示两篇（或多篇）共引文献在一定程度上具有相似性，共引次数是测度科技文献内容相关度的重要指标之一。共引分析的概念不仅局限于文献共引，还能反映著者共引、学科共引、期刊共引、主题共引等特征对象之间的关系。

那么，结合上述的语义关系类型，共引分析方法在语义关系挖掘方面主要有以下 3 个方面的应用：一是揭示科学结构，并描绘科学发展的历程。共引分析最初的应用就是通过对引文共被引关系的关联强度分析，以可视化的形式将某一研究主题、学科、机构、作者等要素之间的关联关系表达出来，并通过时间的变化探究学科或专业的发展动态[3]。由此，对某学科领域的研究成果进行共引分析，不仅可以在理论上为建立学科领域的知识结构模型提供参考，而且可以利用共引关系的动态性，定期观察共引模型的变化，以便掌握目标学科领域的交叉、渗透和衍生趋势，从而揭示学科领域的演进发展规律。同时，通过研究共引聚类结果中每个文献簇的大小（簇包含的文献数），还能认识和探讨一个学科的内部结构及其紧密程度。二是识别科学前沿。研究前沿的识别属于学术结构研究的一部分，其实质就是挖掘某一研究领域内处于领先位置的成果和思想。三是构建学术交流模式，识别卓越科研主体。例如，论文 A 引用论文 B 是一种知识传承的渠道，这说明论文 B 给论文 A 提供了理论或方法等内容的学术创新启示[4]，而这些参考文献或引文形成的知识链则形成一种科学文献网络，从而形成了一种学术交流模式。因而，共引分析方法可以用来反映学术交流的模式，如识别卓越的科学共同体（卓越科学家、卓越机构、卓越地区/国家等科研主体）。

此外，文献耦合分析方法是以两篇（或多篇）文献共同引用的参考文献的数量，判别两篇（或多篇）文献的内容关联程度[5]。文献耦合分析方法在语义

---

[1] SMALL H. Co-citation in the scientific literature: a new measure of the relationship between two documents [J].Journal of the American society for information science, 1973, 24（4）: 265-269.

[2] 马瑞敏, 邱均平. 基于 CSSCI 的论文同被引实证计量研究：以图书馆学、情报学为例 [J]. 图书情报知识, 2005（7）: 77-79, 98.

[3] 王建芳, 冷伏海. 共引分析理论与实践进展 [J]. 中国图书馆学报, 2006（1）: 85-88.

[4] 胡吉明. 作者同被引视角下的我国信息服务研究分析 [J]. 情报杂志, 2009, 28(10): 170-174.

[5] 王立学, 冷伏海. 简论研究前沿及其文献计量识别方法 [J]. 情报理论与实践, 2010, 33（3）: 54-58.

关系挖掘方面主要应用于研究前沿的识别，与共引分析相比，文献耦合最大的优势就是可以发现新兴领域发展的初始阶段，有助于确定突破性技术[①][②]。

4.2.4 基于论证的语义关系

论证是逻辑学中的一个技术性术语。任一论证，都是在其他某些命题基础上断定一命题，这样则形成一个推论（inference），而这些命题继而形成命题簇，论证即是探究这种推论过程的起始命题、结束命题，以及命题之间的结构关系[③]。一般而言，论证属于实证科学，其基础即为论点和论据。由此，基于论证的语义关系，是属于基于逻辑衍推的关系构建过程，可根据逻辑学的一般原理，在自然语言处理的基础上提取特定情境下的论点和论据（claim-evidence-context）[④]，形成智能化、自动化语义推理框架，以用于后期在内容层面构建具有某种逻辑关系的语义出版产品形式。例如，根据科学文献自身的论证结构形成自动文摘，根据科学文献描述内容的因果关系，形成如"症状-疾病"的语义推理产品，根据某一主题和论证本体动态形成基于该主题的智能综述。

此外，根据对研究型论文、应用型论文、综述性论文和观点类论文等四大传统型科学论文的论证要求梳理可知（表4.7），科学论文的论据覆盖范围较为广泛，既包括数据、图片、表格、公式、情境，又包括本体、工具、软件代码等，还包括理论、原理、方法（试验方法、调查方法、数据分析方法等）或技术。由此，本研究的论据可以被定义为，对论点和结论具有支撑作用的客观事物，事物单位涵盖篇章、段落、词句及其蕴含的知识单元。

表4.7 科学论文类型及其论证要求

类型	具体要求
研究型论文	原创性研究，在总结国内外同类研究现状、趋势和问题（局限）的基础上，提出创新性理论、观点、方法或技术，通过科学研究方法，包括实验方法、调查方法、数据分析方法等，对所提出的观点、方法或技术进行验证，将研究结果与前人/别人结果进行对比，对研究中存在的问题及今后研究方向进行分析

---

① KUUSI O, MEYER M. Anticipating technological breakthroughs using bibliographic coupling to explore the nanotubes paradigm [J]. Scientometrics, 2007, 70（3）: 759-777.
② 刘志辉, 张志强. 研究领域分析方法研究述评 [J]. 图书情报知识, 2009（4）: 81-88.
③ 柯匹, 科恩. 逻辑学导论 [M]. 张建军, 潘天群, 顿新国, 等, 译. 13版. 北京: 中国人民大学出版社, 2014: 9-12.
④ CICCARESE P, OCANA M, CLARK T. Open semantic annotation of scientific publications using DOMEO [J]. Journal of biomedical semantics, 2012, 3（1）: 1-14.

续表

类型	具体要求
应用型论文	以作者工作实践为依托，通过采用某项新政策、新方法、新技术或新工具来实现某项新服务、新功能或新能力。这类论文要求"应用"本身具备一定的新颖性，不应是对这些政策、工具、方法等的简单描述，或者重复介绍一些公知公用的成熟应用
综述性论文	对某个方面专题搜集大量文献资料后，经综合分析而写成的一种学术论文，用于反映当前某一领域中某分支学科或重要专题的新进展、新动态、新趋势、新原理、新技术及新学术见解等
观点类论文	阐述作者关于某个具有重大影响的领域或方向的现状和趋势的新理论、新认识，应建立在对以往研究的系统把握和对创新趋势的深入洞察上

由此，基于论证的语义关系结构如图 4.5 所示。具体而言，基于论证的语义关系需要由 3 个方面构成，即论点、论据和论证。其中，论点可以直接被视为科学论文的观点或结论，支撑论点的论据应是从出版内容资源直接抽取的知识单元或知识片段，主要包括理论论据（如定理、公式）和事实论据（如具体事实、概括事实和数字/数据集），具体对象可参照上述论据的覆盖范围。同时，在支撑论点、组织论据的论证过程中，可以优先选择以归纳法和比较法的形式系统罗列论据的论证结构，归纳法包括以案例集、自动文摘等例证或概括的形式有序化罗列知识单元，比较法则是指对知识单元的差异性进行对比和类比。例如，对某一观点的引用就可采用对比法，这有助于从正面引用和负面引用两个方面全面揭示对某一观点的多方对立或统一的认知。

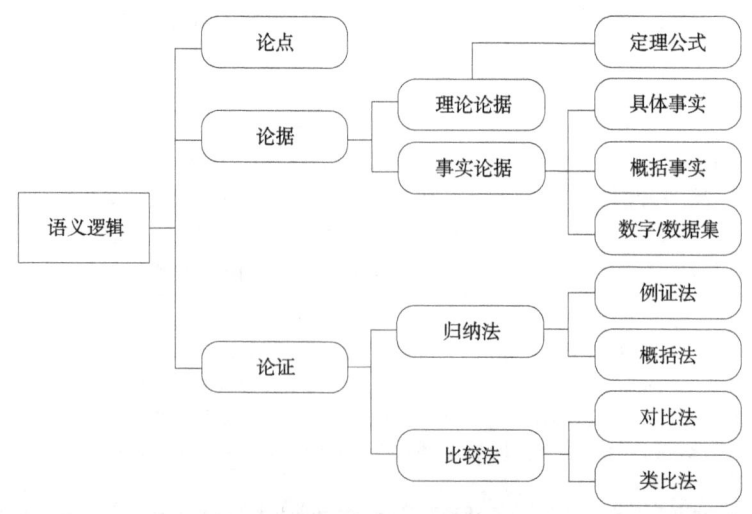

图 4.5　基于论证的语义关系结构

4.2.5 基于科研本体的语义关系

科研本体是指科研过程中涉及的重要对象与关系构成的结构和规律，主要包括科研活动（research activity）、科研产出（research outcome）、科研主体（research body）、科研设施（research establishment）和基本概念（bacis concepts）五大范畴①。那么，从语义出版的可操作性和可用性来看，基于科研本体的语义关系，主要描述对象是隶属上述范畴的人员、科研机构、科研项目、科研活动和科研成果（图4.6），对上述五大科研对象进行本体化语义关系描述，能够全面、系统地反映科研本体的属性与关系。

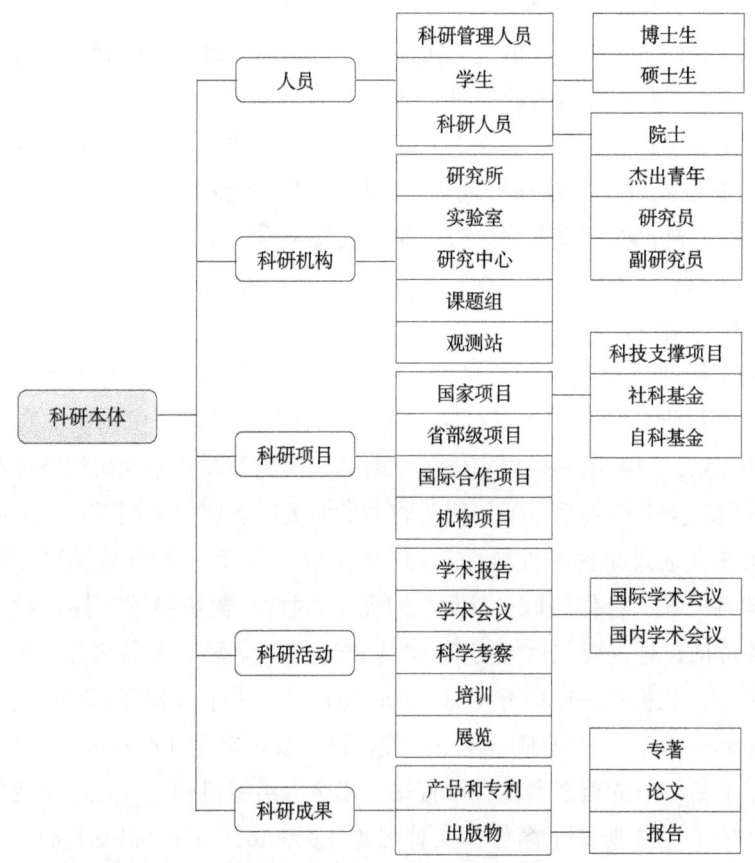

图4.6 科研本体的分类示意

基于此，对一定规模科研对象数据集进行采集、匹配、归一，可将同一

---

① 洪娜，张智雄. Protégé 在科研本体构建与推理中的实践研究[J]. 现代图书情报技术，2009，25（Z1）：1-5.

科研对象的相关属性信息和所有名称形式进行关联，能够形成确保唯一性和稳定性的规范文档，将有助于语义出版在内容加工层面对科研对象的有序集成，以及在内容服务层面根据科研本体层级关系、组织结构和属性特征对科研对象进行语义推理和可视化展示，可借助等级层次分明的科研本体分析计算科研对象之间关联关系的强弱程度，为后期语义出版服务提供强关联的科研实体推荐功能。此外，基于科研本体的语义关系，也可借助规范文档的持续建设，对原有构建的语义关系进行不断验证和增补。具体来看，基于科研本体的语义关系可以从以下 3 个方面产生：一是同类科研本体聚合，可对某一特定科研对象的属性特征和关系结构进行聚合；二是多类本体聚合，可揭示异类科研对象之间的关联关系；三是跨语言聚合，即利用科研本体和双语词典，实现多语言的科研对象知识关联。

下面，本研究以科研机构为对象，示范性构建基于科研机构关联的语义关系。通过揭示、规范和梳理科研机构的属性特征及其层次关系，可形成语境化的科研机构多维网络，有助于提高检索系统中应用机构名称的查全率与查准率，提升围绕科研机构的统计分析与评价的可信度，有助于辅助机构分级、快速锁定目标机构。

基于科研机构关联的语义关系，包括基于科研机构内部关联的语义关系和基于科研机构外部关联的语义关系，前者是指某一机构实体自身产生的关联关系，包括单一机构实体各个名称之间的关联关系和机构整体与其内在各部门的上下级关系，如用代关联、参照关联、属分关联等；后者是指多个机构实体通过某种共性或活动而产生的关联关系，如地域关联、行业关联、学科关联、合作关联、从属关联等。因此，需要描述和揭示科研机构的属性特征，这主要包括机构唯一标识符、规范名称、交替名称、主题元素等。其中，机构唯一标识符（dc：identifier）[①]是指自动赋予机构的随机或固定规律的字符串，具有唯一性和可关联性；规范名称（dc：title）是指实体机构多个名称中的首选名称，可直接应用全国组织机构统一社会信用代码数据服务中心的注册登记名称；交替名称（dcterms：alternative）是与规范名称共同指代同一机构实体的其他名称形式，包括译名、别名、简称、俗称等；主题元素（dc：subject）可从行业（industry）、学科（subject catalog）等方面进行自定义扩展。除描述性元数据外，还需定义管理型元数据。例

---

① 注：继续复用都柏林核心元数据元素及其扩展版 DCMI 元素进行表示。

如，声明机构名称经过规范化处理的日期、方式、责任人等，并可将日期（dc：date）元素扩充为创建日期（dcterms：created）和变更日期（dcterms：modified）。

此外，在对同一科研机构实体进行关系描述时，用代关联（use）可用于描述规范名称与交替名称的关联关系，参照关联（dcterms：references）可用于描述曾用名之间的关联关系，属分关联可用于描述包含（dcterms：hasPart）、被包含（dcterms：isPartof）两种关系，实体机构与其前身机构、后继机构可通过替代关联（dcterms：replaces）、被替代关联（dcterms：isReplacedby）表示。由此，基于科研机构关联的部分语义关系示例如图 4.7 所示。此外，需要说明的是，属分关联、隶属关联和附属关联三者之间的界定，可以独立法人资格为判断标准。例如，某机构具有该资格，而其下属部门不具备该资格，则其与不具备该资格的下属各部门之间的关系可定义为属分关联，其与具有独立法人资格的下属机构之间的关系可定义为附属关联，其与具有独立法人资格的上级管理机构之间的关系可定义为隶属关联。

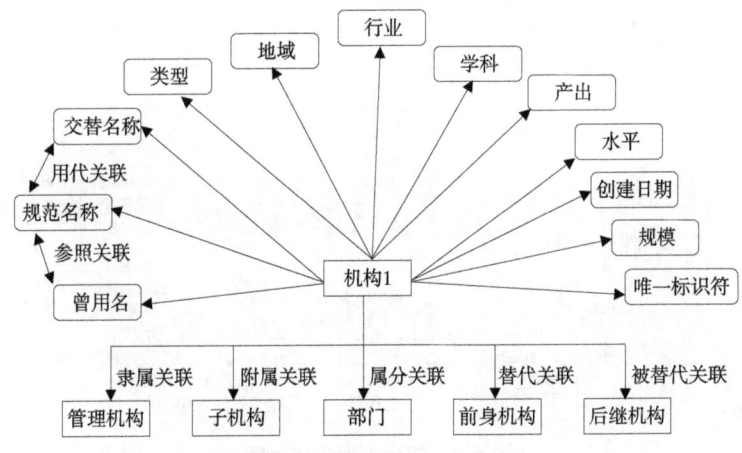

图 4.7　基于科研机构关联的部分语义关系示例

4.3　语义网络的聚合

4.3.1　基于主题集成的语义网络

基于主题集成的语义网络，是以书目关联、概念关联、引证关联、论证关联为核心构建的语义网络，既包括主题本身的结构属性，也包括时间序列下的主题演进网络，还包括主题与其他相关资源的关联关系。谷歌作为语义搜索与知识组织的开拓者和实践者,于2012年发布的"知识图"(Knowledge Graph),可以说是基于主题集成的语义网络代表产品之一。它允许用户通过搜索任意关键词便可迅速查询关联信息、查找精准性事物、获得最优的结构化摘要、探析检索对象的隐性知识,其底层数据包括Freebase、维基百科和美国中央情报局发布的《世界概况》等公共数据资源构成的5亿多对象实体和350亿实体之间的关联信息。

除去底层数据资源支持外,基于主题集成的语义网络需要借助知识主题本体①(图4.8),才能快速构建面向某一主题的结构完整的知识体系。例如,可围绕某一农作物构建学科结构,并以此关联农作物的分布地图、相关统计数据、科学研究产出、维基百科事实、世界银行数据、濒临危机的生物数据等,采用Mesh的语义本体集中某一药物的临床试验数据、药物发布正式数据、副作用记录、使用报道等。

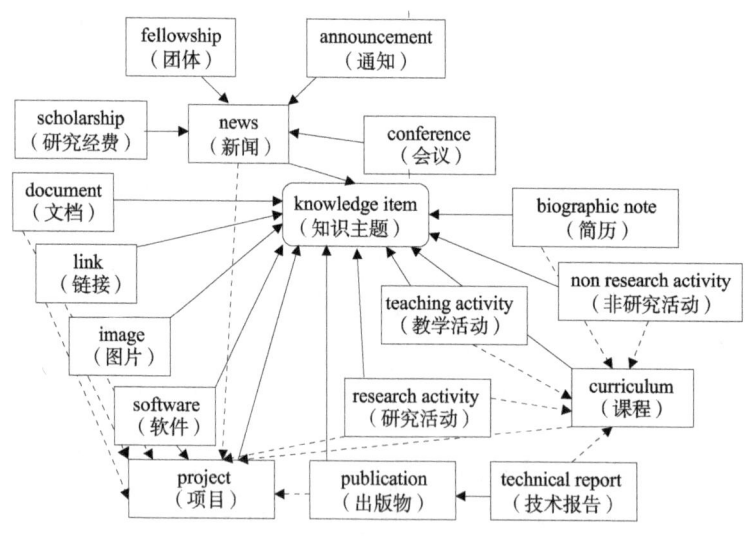

图 4.8　知识主题本体示例

在综合梳理已有知识主题本体示例和适用于语义出版的关联要素后,基于主题集成的语义网络可从以下5个部分构建(图4.9)。一是文献知识载体,如围绕于某一主题的期刊论文、学位论文、科技报告、标准、图书等。二是文献分析要素,主要是以书目关联和引证关联为基础,通过联合期刊名

---

① ETTORRE M, PONTIERI P, RUFFOLO M, et al. A prototypal environment for collaborative work within a research organization [C] // International Workshop on Database and Expert Systems Applications. IEEE, 2003: 274-279.

称、会议名称、作者、发表机构、关键词、基金项目、发表时间、参考文献等书目元素和内容元素进行关联分析，并以论文为基点链接社交元素，着重梳理该主题的研究热点与发展趋势，提供社交关注与评价情况，凸显核心作者、核心机构、核心期刊、核心会议、核心项目等知识要素及其相关关系。三是文献科学陈述要素，是指经过自然语言处理，由文献自动抽取而成的观点、理论、工具、指标和方法等，并根据规则对上述要素的权威性、影响力和前沿性进行评价和筛选，以论证关联为基础，从而形成基于科学陈述要素的自动综述。四是文献独立知识单元，即从文献内部提取的软件、公式、视频、表格、图片、数据集等。五是外部关联要素，该部分是对原有文献内容的语义化、交互式、规范性扩展，包括通过应用 Mesh、DBpedia、《汉语主题词表》等知识组织工具和官方机构发布的权威财经数据、地理数据、生物数据等，融合某一主题的专家释义、典型案例和新闻等对象，结构化展示主题与上下位类目、相关类目的体系关系，立体化链接用户可交互的三维图像数据。

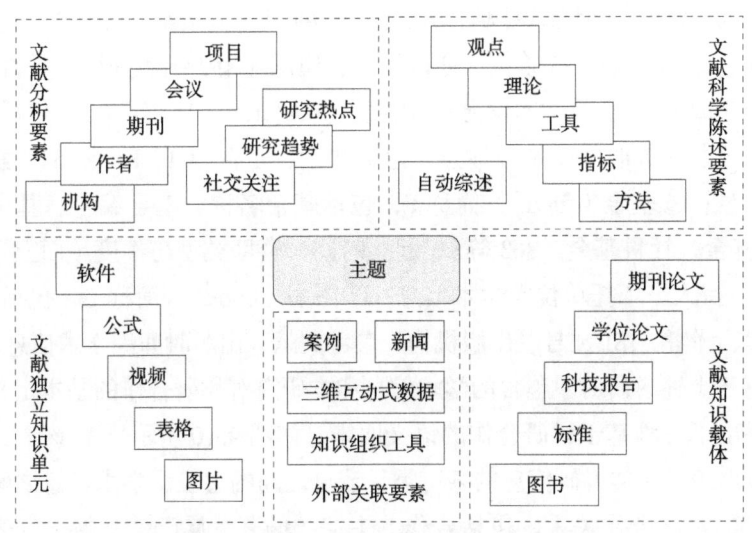

图 4.9 基于主题集成的语义网络示例

4.3.2 基于科研合作的语义网络

关于科研合作的内涵，学者的见解各有不同，赵蓉英等对科研合作做了如下解释，它是指两个及两个以上科研人员或机构组织，以资源共享和学科交流的形式相互配合，最终完成共同科研目标，实现科研效益最大化的科学活动，可以利用署名来界定合作关系[①]。李大玲认为，学术合作是指两个或两个以上的个人或者群体，为了探索、发展、应用、传播、延续知识而进行的协同互助的科学活动。邱均平从论文的角度出发，将作者之间的科研合作关系归纳为作者合作关系和作者链接关系，其中，作者链接关系可被认为是作者引用关系。

由此，本研究中的基于科研合作的语义网络，主要是指依据书目关联、科研本体关联和引证关联，在具体研究合作中由合作主题、合作强度、合作路径等构成的知识网络。本研究从目前的出版信息资源中抽取出论文、作者、机构、期刊、会议、基金、图书 7 类科研对象，其中，主题蕴含于论文中的关键词信息，由此形成了 8 类科研信息。

当前，7 类科研对象涵盖内容如下：①论文（paper），简称 P，包括题目、作者、单位、摘要、关键词、参考文献、发表期刊或会议等学术信息；②作者（author），简称 A，包括作者姓名、性别、出生年月、职称、单位、邮箱、研究兴趣等学术信息；③机构（institute），简称 I，包括机构名称、负责人、机构地址、通讯邮编等学术信息；④期刊（journal），简称 J，包括期刊名称、ISSN 号、主办单位、通讯地址、通讯邮箱、出版周期、是否核心、是否 SCI 或 EI 索引等学术信息；⑤会议（conference），简称 C，包括名称、主办单位、举办时间、举办地点、论文数量、是否 SCI、EI 或 ISTP 索引等学术信息；⑥基金（fund），简称 F，包括基金名称、基金编号、基金类别（自科基金、社科基金、863 等）、起止时间、资助类型与额度（面上、重点等）、主持人、依托单位等学术信息；⑦图书（book），简称 B，包括题名、著作者、译者、ISBN 号、出版机构、参考文献、出版时间等学术信息。

基于上述科研对象蕴含的学术信息和本研究对科研合作的基本定义，本研究提出了一种基于科研合作的语义网络，如图 4.10 所示。在该语义网络中，节点表示 8 类科研信息的某一类，节点之间的边表示学术信息之间的某种特定的科研合作关系，包括合作、主持、编著、属于、支持、发表、研究、引用、支持等。由此，通过构建基于科研合作的语义网络能够对论文、作者、机构、期刊、会议、基金、图书进行有效关联和聚集，在此基础上进行的语义分析与推理将会有助于判别围绕某一主题的合作团体、高发文期刊、高影响力会议及作者研究主题的相似度等内容。

---

① 赵蓉英，温芳芳.科研合作与知识交流［J］.图书情报工作，2011，55（20）：6-10，27.

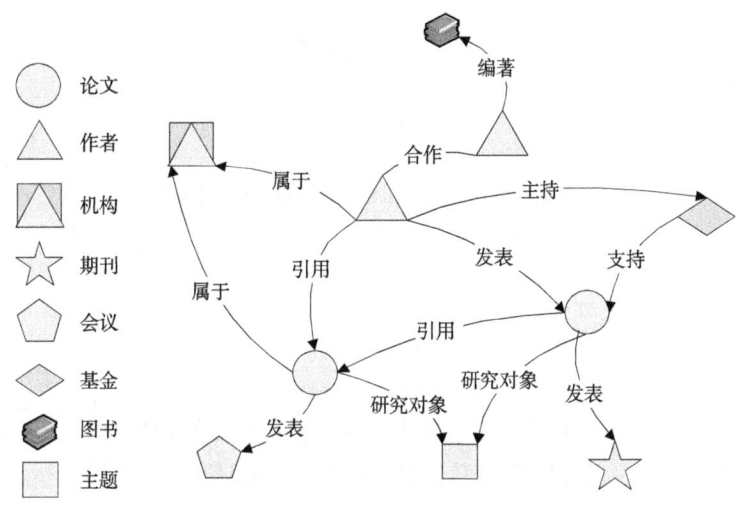

图 4.10 基于科研合作的语义网络示例

4.3.3 基于社群交互的语义网络

基于社群交互的语义网络，是指在互联网与生俱来的开放协作特质和用户网络社交分享意愿的影响下，以社交行为关联为核心构建的语义网络，主要包括社交元素、书目元素和内容元素。

20世纪原创媒介理论家马歇尔-麦克卢汉认为，电子媒体的出现使得人类交往和传播不再以物理空间的接近性为前提，而是将人类在更大范围内重新部落化，整个世界变成了多个地球村[①]。如今，我们将这种部落化或地球村称为社群，而驱动社群形成的关键因素则是共同的价值诉求，在学术社群领域则可理解为科研兴趣的一致性。理论上，用户在互联网上的每一个行为都会留下痕迹。据美国媒介素养中心（Center for Media Literacy，CML）提出的社会化媒体素养的基本概念[②]（表4.8）可以看到，社交行为具有一定目的，创建者具有主观意识、创建规则和明确的发布目的，可以依据此聚集具有某种相同目的或行为的科研实体，相比起传统学术期刊的引用等行为，可以更加清晰和快速地勾勒出多种复杂的学术关系，帮助用户快速、准确地搜索到自己感兴趣且可信度高的信息内容，避免了大量信息带来的搜索疲劳。

---

① 李凌凌. 传播学概论 [M]. 2版. 郑州：郑州大学出版社，2014：141–142.
② CML. Five key questions form foundation for media inquiry [EB/OL]. [2017-01-10]. http://www.medialit.org/reading-room/five-key-questions-form-foundation-media-inquiry.

表 4.8 社会化媒体素养的基本概念

序号	关键词	五大核心概念
1	著作权（authorship）	媒介信息是"主观构建"的结果（All media messages are "constructed"）
2	格式（format）	媒介信息是由符合自身规则的创造性语言构建（Media messages are constructed using a creative language with its own rules）
3	受众（audience）	不同受众对同一信息对象会产生不同理解（Different people experience the same media message differently）
4	内容（content）	媒介信息嵌入观点和价值取向（Media have embedded values and points of view）
5	目的（purpose）	大部分媒介信息的组织目的是获取商业价值/影响力（Most media are organized to gain profit and/or power）

基于社群交互的语义网络，是指通过用户与内容作品、作者、编辑之间的互动行为，使得订阅、浏览、阅读时长、笔记数、浏览量、转发、点赞、评论等社交元素与书目元素、内容元素的描述标签相结合，从而实现内容资源的动态评测和智能化推送，如基于点赞行为的关注点语义关联、基于用户浏览行为的研究热点与语义相关性计算推荐。目前，该语义网络可由以下几个部分组成（表 4.9），其中，关联主体是指社交元素和特征指标所涉及的主体对象，即主要围绕用户和文章两类主体构建基于社群交互的语义网络。

表 4.9 基于社群交互的语义网络组成部分

社交元素	特征指标	关联主体	社交元素	特征指标	关联主体
访问主页	来访人数	用户	添加好友	好友数量	用户
发表留言	留言数量	用户	收藏文章	收藏数量	用户
	被留言量	用户		被收藏量	文章
发表主题	主题数量	用户	引用文章	引用数量	用户
发表博文	博文数量	用户		被引用量	文章
浏览文章	浏览数量	用户	评论文章	评论数量	用户
	被浏览量	文章		被评论量	文章
分享文章	分享数量	用户	推荐文章	推荐数量	用户
	被分享量	文章		被推荐量	文章

4.4 小结

语义出版的内容组织，重点关注语义元素的识别、语义关系的揭示和语义网络的聚合。需要注意的是，语义元素是语义网络的基本组成部分，只有以语义网络作为参照体系，语义元素才具有知识的价值。其中，语义元素包括书目元素、内容元素和社交元素，书目元素可由 DC 元数据进行描述，内容元素是语义出版语义元素识别的核心内容，社交元素是在现有学术社交网络环境下亟待关注的语义元素，包括检索、浏览文摘及转发全文等行为元素。由此，语义元素的交叉组合可形成基于书目、概念、引证、论证和科研本体的语义关系，并进一步构建基于主题集成、科研合作和社群交互的语义网络。对此，从编辑工作环节来看，语义出版的内容组织是通过对数字产品内容的细颗粒度加工，包括资源编辑（文本、图片、音频、视频、表格）、元数据编辑（书、篇章、专题、专辑）、分类编辑（类型、属性、地域、人物）、标引编辑（关键字、标签、语义、关联、超链接）、主题词编辑（叙词）、属性编辑（名称、日期、数目、事由、语种）等具体化操作，应用领域/科研本体、引文分析方法、规范文档等知识组织体系和工具，从而实现对书、期刊、篇章、专辑、专题等不同来源、不同载体、不同结构对象的整合，最终在此基础上形成语义出版服务产品。

第 5 章 语义出版的服务形态

在知识经济时代，以用户为导向的语义出版服务，是将技术创新研发与出版内容资源相结合的知识服务新业态。语义出版的服务形态，需要在明确用户需求的基础上，以市场导向和双效驱动为目标，集成和应用现有知识、技术、专利等资源，推进知识理解、知识扩散和知识创新，拓展市场用户，创新经营和商业模式。本章将根据科研生命周期和科学交流活动的服务需求，从系统化、模块化、移动化视角设计语义出版的服务方式，结合现有语义出版服务平台，有针对性地提出语义出版的产品形式，以面向用户供给具有竞争力和高附加值的语义出版服务产品，从而扩展出版业的服务市场和数字发展空间。

5.1 语义出版的服务需求

在现代信息环境中，数字资源呈现海量化、指数式、异构性的增长态势，并分散于图书、期刊、报纸、音频、视频等文献载体，以及社交媒体、学科仓储等互联网平台。同时，搜索引擎的算法主要依赖于关键词匹配机制，而不考虑关键词的多义性、位于短语中组合关键词的复杂性、被用于不同语境中的关键词的差异性。由此，人们借助网络查找和获取专业、有用内容资源的能力被迅速弱化。对此，麦克米兰出版集团教育与科技部首席执行官 Annette Thomas 便指出，出版商的新任务是在科学研究过程中的每一个环节为科研人员提供支持。国际知名信息咨询公司 Outsell 也在 "Evolution of the STM publishing platform: an industry overview and roadmap" 报告中提出，基于用户需求及其行为习惯提供科技出版服务是数字出版的必然发展趋势之一[①]。因此，出版机构开展语义出版服务，需要高度关注如何以用户为出发点构建语义出版服务产品，并以此引领学术信息利用需求的战略思维，以实现和保障语义出版的可持续发展。本研究重点从科研生命周期和科学交流活动两个方面系统梳理语义出版的服务需求，以帮助出版机构在开展语义出版知识服务的过程中对服务需求进行充分考虑和有效融合，凸显语义出版服务的独特性与差异性，从而促使用户购买行为的形成。

5.1.1 科研生命周期的服务需求

科研生命周期是指围绕于科研项目全生命周期的各个环节，包括项目发布、项目申请、项目评审、项目执行、项目验收等[②]。以科研生命周期为核心的语义出版服务需求，是指以政府科研项目为纽带实现的科研创新全过程信息服务，要求语义出版建设主体在集成关联多类型、多来源科研成果的同时，更好地为各级各类科研人员提供更具有针对性的信息服务，以支撑科研项目实施的每一个创新环节。例如，在指南形成和发布阶段，用户需要指南解读、选题热点推荐与评估等服务；在项目申报阶段，用户需要国内外领域研究进展、研究综述、合作团队识别、内容相似性检测等服务；在项目实施阶段，用户需要科技报告、学术论文、标准专利等主题文献的支持；在项目验收阶段，用户需要内容查重、领域对比分析、统计分析等服务；在项目转化阶段，用户需要专利、标准和设计图纸等技术信息的支持。

其中，课题申报阶段的核心需求点主要集中于以下两点。一是用户寻求在短时间内全面地了解特定主题对象的科研全景，既包括对研究热点和研究前沿的高效认知，还包括对权威专家和发展潜力较大的科研学者的有效识别。二是用户需要对自身提出的项目核心研究内容和重要观点进行相似性检测，以评估科研项目的方法工具、技术工具、结构框架、实施效果等方面

---

① WARE M, RICCI L. Evolution of the STM publishing platform: an industry overview and roadmap [R]. Minneapolis: Outsell, 2012.
② 贺德方, 曾建勋. 科技报告体系构建研究 [M]. 北京: 科学技术文献出版社, 2014: 202.

的新颖性和可行性。因此，这就要求语义出版服务的底层数据能得到来自不同载体的文献簇支持，还要求对文献内容进行可视化、结构化与计量化分析，以及对数据集、实验工具等补充材料进行有效整合，以帮助用户系统掌握学科领域内的知识结构、挖掘领域内高影响力作者、判断强相关性的合作个体／团体和确保研究内容的独创性。同时，语义出版服务还需在项目实施阶段采集和分析用户的检索与浏览记录，获取用户某一场景要求下的信息需求，智能推荐相关核心内容资源，以减少无效阅读内容、节约用户时间成本、提高信息获取效率。在项目转化阶段，指导用户将项目成果以论文形式对外发布、推广和交流，包括在对学术期刊的影响因子、审稿时长、发表速度、学科主题、用户定位等因素进行综合分析的基础上，选定匹配度较高的目标期刊，并根据期刊要求规范写作格式等，以保证较高的稿件录用概率。

此外，科研生命周期的各个环节都会产生大量科技信息成果和有形科研实物成果，既有科技报告、论文、专利、标准、软件、实验数据等，也有样机、仪器、设备等，还会产生基于科研项目的共享行为、讨论行为和互动行为。因此，在开展语义出版服务时，需要树立一种"语义出版产品社区化"的概念，即围绕科研项目将用户交互、成果集成、知识服务三者相融合，而不仅局限于知识内容服务，还应涵盖完整收集、保存科研过程产生的数字化科研成果，实现项目课题、专家人才、文献成果、财务资金、文书档案等数据资源的全过程集成组织和有序共享，促进形成我国学术界原生的本土化数字科研档案和科研大数据资源，并面向科研单位、科技人员、领域专家组成的"虚拟组织"，提供对各类科技成果和信息服务的共享与交互功能，以加强各类服务对象的沟通与合作。例如，允许用户对特定的文献新增或编辑标签，其也可以通过选定公众公开、只对所属单位开放或只对特定群组开放的选项，将此标签与其他用户分享。

5.1.2 科学交流活动的服务需求

传统正式的科学交流活动是由基金、学者、出版商和学术图书馆的单线交流构成，各自承担着科学交流活动中的角色分工。例如，基金负责创建研究方向和提供资金、资料等资源支持，学者负责开展学术研究和进行同行评议工作，出版商集中于选题、校对和生产发布，学术图书馆负责资源采访、存储和信息服务（图5.1）。

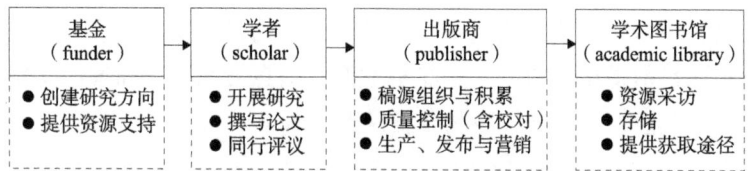

图 5.1 正式科学交流活动的组成主体及其角色分工

开放出版、数据仓储、社交网络等新型交流与出版方式的不断涌现，冲击着原有的闭合式科学交流信息链，并形成了基于开放信息环境的科学交流新方式。在此过程中，科学交流活动可以被划分为 7 个阶段[①]，依次为识别机会、寻求合作、基金资助、浏览文献、收集数据、分析材料、发布成果。这与正式交流活动的组成部分有一定重合性，但在各个阶段则显露出差异性特征。例如，以 Facebook、Twitter、Mendeley、ResearchGate、科学网等大众型/学术型社会化媒体为代表的非正式学术交流渠道已成为寻求合作伙伴、获取学术信息、加速成果流通的重要渠道，实现了学术话语权的下放和转移；尽管受限于使用习惯、载体局限性、信息自适应性等因素，但学术资源的移动获取与浏览已是微阅读时代科研用户信息积累的主要方式[②]；以跳跃式浏览为主的策略性阅读、检索结果的分散式管理也是用户在信息利用阶段重要的行为特征[③][④]；作者、用户、编辑三者之间的即时沟通与交互行为更为凸显，并且成果发布后作者要求拥有在线修订和补充成果材料的权利和途径[⑤]，这是对原有科学交流活动的延续。此外，在数字阅读方面，当当大数据显示[⑥]，用户正逐步从追逐免费和低成本，向追求社群和高品质内容转变。

在此环境下，如何在移动终端有效提取、整合并发布学术资源，如何基于个性化需求提供定制化、高品质知识服务内容，如何应用社交媒体用户行为数据加快科研成果的影响力评价，如何满足用户跳跃式阅读需求，如何利

---

① ROWLANDS I, NICHOLAS D, RUSSELL B, et al. Social media use in the research workflow [J]. Learned publishing, 2011, 24（3-4）：183-195.
② 苏静, 曾元祥. 我国青年学者学术阅读与出版行为研究[J]. 出版科学, 2017, 25（2）：64-67.
③ BOUKACEM Z C. Online article searching on publisher platforms by STM French scholars：findings and analysis[J]. The Canadian journal of information and library science, 2012, 36（3）：88-105.
④ RENEAR A H, PALMER C L. Strategic reading, ontologies, and the future of scientific publishing [J]. Science, 2009, 325（5942）：828-832.
⑤ 苏静, 袁小群, 王星. 国外面向用户的科技出版平台构建要素与展望[J]. 科技管理研究, 2015（17）：161-164.
⑥ 百道网.2011—2015 当当数字阅读报告[EB/OL]．[2017-02-21]. http://www.bookdao.com/article/214435/.

用语义出版平台促进成果交流与协同共享,如何在高质量内容服务基础上提升商业利润是值得出版机构、信息集成商、信息技术服务商等语义出版服务主体进一步关注、思考和解决的重要课题。

5.2 语义出版的服务方式

当前正处在内容发展的黄金时代,出版机构也在不断提升传统能力,尝试互动性内容和新型商业模式,积极迎接着信息网络和创新来拓展角色定位[①]。目前,内容盈利已成为数字出版物的典型盈利模式之一。以内容服务为核心的语义出版,需要重新审视传统出版的服务方式,再造基于科研生命周期和科学交流活动的语义出版服务方式,可结合用户的知识程度、需求场景和浏览方式的不同,以系统化、模块化、移动化为导向,分别提供面向系统学习的知识化服务、面向场景识别的精准化服务和面向移动应用的碎片化服务。

5.2.1 面向系统学习的知识化服务

知识化服务是关于隐性知识显性化和显性知识吸收化的服务过程,而系统学习方式则适用于高度结构化的学科知识[②]。因此,面向系统学习的知识化服务,可以理解为用户对某一学科领域具有强烈的探寻、学习与研究的意识,出版机构基于该需求提供体系化强、稳定性高的知识内容服务。就服务内容而言,面向系统学习的知识化服务有:对内容资源的客观描述与关联的增值服务,以达到显性知识吸收化的目标;开展知识挖掘与评价服务,包括独立知识表示结构的数据服务,以及模型、图表、方法的对比分析服务等,以达到隐性知识显性化的目标。

同时,根据用户知识需求的不同层次,可将面向系统学习的知识化服务分为以下3个阶段:一是初级阶段的知识化服务,主要完成知识点的讲解和系统归纳;二是中级阶段的知识化服务,主要借助知识体系展示知识点之间的关联关系;三是高级阶段的知识化服务,主要揭示学科领域内的结构全貌和发展趋势。

---

① CHI Y. The e-volution of publishing: challenges and opportunities in the digital age [J]. Publishing research quarterly, 2014, 30 (4): 344-351.
② 王竹立. 系统学习与碎片式学习 [J]. 现代远程教育研究, 2014 (4): 63.

由此可见，面向系统学习的知识化服务，可以被称为标准化服务流程设计与应用方式①，即根据初级、中级、高级 3 个阶段的知识服务需求，借助语义碎片化技术，构建面向不同阶段的知识服务本体，动态重组形成各类知识服务产品，实现内容资源的规模化传播，满足具有同质性需求特征的目标用户需要。需要注意的是，在服务交付使用过程中，标准化服务与目标用户的互动相对较少，也制约了服务产品的适用范围，因此当该类型的服务产品不能满足用户的实时需求时，需要提供有效的用户反馈渠道，并根据用户反馈信息不断开发满足用户需求的服务功能或依据主要需求差异化开发具有核心功能的系列服务，从而使该类型服务更为成熟和稳定。

5.2.2 面向场景识别的精准化服务

所谓精准，即为精细和准确，前者要求场景化，后者要求智能化，源于以牛顿经典力学为代表的现代科学发展起来的工业时代，而智能的本质则是学习，这说明精准需要以用户行为为基础进行分析和学习，以提升精细度和准确度。面向场景识别的精准化服务，是用户行为知识与相关知识集成的知识服务②，主要指根据用户在使用信息服务或知识服务系统时查找信息的过程，判别用户信息利用场景，提取出版内容资源的语义网络，经过再评价和筛选形成差异化、个性化的定制服务，提供满足用户需求的解决方案。其中，用户的行为知识不是简单的检索过程，它是基于众多用户行为归纳的经验推荐，需要将用户的行为进行清洗、归纳和总结，整理出有价值、合理的检索行为过程，并存储于行为知识库。当一些初级用户或缺乏使用经验的用户需要得到有助于查找信息的知识时，就由服务系统将成功的查找行为和有效的查找策略提供给相应的用户。中国新闻出版研究院副院长张立就曾指出，传统出版企业需要向内容服务提供商转变，无论是对内容进行结构化的加工，还是语义化的加工，都要真正为用户提供定制化服务，这才是未来用户所需要的阅读模式。

具体而言，面向场景识别的精准化服务可以从以下两个方面展开。一是内容资源的个性化排序和在线推荐服务。例如，在用户检索浏览的同时，推荐用户可能感兴趣的内容资源，根据用户的兴趣模型返回个性化排序结果，根据用户的浏览或反馈对内容资源进行分类，根据以往相似性用户的浏

---

① 曲立，尹洁林.知识服务业精益运营模式研究 [M].北京：经济科学出版社，2015：60-70.
② 苏新宁.面向知识服务的知识组织理论与方法 [M].北京：科学出版社，2014：155-174.

览次数、浏览时间、评价等信息评价内容资源的价值，从而有助于用户扩展知识阅读，获取用户未曾想到的知识关系和文献资源。同样，这也适用于合作对象、机构、研究热点等内容对象的个性化排序与推荐。二是主要针对具有明确知识需求的用户，提供知识检索和知识解决方案服务。根据用户需求在知识库中自动搜索相关的规则、模式及其他的知识，基于论证和逻辑推理明确答案。

此外，面向场景识别的精准化服务，还需要提供与用户的持续化互动，研究情景敏感条件下用户可使用资源的配置方法。根据用户身份及其使用环境，按照版权约定、来源渠道信任度、数据质量等进行来源渠道优先级排序；根据不同用户类型及资源方的权益要求，研究用户文献资源获取流程、范围及方法策略，实现不同类型数字资源和不同服务方式之间的开放动态链接，提供从文献发现到文献传递的无缝链接；根据用户意图设置场景预测模块，为不同的场景设计不同的内容组织和展示方式。

5.2.3　面向移动应用的碎片化服务

2015年9月，美国知名互联网市场调研公司comScore发布《2015年美国移动应用报告》[1]，探讨了移动媒体消费、受众群体和用户习惯的发展动态，数据显示，在此之前的两年中，美国用户花费的数字媒体时间增长了近50%，其中，超过3/4的增长直接归因于移动应用，智能手机和平板电脑的活动时间占据了总体数字媒体时间的62%。同时，截至2016年6月，我国手机网民规模达6.56亿人，占整体网民数的92.5%[2]，国家信息中心等单位2016年发布的《中国分享经济发展报告》也显示，移动互联网的发展及智能终端的普及，实现了参与者的泛在互联。由此可见，随着移动通信网络环境的不断完善及智能手机的进一步普及，移动互联网应用向用户各类生活需求深入渗透。因此，面向移动应用开展碎片化服务，拥有着稳定增长的用户基数，而语义出版建设主体需要针对于此，着重利用手机、笔记本、平板电脑等终端设备，提供便携式学习内容，把握契机开展主题知识推送、用户答疑等碎片化服务，以提升用户参与度。

---

[1] LELLA A, LIPSMAN A, MARTIN B. The 2015 U.S. mobile app report [EB/OL]. [2017-01-05]. http://www.comscore.com/Insights/Presentations-and-Whitepapers/2015/The-2015-US-Mobile-App-Report.

[2] 中国互联网络信息中心. 第38次中国互联网络发展状况统计报告 [R/OL]. [2017-04-11]. http://www.cnnic.net.cn/hlwfzyj/hlwxzbg/hlwtjbg/201608/t20160803_54392.htm.

面向移动应用的碎片化服务，可包括：关于某一主题、对象、个人等，形成微型、精致化的内容服务产品，如标识内容字数和大致浏览所需时间的自动短摘要、主题鲜明的短视频、经传统文本资源转化的 60 秒语音播报、字数高度浓缩的"干货版"经典著作等，通过融合文字、图片、声音和视频等多媒体类型，延伸用户的视觉、听觉和触觉，并在一定时间范围内提取内容资源精华，以帮助用户初步、快速、高效理解某一特定内容的核心价值；在社交媒体与用户工作流融合趋势愈加明显的前提下，利用移动社交媒体扩展信息推送途径；通过对数字图书、多媒体报刊、智能数据库、移动电子书、手机报、移动音乐等数字化内容产品的形态特点进行多维度、全面化、专业性研究分析，关注碎片化服务在移动终端的性能表现，提出满足面向移动应用的产品特点与设计要点的服务产品，例如，应用适用于移动设备的 EPUB 文档的 Math ML 功能和 HTML 版本的 MathJax 功能，基于移动 Web 内容自适应技术和 HTML 5 开发标准，重新布局移动出版的视图排版和交互元素，允许用户利用云仓储实时更新和管理内容资源。

5.3　语义出版的产品形式

互联网、数字技术、语义技术等已经深入出版业的多个环节，促使出版业产品的组成结构、内容模式和载体形态等都在发生着深刻变化。语义出版的产品形式，代表着付给用户使用、换取商业价值的直接展示方式，是数字出版项目策划和开发的核心对象。整体而言，语义出版产品应具备以下特征：发掘并丰富文献内部的知识内涵和表现形式，大数据环境下知识点的关联和集成，提供可供网络自动发现的外部显示数据，自动链接与之相关的篇级文献、数据等材料，支持访问、操作和结果再现，以及面向科学计量的知识图谱构建和科研实体评价。就语义出版产品的类型而言，它既可以是一种基于传统出版物的内容增值形式，又可以是一种面向主题、评价和推理的出版资源集成平台（包括图片库、视频库等数据集），还可以是一种基于本体的知识体系自动化发布模型。目前，结合现有语义出版服务平台、语义出版产品特征和差异性用户需求来看，语义出版的产品形式可分为 3 种类型：一是基于文献增值的语义出版产品；二是基于集成揭示的语义出版产品；三是基于智能推理的语义出版产品。

5.3.1　基于文献增值的语义出版产品

基于文献增值的语义出版产品，是指针对特定形态文献进行原有知识内容的语义扩充，文献对象包括图书、期刊、学位论文、会议论文、报纸等，语义扩充方式表现为内部内容增强和外部数据关联，并依据用户个性化需求和信息行为特征进行知识的语义性关联、评价、排序和推荐，以丰富出版物内容、改善科学传播质量。

（1）内部内容增强

内部内容增强主要体现在两个方面：一是需要内嵌相应的研究工具及实验内容，并通过交互式表格（interactive tables）、可交互地图和图像式摘要（graphical abstract）等丰富文献知识内容。例如，在地球科学中，数值和交互式地图软件（如 Arc GIS 或 Google 地图）经常被用于研究工作中，因此，可在该学科文献中引入特定软件，以实现地理空间数据与其他类型数据之间的融合。类似地，在材料科学和工程中，需要更多关于图表及其细节展示的研究工具，而 Mat Lab、Mathematica 已经支持这种功能。二是需要对文献单元进行内容分析，包括提供基于文献结构的自动文摘，即摘要式总结，这与小数据和精确性时代的出版产品相比，能够快速使用户获得以主题等为核心的大致轮廓和发展脉络，比追求严格的精确性更为重要。

（2）外部数据关联

外部数据关联是指在已有知识单元识别基础上扩充图片、表格、数据、方法、参考文献、相关论文、评论等外部知识库信息资源。例如，当用户浏览关于蛋白质或基因科学的文献时，后台可通过扫描文章作者标记或后续知识加工环节添加的美国国家生物技术信息中心（National Center for Biotechnology Information，NCBI）唯一标识符，抽取文章中提及的基因组的序列数据。当用户鼠标停留在基因组上时，页面便自动弹出知识对象的解释窗口，基因组的序列列表将会自动出现在下拉菜单中，以便用户查看和分析。此外，当文献提及或自动识别出存储于 PANGAEA 数据库中的补充数据集时，可显示一个指示每个地理覆盖范围的 Google 地图，用户可通过点击地图上的数据集，使有关数据集信息及指向 PANGAEA 的链接地址自动显示，以便查看和下载数据集的完整信息。

（3）呈现形式

一是需要突出显示出版物核心内容价值，避免跳跃式语义关联呈现方式分散科研人员注意力。目前，不少科研人员依旧习惯于阅读 PDF 格式文档或纸质文档，原因在于：①科学研究基本行为的依从性，可理解为传统型页面排版格式、可预测的内容布局和便利化存储分发方式使得科研人员能够获得一种延续性安全感，使之在获取学术信息时更易发挥主观能动效应，这将有利于知识内容的定位、吸收和转化；②传统印刷型出版物和电子型出版物均是以线性传播方式为主，平面式的线性文本阅读模式更能系统、完整地呈现学术文献的逻辑结构和论证层次，并突出研究重点和研究结论；③纸质书等传统出版物具有冷媒体效应[①]，即自身科技含量较低，缺乏超链接功能，这使得用户可以集中大脑注意力于内容价值，反而一定程度上提升了阅读体验。由此可知，在避免与其他关联知识交互的前提下，科研人员能够在传统阅读方式中，根据自身认知体系和知识结构需求将注意力高度集中于目标信息。

然而，语义出版侧重于关注出版物语义层面的上下文内部关联和外部语义资源集成，是通过对原始学术出版内容添加弹出式窗口、标签浏览、嵌入式音频等语义功能，从而辅助科研人员对研究内容及其相关主题对象进行深入理解，因此，一系列围绕于原始学术出版内容的语义标注、语义链接、语义推荐等呈现方式会愈加丰富。对此，语义出版产品在对内结构设计和对外表现展示时应遵循不同的原则方式，对内结构设计时应突破时间和逻辑的线性轨道，多维实现语义元素的内外部网状链接，而在对外表现展示时，应保障科研人员基本沿着正向线性发散思维，而不受跳跃式语义关联呈现方式的过多干扰，以集中科研人员的注意力，使其专注于学术出版物核心内容价值。

二是需要提供可记录、标记、录入点检索、打印等功能，还原用户文献调研习惯和方式，提供文献标注、随手笔记、智能汇编、迭代总结的工具，完成用户从知识理解到知识构建的过程。同时，应提供查看评论、添加笔记、笔记内容智能汇编等功能。

三是需要提供最佳在线浏览及阅读体验方式，可以三栏式界面设计为主，左侧提供快速导航功能，中间窗格提供文章内容主体的增值阅读，右侧关联其他信息。

（4）示例分析

依据上述分析，基于文献增值的语义出版产品，应加强文章知识结构提

---

① 陈颖青. 数字出版与长尾理论[M]. 北京：华夏出版社，2013：2-5.

取、自动文摘构建及文章内容主体的知识关联和可视化展示，发掘深层相关概念关联关系，以图形、图像的方式呈现多维立体空间，显示实体之间错综复杂的关系、内涵等潜在信息，结合 Web2.0 和用户交互接口技术，使用户直接参与可视化过程，实现高性能的可视化结果输出。同时，以文章内容主体为核心，构建主题演进模型，推荐高发文和有影响力的作者/机构，补充图表、音频、视频、数据集等关联材料，根据主题相似性、用户行为和引用关系推荐相关论文，形成涵盖社交计量评价指标的多元评价体系，并提供用户和作者沟通的渠道。由此，本研究采用三栏式界面大致勾勒了基于文献增值的语义出版产品结构（图 5.2），展示了语义出版产品的部分功能（图 5.3，彩插见书末）。

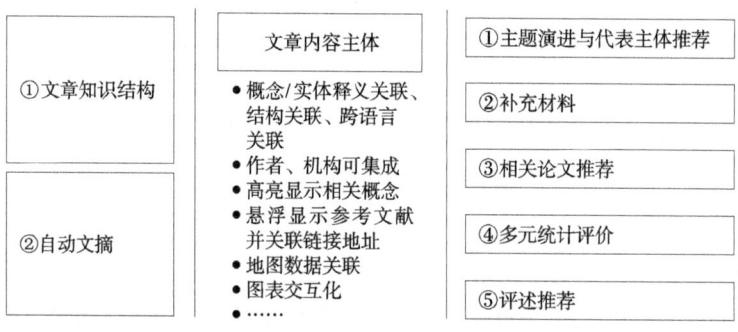

图 5.2　基于文献增值的语义出版产品结构

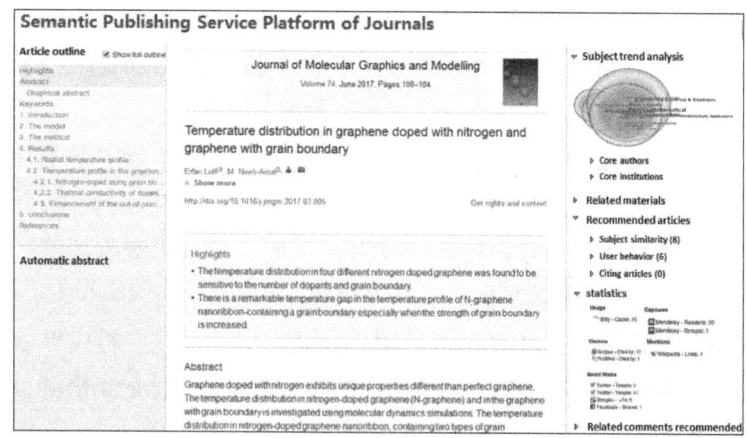

图 5.3　基于文献增值的语义出版产品示例

5.3.2　基于集成揭示的语义出版产品

基于集成揭示的语义出版产品，是指利用由文献结构、篇章、段落、句词、图表、引文、公式等构成的复合数字对象，以主题知识挖掘为核心，突破文献形态，基于某一主题实现知识聚合、知识演化、科研关系展示和学术评价等功能，不仅能够满足数据库语义检索的需求，还能高效地为用户提供主题提炼和语义网络节点评价的服务。

具体而言，基于集成揭示的语义出版产品应体现以下两个方面。一是学术主题挖掘服务，该服务要求运用语义碎片化技术，识别和提取出版内容资源的结构化信息碎片，运用语义搜索技术，根据词条检索功能，将传统式关键词匹配检索提升至规范词、篇章、逻辑等方面的语义检索，具有自动纠错、筛选和排序的功能，从而可以根据用户或者行业需求特征，将图书、文本、多媒体资源等进行个性化整合，以百科阅读、主题阅读等形式对外呈现，从而实现对检索内容的按需聚合。二是学术主体评价服务，该服务是应用内容的可计算性，对机构、作者、项目和管理决策等进行数据处理和信息运算，实现立体化的实体计量和对某个知识单元的有效评价。

当前，出版机构可围绕自身优质出版资源和优势出版资源，从建设经典阅读、精品阅读的语义出版产品投送平台入手，围绕某一主题或知识点进行文献整合或对其蕴含语义元素进行动态重组，形成图书集成、文本综述、主题监测和追踪等知识网络产品。对此，本研究设计了物理学语义出版服务平台中主题知识集成揭示系统的相关功能（图 5.4，彩插见书末）。该产品支持每个结构单元的更细颗粒度的语义增强检索、关联与跳转，支持多媒体、结构化公式和用户注释等多种结构单元的融合，支持文本过滤与内容对比性分析等功能，支持用户自我定制语义出版产品的内容组成结构。

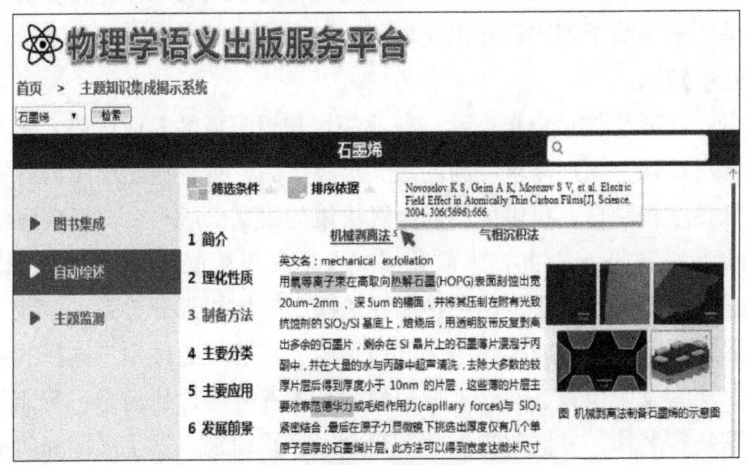

图 5.4　基于集成揭示的语义出版产品示例

5.3.3　基于智能推理的语义出版产品

基于智能推理的语义出版产品，是指在碎片化、结构化、语义化的底层数据基础上，根据用户问题设置，运用自然语言处理技术、可视化技术、人工智能技术等，借助前期预设的推理机制在底层数据中寻找符合条件的内容资源，以可视化、体系化的形式为用户提供面向问题的自动问答解决方案，满足用户的知识需求。基于智能推理的语义出版产品，可以是基于知识单元的自动问答，也可以是预测研究模式与规律的自动系统，如某一问题如何实验、相关步骤有哪些、所需设备型号、实验数据库建设框架等，还可以是辅助疾病诊断的治疗措施推荐。需要注意的是，基于智能推理的语义出版产品，需要在提供解决方案的同时，特别标明产生方案的出版来源和链接来源，以说明方案的真实性和科学性。

例如，以电脑医学专家系统为对象的语义出版服务产品，应由一个医学知识库、数据库、推理机、解释部分及知识获取 5 个部分构成，要求能够准确地模拟医学专家的记忆、联想、推理及判断的思维过程，也即把医学专家诊治各类疾病的思想输入电脑，让电脑起到医学专家的作用，随时随地为广大群众诊断各种疾病并开出相应的药方。知识库是将专家的专业知识和经验存储在其中，通过建立疾病诊断树而实现；数据库则是用来存放该系统要处理对象的初始信息的（包括患者姓名、年龄、症状、诊断结果、病情程度及治疗方案等）；推理机，是一组程序，它根据输入的数据（如患者的病史、症状与检查结果），调用知识库的知识进行各种方式的推理；解释部分，以规则队列方式将推理轨迹进行记录，对这种物理形式的规则进行分析，并将分析结果用中文给予表述；知识获取，会帮助修改知识库中原有不合理的知识和扩充新知识。

目前，出版机构可以根据某一行业领域知识服务的专业优势，研发、打造行业针对性强、用户需求度高的语义出版产品，将专业化出版内容资源与现代信息技术相融合，提供如面向金融决策的语义出版平台、面向医学诊疗的语义出版平台等。对此，本研究以农业语义出版服务平台为例，设计了农作物病害诊断系统，着重从物种属性关系、整体与部分关系、症状与处方关系、因果关系 4 个方面构建语义网络结构，系统可通过用户选择的病害发生时间、病害发生位置、症状和相似性图片推荐等碎片化信息，智能化、自动化推理病害名称，并同时提供病害简介、症状识别、发生规律和防治方法等语义关联内容（图 5.5，彩插见书末）。

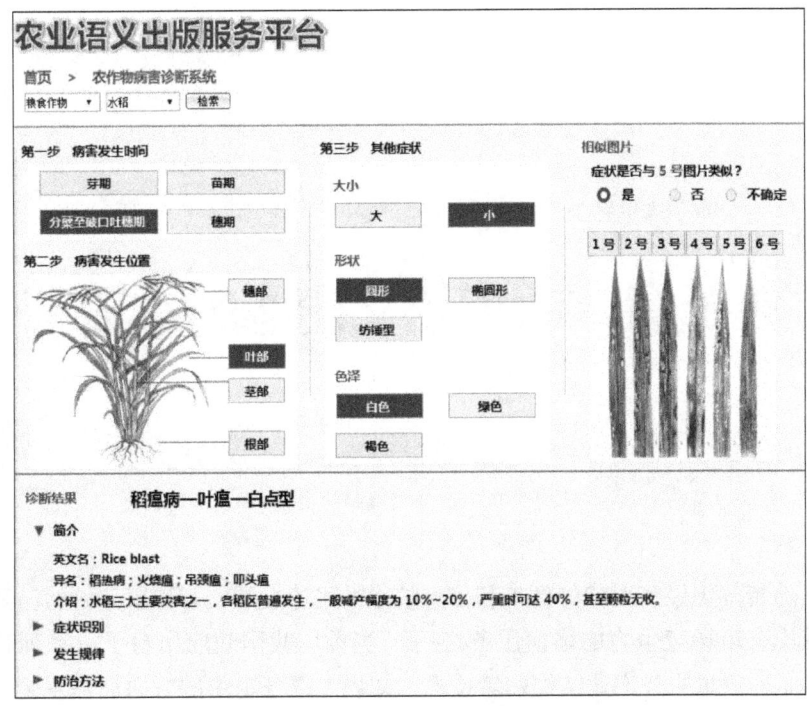

图 5.5　基于智能推理的语义出版产品示例

5.4　小结

语义出版的服务形态，需要围绕科研生命周期和科学交流活动的服务需求，提供面向系统学习的知识化服务、面向场景识别的精准化服务和面向移动应用的碎片化服务。同时，语义出版的产品形式，既是一种基于传统出版物的内容增值形式，又是一种面向主题、评价和推理的出版资源集成平台（包括图片库、视频库等数据集），还是一种基于本体的知识体系自动化发布模型。目前，可从3个方面——基于文献增值的语义出版产品、基于集成揭示的语义出版产品和基于智能推理的语义出版产品——进行语义出版产品形式设计。

第 6 章 我国语义出版的推进策略

随着知识经济时代的到来和信息技术的飞速发展，知识服务俨然已经成为最具有市场竞争力的增值服务之一。当前，我国政府出台了一系列政策措施促进信息服务产业结构朝着技术、知识、服务密集的方向加快发展，出版业也重新审视了爆发式信息增长环境下的自身定位，不少出版机构提出并践行着向知识服务商转型的发展目标。语义出版是我国出版业开展知识服务的主流方向之一，特别是语义技术、本体等为语义出版提供了技术基础，出版机构的集团化结构调整也提升了出版内容资源的整合规模，拓展了语义出版的资源基础，体系化知识单元的服务供给需求也奠定了语义出版的用户基础。但是，在积极开展语义出版的同时，我们也应注意到现有战略层面和产业层面存在的不足。为此，本章运用文献与网络调研、专家实证访谈、案例分析等方法，从我国政策环境和产业环境两个方面系统梳理和分析我国语义出版建设与服务取得的进展及其中存在的问题，并从政策支持、示范性平台建设、标准规范完善、理论基础探索、核心技术研发、领域本体构建、人才队伍组建、盈利模式制定等 8 个方面提出推进策略，以期为我国语义出版的实践方向提供一定借鉴。

6.1 发展环境及存在问题

6.1.1 政策环境

语义出版的快速发展与国家对数字出版的大力支持密不可分。近年来，国家主管机构从政策方面对数字出版给予了强大支持。按照《国家"十一五"时期文化发展规划纲要》的要求，自2007年起，国家新闻出版总署即着手组织实施"国家数字复合出版系统工程""数字版权保护技术研发工程""国家知识资源数据库工程"和"中华字库工程"等新闻出版重大科技工程项目。2008年8月，国家新闻出版总署成立科技与数字出版司，以专职机构形式正式确立了数字出版的产业地位，体现了政府推动数字出版发展的前瞻性和指导性。2011年4月，总署发布《新闻出版业科技"十二五"时期发展规划》，在延续"十一五"时期项目的同时，又提出"国家数字出版服务平台""出版物现代供应链系统示范工程""盲文智能终端研发工程""数字出版核心技术研发专项"和"新闻出版标准创新应用示范专项"等新的重大项目任务，推动出版业以项目形式争取国家政策和财政资金的支持，以利于出版机构的转型升级。此外，为推动新闻出版业培育和壮大数字出版产业，国家新闻出版广电总局相继于2013年、2015年评选数字出版转型示范单位，对传统出版单位数字出版转型升级起到了激励作用和示范效应。

其中，我国出台了关于国家知识服务体系建设、国家数字出版资源集成服务平台建设、标准化工作等一系列促进语义出版发展的政策措施，强化了语义出版层面的人员队伍建设、语义资源组织方法探究、知识发现、知识服务、互操作等内容，进一步扶持和推动了数字出版朝向语义出版的发展演进，为语义出版的实践探索和可持续发展奠定了良好的政策基础。例如，2011年《新闻出版业科技"十二五"时期发展规划》中就明确提出，要适应内容资源全媒体传播的需求，加强对内容资源的深度开发、整合与利用，重点任务之一是借助数字复合出版、数字版权保护、海量数据处理、语义分析等技术，建设国家级开放的数字出版资源集成服务平台。2014年4月，《关于推动新闻出版业数字化转型升级的指导意见》指出，支持企业开展企业标准研制和对中国出版物在线信息交换（CNONIX）、多媒体印刷读物（MPR）等国家标准的应用，从标准层面加强了出版资源的互操作性。

2015年3月，国家新闻出版广电总局出台《关于开展专业数字内容资源知识服务模式试点工作的通知》[①]，特别指出申报单位应具备对内容资源进

---

① 国家新闻出版广电总局办公厅.关于开展专业数字内容资源知识服务模式试点工作的通知[EB/OL].[2017-01-01]. http://www.gapp.gov.cn/news/1663/247536.shtml.

行标引、加工及审校的能力和条件，以及对语义分析及建模技术、规模化资源与组织技术、云计算技术、数据挖掘和知识管理、知识组织、管理与呈现、基于大数据全样本的用户行为分析等新技术具有较为深入的认识和应用能力，该通知明确了出版业开展语义出版知识服务时需要具备和运用的核心技能。2015年10—11月，国家新闻出版广电总局数字出版司相继对外征集和推荐专业数字内容资源知识服务模式试点工作的技术支持单位名录，为下一步出版机构选择语义出版技术合作对象提供参考。此外，为进一步提升出版业在信息化条件下的服务能力和竞争实力，2015年4月发布的《关于推动传统出版和新兴出版融合发展的指导意见》提出，在内容生产和服务、技术应用等方面需要探索和推进出版业务流程数字化改造，加强出版大数据分析、结构化加工制作、资源知识化管理、数字版权保护及产品优化等。

尤其是随着国家中央、国务院对大数据、知识服务的重视程度不断提高，以知识服务为发展目标的语义出版必然成为出版业的重要出版形态。2015年9月，《促进大数据发展行动纲要》(简称《纲要》)[①]反复提及基于大数据的知识服务的概念，这恰恰与出版业积极宣扬以知识服务为核心的发展理念相契合。《纲要》提出，要推动大数据发展与科研创新有机结合，形成大数据产品体系，并进一步指出国家层面大数据与知识服务相结合的具体应用方式，包括对分布式知识资源的集成管理、国家级知识服务平台与知识资源服务中心的构建。为积极响应国家政策，国家新闻出版广电总局于2016年3月正式批复中国新闻出版研究院筹建知识资源服务中心，2016年10月开展了首批新闻出版业科技与标准重点实验室申报工作，这为我国开展语义出版示范性建设奠定了组织机构和技术标准的研究基础。

6.1.2 产业环境

近年来，在国家政策支持和信息环境影响下，我国以出版机构、信息服务商、信息集成商、信息技术提供商、图书馆为主体的建设机构逐步加大语义出版内容建设与服务实践，并取得一系列创新成果。例如，汕头大学出版社致力于语义智能分析技术的研发，并推出数字出版公共服务平台；人民出版社发布"人民金典"语义查询系统，并获得第四届中国数字出版博览

---

① 中华人民共和国中央人民政府.国务院关于印发促进大数据发展行动纲要的通知［EB/OL］.［2017-01-03］. http：//www.gov.cn/zhengce/content/2015-09/05/content_10137.htm.

会年度创新技术；方正电子在 2015 年初发布了出版业的"SmartData"研发计划，帮助出版商获得用户数据、过程数据和社交数据，重点从用户行为分析、选题策划分析、出版舆情分析等方面进行大数据技术的实践，并聚焦于出版全产业链多个环节的复杂数据，通过对复杂数据关系的分析，探寻市场特点，帮助出版商受益于数据驱动决策，同时，针对专业知识服务领域，方正电子研发了方正智享大数据知识服务平台，该平台是基于"领域本体构建→样本采集→模型训练→因子调优→知识标引"的模型，提供知识检索、知识导航、知识图谱、知识统计、知识推荐、知识决策、知识问答及专业领域学术交流圈等 8 项服务①；电子工业出版社积极进行数字出版技术和标准的研究应用工作，开展数字出版领域本体研究，标准规范包括《数字资源管理办法》《信息技术领域主题词表》《数字出版物 DTD 加工规范》等，有助于数字内容资源的统一、系统管理②；中国知网推出的学术图片知识库是采用自主研发的智能挖掘技术，对各类学术文献中的图像图形知识进行抽取和分类标引，按照图片内容、学科专业、使用方式重新组合，并提供相似图像检索、对比和分析功能，用户可以查看与这张图片存在某种联系的其他图片，有机会找到更加符合需求的图片或发现新的需求点，如同文图片、语义相似图片、用户推荐图片等；万方数据发布的知识脉络分析功能是以主题词为核心，统计分析学术论文内在知识点的关联紧密度及关联类型，并可视化展现时间序列下的科研人员对知识点的关注程度和关注趋势等；超星集团推出"域出版"的概念，可理解为特定内容与问题的知识聚合，是以文献、图片、音视频等富媒体形式实现的知识与信息的聚类呈现，带有学术共同体讨论和移动开放评价体系，可重构内容服务的系统解决方案，目前已联合行业专家和学者共建近 10 万个精品域专题。

此外，各个独立的建设主体逐步向融合合作转变，模糊了出版产业链上中下游的分布特征，呈现出共建共赢的语义出版发展新局面。例如，2014 年 9 月，中华书局与英国出版科技集团合作开发建设中华基本史籍知识库内容管理与发布平台，以及相应的数字出版业务管理系统，充分利用英国出版科技集团的国际出版市场信息化理念和领先技术，并由对方具体负责平台内容加工、推送；长江传媒、计世传媒相继与 ONTOWEB 合作开展在出

---

① 搜狐网.方正电子：新计算时代下的数字出版 3.0 [EB/OL].[2017-02-23].http://roll.sohu.com/20150715/n416833675.shtml.
② 李弘.面向知识服务的出版融合发展浅析 [J].科技与出版，2016（12）：12-16.

版领域的语义网项目，分别进行了基于语义的 Web 出版物增值服务平台建设项目和电子领域语义知识库建设项目；2016 年 1 月，人民法院出版社与基于云计算和大数据技术的商业智能解决方案提供商签署战略合作协议，结合各自具有的法律知识服务体系和大数据挖掘技术、自然语义分析技术的优势，共同探索"互联网＋法律"平台在大数据时代的应用。

同时，出版机构也积极与科研院所、高等院校共同合作开发语义出版技术和进行传统出版流程的再造工作，以产学研结合模式推进关键技术研发、应用示范平台建设和研究成果转化。例如，2013 年 8 月，长江传媒携手武汉理工大学形成战略合作关系，以加强语义出版、数字版权保护、大数据处理等方面的联合协作；时代出版传媒股份有限公司联合武汉大学、武汉理工大学、中国新闻出版研究院等共同申报并完成国家科技支撑计划文化科技领域项目"基于语义的动态数字出版服务系统研发与应用示范"，该项目研究了集动态出版内容资源加工、动态出版内容资源重组与发布及动态出版服务支撑平台于一体的基于语义的动态数字出版解决方案，研发了动态数字出版知识库构建、出版资源动态生成、出版资源多终端发布和动态出版服务支撑等方面涉及的关键技术，并制定了《电子书排版规则标准（Q/TPM 06—2015）》《可视化资源描述标准（Q/AENP 03—2015）》《开放标注核心数据模型标准（Q/AENP 02—2015）》3 个企业标准，并已用于时代出版传媒的电子书制作和数据资源管理等方面的出版环节。

除此之外，据中国版权保护中心计算机软件著作权登记公告显示，2016 年已有语义分析、用户行为、语义消歧、语义标注、语义检索、知识网络、知识图谱、知识库等多项与语义出版相关的软件登记，著作人涉及出版机构（如中国医药科技出版社、科学技术文献出版社）、信息技术服务商（如北京方正阿帕比技术有限公司、山东泰克贝思计算机科技有限公司、杭州圣庭生物技术有限公司等）、高等院校（如武汉大学、安徽理工大学、东华大学、浙江大学、华中师范大学等）、科研院所（如中国科学技术信息研究所、中国新闻出版研究院等）、信息集成商（如同方知网数字出版技术股份有限公司、北京万方数据股份有限公司等）等，应用领域多为智能检索推荐系统、自然语言语义解析、出版知识管理、知识资源关联与整合、医疗决策辅助、舆情监控、图像情感语义分析、人物专家图谱等。此外，由国家知识产权局专利检索结果可知，2014 年以来，我国在语义出版方面的相关专利申请数量也呈现出逐年上升的态势，本体、社交网络、图像、大数据等都是研的高频词汇，高等院校和信息技术提供商的申请占比突出，安徽华贞信息科技有限公司、北京工业大学、安徽科大讯飞信息科技股份有限公司、百度在线网络技术（北京）有限公司、中国科学院自动化研究所的申请占比高达30%。由此可见，我国语义出版的技术支持能力愈发强劲（表6.1）。

表6.1 我国语义出版相关专利一览表

申请号	发明名称	申请（专利权）人	第一发明人
CN201510156576	基于本体的数字出版物语义标注优化方法	武汉理工大学 时代出版传媒股份有限公司	刘永坚
CN201210566713	一种数字出版资源语义增强描述系统及其方法	中国科学院自动化研究所	陈琳
CN201410337781	一种基于模板的出版物半自动生成方法及系统	华中科技大学 深圳报业集团	邹复好
CN201210441440	基于本体的智能语义文献检索推理系统	苏州两江科技有限公司	陈国庆
CN201510768902	基于图像处理与序列标注的学术文献语义再结构化方法	武汉大学	陆伟
CN201510437403	基于查询扩展的有限数据源数据获取方法	武汉大学	陆伟
CN201610812364	一种基于主题模型的文档标注方法	北京工商大学	赵霞
CN201610866179	利用分布式语义信息的论文标题生成方法	北京理工大学	罗森林
CN201610739516	一种基于层次深度语义的隐式篇章关系分析方法	北京理工大学	鉴萍
CN201610320009	对图像进行自动语义标注的方法、装置与计算机设备	百度在线网络技术（北京）有限公司	刘霄
CN201610266254	一种构建面向社交网络的兴趣主题语义网络的方法	南京邮电大学	李华康
CN201610126084	一种基于文本语义的概念生成模型的系统和方法	北京工业大学 北京富雷姆科技有限公司	刘磊
CN201610125852	一种基于语义特征的语义关系模式获取方法和系统	北京工业大学 北京富雷姆科技有限公司	刘磊
CN201510502389	基于WordNet及潜在语义分析的文本分类方法	北京工业大学	赵旭

续表

申请号	发明名称	申请（专利权）人	第一发明人
CN201510344332	一种基于本体的医学文档语义关联检索方法	浙江大学	李劲松
CN201410721307	语义相似度计算方法、搜索结果处理方法和装置	百度在线网络技术（北京）有限公司	张军
CN201410562700	基于本体的语义查询方法	武汉理工大学	杨朝阳
CN201410497468	获取知识点语义向量的方法、确定相关知识点的方法及系统	北大方正集团有限公司 北京方正阿帕比技术有限公司 北京大学	叶茂
CN201410379847	基于细划分 MapReduce 的文本语义提取方法	苏州大学	曾嘉
CN201410056318	面向语义网的中文百科知识组织与集成方法	天津大学	付宇新

6.1.3 存在问题

综上所述，在政策环境支持下和产业实践推进中，特别是在数字出版快速发展的带动下，我国语义出版基础设施得到不断完善，积累了大量语义出版经验，大大推动了内容资源知识化、专业化服务水平的提升，促进了出版企业服务模式和经营理念的不断更新与完善。但是，通过上述描述和分析，我们也应注意到，对我国而言，语义出版的概念属于舶来品，现阶段的语义出版在我国仍是一个新兴的出版业态，它的概念范畴、表现形式、标准规范、生产流程等内容仍处于不断讨论、完善和发展之中，语义出版转型升级之路并不平坦，在其推进过程中还存在诸多问题与挑战。对此，应该着重关注以下两个方面。

一是语义出版的市场培育环境还较不成熟。语义出版是数字出版和知识服务的有机产出形式。目前，国家已经将数字出版和知识服务上升到一定战略高度，从中可以推动语义出版的渐进式发展，但是语义出版在研发、部署、应用、维护过程中，需要硬件、软件、人力等基础成本，有些成本甚至需要持续投入，且转型升级的不确定性和风险成本都让许多传统出版机构望而却步。然而，现阶段战略层面对语义出版的资金和政策支持还有待具体落实，针对语义出版的标准编制强度和执行力度也偏弱，实践层面也尚未产生具有示范性、引领性效应的语义出版服务模式和服务案例，难以起到借鉴作用。因此，有必要从战略角度完善语义出版的市场培育环境。总体而言，既包括面向语义出版的激励和优惠政策制定，又包括具有影响力的语义出版示范性平台建设，还包括语义出版标准规范、发展规划等指导性意见的出台。

二是语义出版的产业发展环境还较不稳定。目前，语义出版被视为出版领域的未来发展趋势，我国出版业也已经探索性实施了多项语义出版项目，产业链上下游的不同建设主体更是呈现出多方合作的态势。但是，在实践层面，语义出版并没有受到出版业的整体重视，语义出版物的采纳率更是低于5%[①]，知识产品效益占出版社整体收入的比例还相对较低[②]，这说明出版业对语义出版这一新兴业态尚未形成明晰的产业规划，也未呈现出规模化的发展态势。究其原因，传统出版机构的数字化效益较低，知识产权保护力度和产生效果还较为微弱，投入产出不成正比，而语义出版服务产品的盈利模式更是较为模糊，更难以制定有效的盈利方案，造成经济效益难以保证。同时，现状还表明，在技术研发、人才建设、资源储备等方面我国与国外语义出版的发展还存在很大距离。对此，我们应该清晰地看到，国外大型数字出版集团主要是由传统出版社转型而来，本身就拥有海量优质出版资源、数字化信息核心技术和成熟的数字出版加工流程，因此，国外开发语义出版知识服务产品是顺应产业发展方向、整合自身优质资源的必然路径。然而，就我国出版业而言，商业性信息集成商在当下的语义出版建设与服务中较为领先，但长久来看，信息集成商虽然拥有国际领先的知识传播技术和平台，但缺少出版内容资源的强大支撑，是无法形成规模化、产权化知识服务产品的，而出版机构尽管掌握某一学科或行业领域的优质内容资源和专家、编辑资源，但缺乏语义分析、自然语言处理、用户智能交互等技术的经验积累，也较少关注用户的知识需求，是无法形成有效的、基于市场的语义出版服务产品设计与发布机制的。

此外，为深入了解和客观掌握产业链内不同主体对我国语义出版发展的评价和对现有问题的看法，本研究设计了一套开放式的访谈提纲（附录1），采用方便抽样方法对7位专家、学者进行访谈，所属机构涉及高等院校、科研院所、出版社和信息集成服务商。访谈结果显示，我国专家学者认为语

---

① 丛挺. 我国出版企业新媒体技术采纳研究[D]. 武汉：武汉大学，2014：85，144.
② 张新新. 出版机构知识服务转型的思考与构想[J]. 中国出版，2015（24）：23-26.

义出版的理论与实践研究在我国仍处于起步和探索阶段，他们对语义出版的发展前景充满期望，但我国在现阶段对其的认知度和认可度都较低。

具体来看，依据访谈对象的现有工作内容及其在访谈过程中表现出的对语义出版的认知程度，访谈对象可以被划分为普通研究人员、产业实践者和产业研究者3个类型。对于普通研究人员而言，他们表示未曾听说过语义出版这一概念，但是对语义出版的服务形式表示出极大的热情，认为以文献出版物为基础，从中抽取知识单元，并对知识单元进行与多源可信数据的关联显示，可以有效扩展知识内容，节约用户遴选和获取知识的成本。同时，学者极为期待语义出版服务产品能够以主题的形式贯通不同年代、不同作者、不同载体的出版内容资源，通过时间轴的表现方式系统梳理各个阶段最具代表性的人物和观点，以及显示出彼此间的交叉、融合、递进等关联关系。对于产业实践者而言，尽管已经开始实施诸多符合语义出版的价值内涵和表现特征的数字出版项目，如出版内容资源的语义分析、语义标引与索引、知识挖掘与重组等，但自身并未意识到自己正在开展语义出版实践，而是将之归类于动态出版、增强出版等其他与语义出版关联性较强的出版形态。此外，在语义出版内容组织与描述方法的选择上基本是以 RDF/XML 为主，并且会采用国际和国内较为成型的通用性较强的标准规范，如开放研究人员及贡献者标识（ORCID）和数字对象唯一标识符（DOI），可关注处于研究之中的 SPAR 等语义本体模型，但目前不会采纳。对于产业研究者而言，他们表示语义出版在某种程度上是属于"伪概念"，是出版业借助语义技术的热度炒作而来的新术语，但是，概念使用上的热度并不能掩盖理论研究方面的匮乏与不足，需要深耕语义出版的理论与实践内涵，构建国家级示范性语义出版平台并逐步面向出版业进行推广，只有这样才能起到实质性推动作用。同时，学者也着重指出，语义出版制作过程中的关键环节，是对出版内容资源进行不同知识颗粒度的抽取、识别、标注、关联、重组、共享与互操作等一系列结构化操作，而这很大程度上取决于出版资源标准规范的建设和应用，因此，有必要重视和加强我国语义出版的标准规范建设。以书目数据描述为例，国外 RDA 发展已经极为普遍，资源描述自动化程度比较高，基本实现了 RDF 语言的描述，因此，其他语义要素之间的关联转换都是可以实现的，但是就我国情况而言，虽然 DC 已经作为国家标准，但是也还没有普遍应用，FRBR 更多是一个探索式的尝试框架，图书馆界主要还是以 MARC 为主，因此，制定适用于我国的语义出版标准规范还需要出版业和相关领域研究人员的共同努力。

综上所述，语义出版的发展前景较为可观，但在现阶段出版机构有必要从长远视角正视语义出版的问题与挑战。对于中国语义出版产业的发展，一是建议出版机构继续加强与信息集成商、技术服务商、研究机构等主体的强强合作，加强语义出版技术方法的适用性研究，加强标准规范体系建设，加强人才队伍建设，共同探索语义出版产业的运营模式；二是建议出版机构加强对用户需求的把握、对服务产品的规划、对盈利方式的摸索、对服务形态的推广；三是建议国内大型出版集团担负起语义出版示范性建设的责任和使命，联合中小型出版机构共建领域本体、专家知识库等语义出版内容层面的基础设施。

6.2 战略层面

6.2.1 优化语义出版发展的政策环境

中国互联网络信息中心（China Internet Network Information Center，CNNIC）发布的《第 38 次中国互联网络发展状况统计报告》[1]显示，截至 2016 年 6 月，中国网民规模达 7.1 亿人，互联网普及率为 51.7%。然而，2016 年 7 月，世界经济论坛（World Economic Forum，WEF）发布的《全球信息技术报告：数字经济时代推进创新》[2]从两个方面对 139 个经济体进行信息技术水平评估，一是利用数字化变革的能力，二是从第四次技术革命中获利的就绪程度。其中，中国位列第 59，比去年上升了 3 位，属于中等水平。由上述数据可知，尽管互联网普及率增长稳健、网民规模基数庞大，但是从全球范围来看，我国从新兴信息技术中获益并利用数字化发展机会的能力相对较弱。语义出版则是数字经济时代的产物，其发展驱动力包括语义网技术、智能信息处理技术、大数据分析等多种新一代信息技术。大力发展语义出版，不仅是深化我国出版改革路径的基本方向，更是提高我国在全球范围内信息技术应用水平和数字产品知识收益的重要机会。由此，为促进语义出版的快速发展，需要政策环境的持续支持和不断优化。

---

[1] 中国互联网络信息中心. 第 38 次中国互联网络发展状况统计报告 [R/OL]. [2017-01-05]. http://www.cnnic.net.cn/hlwfzyj/hlwxzbg/hlwtjbg/201608/P020160803367337470363.pdf.

[2] BALLER S, DUTTA S, LANVIN B. The global information technology report 2016: innovating in the digital economy [R/OL]. [2017-01-07]. http://www3.weforum.org/docs/GITR2016/WEF_GITR_Full_Report.pdf.

2012年，时任新闻出版总署副署长的孙寿山在全国科技与数字出版管理工作会议中就曾指出，许多先导型技术，如智能语义分析、语义搜索、信息资源的知识化标引、海量数据的知识元抽取、语义关联技术、数字显示技术、数字印刷技术等，对整个新闻出版产业的未来都具有决定性影响，但由于其高投入、高风险的特点，以目前行业绝大多数企业的实力，这些企业难以依靠单打独斗取得成功。在这种情况下，政府部门要有所作为，积极引导社会投资共同参与，支持上述基础性和前沿技术研发，确保新闻出版业在国际竞争中抢占先机[①]。目前来看，政府部门的引导方向和保障措施可从以下4个方面展开：一是争取和落实针对出版业高新技术企业的优惠政策，包括相关语义技术研发、设备更新等方面的扶持政策；二是制定语义出版技术发明的激励政策，加大相关基金、专项资金对语义出版研发的支持力度，对具有重大影响和示范作用的语义出版企业给予贷款贴息、保费补贴等优惠政策；三是建立与语义出版关系较为密切的专门研究机构或语义出版技术中心，加强语义出版技术研究、语义出版产业规划、相关标准研制、知识产权保护等；四是加强语义出版人才队伍建设，强化学科建设和职业培训，为语义出版人才的培养、引进和发展创造良好的政策环境。

在具体优化过程中，为提高出版领域科技自主创新能力、加强前沿技术跟踪与应用研发，可以鼓励内容提供者、技术提供者、运营商和终端厂商等产业链各环节相互协作，形成利益共同体，共同推动语义出版的快速发展。其中，需要大力支持产学研相结合的模式，加速优秀科技成果的转化。尤其是从当前的发展态势来看，产学研相结合的政策和实践已经初见成效。2016年11月，《关于实行以增加知识价值为导向分配政策的若干意见》就重点提出要大力推动高校、院所和企业的成果转化。2017年2月，科技部李萌副部长在向媒体介绍促进科技成果转移转化工作进展和成效的有关情况时指出，从2016年的交易主体看，高等院校和科研院所技术合同成交增幅20%，是属于核心的技术供给方[②]。由此可见，充分利用高等院校的科技研发实力和对外技术供给活力，能够实现科技成果与语义出版技术需求的精准化对接，所以，应当从政策环境层面重点支持产学研模式。

---

① 开拓创新务实进取 努力开创科技与数字出版工作新局面：孙寿山在全国科技与数字出版管理工作会议讲话［EB/OL］.［2016-12-26］.http：//www.gapp.gov.cn/contents/1301/87210.html.
② 中华人民共和国科学技术部.李萌副部长介绍促进科技成果转移转化工作情况［EB/OL］.［2017-03-02］.http：//www.most.gov.cn/xinwzx/xwzx/twzb/fbh17022101/index.htm.

6.2.2 支持语义出版示范性平台建设

当前，随着经营性出版机构的转企改制相继完成，出版机构开始自负盈亏，需要在平衡社会价值的基础上，以商业利润为追求目标，而我国的语义出版仍处于探索阶段，盈利模式较不成熟，发展前景具有不稳定性，再加上语义出版的前期发展需要人力、资源、物力、技术等多个方面的高度投入，面临着出版流程再造、市场需求明晰、产业集中度提高等方面的问题，这就使语义出版具有高风险特征，其未来投资收益具有不确定性。由此，尽管不少出版机构已经加入语义出版行列当中，但仍有很大一部分出版机构抱有观望和学习的态度，其生产力尚未得以充分释放，难以发挥集聚性效应。因此，有必要从战略层面主导建立有相当资源集中度与控制力的语义出版服务平台，加强语义内容产品和服务的开发，规范内容资源的规模化采集、结构化加工、语义化聚合、动态化发布的流程和标准，切实推动形成引领行业升级发展、普及用户知识服务的数字出版知识服务平台新范式，使不同类型、不同规模、不同领域的语义出版建设主体能够有参照学习的发展目标。

整体而言，语义出版示范性平台应着重于标准研发、功能展示和商业摸索3个方面的建设。首先，语义出版标准化体系是评价语义加工能力、资源完整程度和知识产品质量的基础性参考标准，它需要涉及符合出版业规范的基本术语、数据采集来源、不同对象的加工细颗粒度、元数据描述、数据交换与存储格式、内容发布、版权保护等各类完备的标准数据库，满足数据共享、交互和动态管理的需求，减轻后续其他机构在语义出版平台标准化建设方面的压力，也为多平台资源整合奠定良好基础。其次，要在需求分析基础上设计和展示平台功能，一是以直观的表现形式使建设主体直接感受和体验语义出版的创新性服务模块、服务功能和服务方式，为开展语义出版服务和探索知识服务机制提供参考；二是使普通型用户、专业型用户和集团型用户了解和试探性应用语义出版服务产品，既可以面向用户普及和推广语义出版的概念和服务形态，从而确立一定数量的用户基础，又可以及时了解用户反馈，完善语义出版平台功能和应用场景。目前，语义出版示范性平台的实践对象可先从电子书包、具有学科/专业性质的研究型丛书、古籍整理丛书、字典词典与语言学习项目等入手[①]。最后，也是最为关键的着重点，即为

---

① 潘安，韩敏. 语义出版与编辑作为[J]. 中国编辑，2016（3）：47-52.

语义出版商业模式的探索，只有明确较为清晰的盈利方案，才能充分调动出版产业链的建设热情，才能使之实质性投身于语义出版建设行列中来。当前，可考虑以平台免费、服务收费为主的语义出版盈利模式，率先开展基于知识主题聚合、文献知识增值、个性化需求的语义出版内容资源定制与推送服务，并逐步制定和完善其中的服务模式及收费标准。

6.2.3 加快语义出版标准体系建设

目前，国家已经出台了一系列促进数字出版和知识服务的文件，积极推动了现阶段出版物结构化、语义化、交互化加工与操作方面的标准规范制定工作，充分反映了我国政府对标准规范工作的重视程度。但是，相对于传统出版或数字出版，语义出版的过程更加复杂，其核心需要深入文档知识单元的描述与加工、知识单元之间语义关系类型的区分与识别及基于知识组织体系的语义网络构建标准等层面。同时，由于利益关系、商业模式、企业竞争等因素，基于数字出版产业链的多方主体纷纷涉足与语义出版相关的标准规范研制，跨行业、跨领域、跨部门的标准博弈初见端倪，造成语义出版标准在全面性、应用性和互操作性等方面均存在一定局限性。因此，为了确保语义出版流程各个环节的衔接和产业链条上下多方参与主体利益的均衡，应从战略层面加强对语义出版"国家—行业—企业"三级标准体系的宏观把控，根据语义出版的特点制定和开发新的相关标准，以便语义出版建设主体分工合作、降低成本，从而更有利于实现多源数字对象之间的数据混合、语义关联和共享发布。

首先，要不断建立健全语义出版国家级标准。全国信息与文献标准化技术委员会已经出台了部分关于资源描述、语义标注与出版物格式等的相关标准，如GB/T 3469—2013《信息资源的内容形式和媒体类型标识》、GB/T 3179—2009《期刊编排格式》和GB/T 25100—2010《信息与文献 都柏林核心元数据元素集》。但是，这些标准并不一定适用于出版机构和商业出版业务，或者说难以覆盖现有的所有出版产品类型，因此，有必要加强与语义出版相关的内容描述与交换标准、语义技术和交互标准、产品设计与服务形态标准的制定，从而形成符合国家规范的语义出版技术标准体系。同时，要在适当的时候将我国的国家标准上升到国际标准层面，以提升我国出版业在国际竞争格局中的话语权。2015年，由国际标准化组织（ISO）发布的ISO 17316：2015《国际标准关联标识符（ISLI）》正是基于我国MPR出版技术而被国际内容产业应用编制的一项通用标识符标准。

其次，要不断推动语义出版行业标准的出台和完善。近年来，我国出版业通过国家级重大工程的实施、行业级语义出版工程的实施，先后形成和确立了大量的项目标准，如国家数字复合出版系统工程中的标准规范。这些项目标准体现了出版领域的研究成果，填补了我国出版产业的相关领域研究的空白，很好地为产业发展提供了有效指导和智力支持。应在项目标准的基础上，结合标准的实际应用状况，对标准进行修补和完善，提升其普适性和指导性，在适当时机将其上升至国家标准层面。

最后，要鼓励出版企业提高企业标准质量，在相关领域的国家标准和行业标准未出台之前，坚持"基础、急用"标准先行的原则，优先实行企业标准，这也可为国家标准和行业标准的制定提供参考。一方面，要鼓励企业在具体的业务开展过程中，根据市场需要和企业自身实际情况，逐步开展与语义出版相关的企业标准的研制工作，特别是在国内外尚未出现相关研究理论成果和技术规范的领域；另一方面，也要鼓励企业加强对企业标准的推广和应用，起到示范作用，使企业标准在国内得到迅速推广和应用，甚至上升至行业或国家标准层面，为推动我国出版企业相关技术的发展和规范化发挥重要作用。

值得注意的是，作为 Web 技术领域最具权威和影响力的国际中立性技术标准机构，W3C 在结构标准、表现标准和行为标准建设方面均起到了国际示范性作用，在出版领域下设数字出版兴趣小组（Digital Publishing Interest Group）、网络注释工作组（Web Annotation Working Group）、层叠样式表工作组（CSS Working Group）和可访问的富互联网应用工作组（Accessible Rich Internet Applications Working Group），我国在构建语义出版国家标准体系时可以适当借鉴和应用相关产出成果。例如，2015 年 7 月 7 日，隶属于 W3C 的协议与格式工作组联合数字出版兴趣小组共同发布了涉及语义出版技术的规范草案。该规范草案的名称为《第一个公共工作草案：数字出版的 WAI-ARIA 模块》①，该规范草案通过提供不包括在基本语言（如 HTML）中的语义本体来促进文档内容的自动化处理和无障碍获取，研究对象已经深入文档中的知识片段、知识点之间的关联，允许作者将结构信息传达给底层技术，并使用户能够使用语义导航和交互功能。此外，W3C

---

① First public working draft: digital publishing wai-aria module [EB/OL]. [2017-02-01]. https://www.w3.org/blog/news/archives/4798.

于 2017 年 2 月 1 日宣布，居于数字出版和电子书产业领导地位的国际商业与标准化组织国际数字出版论坛（IDPF）正式与 W3C 合作，共同谋划互联网技术在创作、发布、阅读等出版环节的深入应用①。由此，我们可以相信，W3C 将在专业出版技术运用于开放网络出版平台建设的过程中，在具有灵活性、互动化、个性化的语义出版产品开发的过程中提供更多的可能性。

6.2.4 加强语义出版理论探索

据记载，国外首次提出 digital publishing 概念的文献发表于 1995 年②，而国内第一次以数字出版为研究主题的文献发表于 2000 年③④，分别由时任北京大学信息管理系副主任的赖茂生和南京师范大学出版社的张春提出。2005 年，在首届中国数字出版博览会上，"数字出版"这一概念首次被我国政府职能部门公开使用，意味着我国政府基本认可数字出版的产业地位，并已树立起引导出版业朝向数字出版发展的政策方针。然而，早期所提出来的数字出版经常与网络出版、电子出版、桌面出版等概念混淆，经过 20 余年的发展，数字出版的概念界限、加工模式、标准规范、产品形态、传播途径等一系列理论问题才逐渐被梳理清晰。同样，现阶段的语义出版也面临着如此困境，2009 年，"语义出版"的概念率先被国外在学术期刊领域提及，继而国内于 2011 年引入并逐渐开展深入性研究，至今，语义出版的理论研究仍然处于起步和初期发展阶段。当前，对于语义出版的理论基础众说纷纭，相关的概念界定和区分标准也并未得到广泛认同。尤其是通过笔者文献调研和与我国学者、业界专家的访谈交流也会发现，国内研究主体对语义出版的认知度和认可度还较为不足，但这也恰恰说明我国语义出版的理论探索还具有较为广阔的研究空间和推广价值。

马克思主义哲学认为，实践是理论的基础，是检验理论真理性的标准，同时，理论对实践具有巨大的指导作用。语义出版属于实践性产物。一方面，语义出版的理论需要在其实践发展过程中逐步提炼、完善和创新；另一

---

① New roadmap for future of publishing is underway as W3C and IDPF officially combine [EB/OL]. [2017-02-21]. https://www.w3.org/2017/01/pressrelease-idpf-w3c-combination.html.en.
② DAVIS J, LAGOZE C. "Drop-in" publishing with the World Wide Web [J]. Computer networks and ISDN systems, 1995, 28 (1-2): 247-255.
③ 赖茂生. 从电子出版到数字出版 [J]. 中国电子出版, 2000 (2): 40-41.
④ 张春. 网络环境与数字出版 [J]. 科技与出版, 2000 (5): 4-6.

方面，也需要将理论成果及时应用于新的实践，才能不断指导和推动语义出版产业的新发展。当前，国内研究视角较为集中于国外语义出版案例分析、语义出版框架性构建和语义出版综述性与进展性研究，缺乏以语义出版为对象的系统化、科学性、学理性的研究，同时，尽管在大数据、新媒体、开放获取等因素驱动下，多来源、多类型学术资源的语义出版实现方法的相关研究成果较为丰硕，但以推动语义出版实质性发展为主的方法性研究还较为匮乏。

就理论探索而言，尽管现阶段的语义出版还远远称不上学科，但应将语义出版视为由数字出版学划分而来的学科，正如数字出版学本是隶属出版学范畴，应以学科建设与学科发展的视角来构建语义出版的理论框架，如此，才能秉持当前发展与长远发展相结合、协调发展与重点发展相结合的原则，以统筹规划、优化结构、合理布局为出发点构建相对独立的、系统的、实用的语义出版知识体系和结构框架，有效提出现有语义出版的发展现状和存在问题、总体建设目标、分阶段的规划布局及保障举措。语义出版的理论探索，既可涉及语义出版的研究方法、发展脉络、基本概念、管理方法等规律性归纳，又可涵盖基于出版产业链的语义出版系统组成、制作技术、标准、产品形式、业务工作流程再造、服务功能、商业模式等方法性设计，还可结合大量案例和插图、视频等富媒体资源形成语义出版实践教程。

6.3 产业层面

6.3.1 着力语义出版核心技术的联合研发

在积极开展语义出版资源建设框架设计、服务发展思路探究和国家支撑政策制定与完善的同时，语义出版的关键推动力仍依赖于客观环境下信息技术的发展。具体来看，语义出版应重点关注出版资源的内部建设与外部显示的基础性研发，包括出版内容资源的语义分析、多来源非结构化内容资源的高效存储、可视化与交互性发布等，其核心技术涉及数据采集技术、数据存储技术、加工处理技术、信息交互技术等。然而，整体来看，我国出版企业在人员队伍、应用设备、产品开发、性能质量维护等方面的技术基础参差不齐，多数中小型出版企业的技术基础则较为薄弱，这就造成了困扰出版机构发展语义出版的尴尬局面，即具备一定规模的内容资源储备，但却缺少内容资源的语义化知识开发和传播能力。

因此，传统出版机构需要在评估资金成本和知识产权潜在风险的前提下，在厘清语义出版知识生产与知识服务建设流程的基础上，联合高等院校、科研院所、技术服务商和互联网企业等建设主体，共同开展技术外包服务和基于大数据的第三方数据分析发掘服务等，从而加快我国语义出版产业的技术研发和建设。同时，由语义出版建设主体组织一系列围绕语义出版建设中实际问题的大数据算法、可视化和程序设计的竞赛，也是挖掘优秀解决方案和培养技术人才的有效措施。例如，Elsevier 于 2011 年举办了名为应用科学挑战（"Apps for Science" Challenge）的国际比赛[1]，旨在由软件开发人员创建个性化应用程序，以优化面向研究人员的信息搜索和发现功能。

目前，为继续深入推进出版业的数字化转型升级和技术研发，充分发挥信息技术企业拥有的长期技术研发经验，国家层面已经提出联合共建的技术服务企业名单，可供出版企业在开展语义出版建设与服务工作时具体参考。2016 年 10 月，国家新闻出版广电总局办公厅发布《新闻出版业数字化转型升级软件技术服务商推荐名录（2016）》，共有 67 家技术服务商入选，尤其是在语义出版涉及的 ISLI 标识符嵌入及关联构建工具集、XML 排版工具、本体建设工具、出版企业内容资源及标识管理系统、古籍出版数字化工具集、内容相似性分析系统、融合出版复合采编系统、数据出版支持系统、数字内容与产品发布系统、新闻选题分析与评价系统、语料库构建与管理工具集、增强现实内容制作系统、知识产品运营与知识服务管理系统、知识资源管理系统、知识资源加工工具、主题词表建设工具等 16 个类别均有技术服务机构被推荐。

其中，按《新闻出版企业数字化转型升级软件系统需求框架（2016版）》的需求响应情况来看[2]，支持数字化转型升级综合实力位列前三的企业是北京北大方正电子有限公司、同方知网数字出版技术股份有限公司和潍坊

---

[1] Elsevier. Elsevier announces winners of "Apps for Science" challenge [EB/OL]. [2017-02-17]. http://www.prnewswire.com/news-releases/elsevier-announces-winners-of-apps-for-science-challenge-132995468.html.

[2] 统计数据来源地址：http://www.gapp.gov.cn/ztzzd/zdgzl/cbyszhzxsjxmzl/upload/files/2016/10/319554653.doc。统计原理：《新闻出版企业数字化转型升级软件系统需求框架（2016 版）》中每个一级标题为一个类别，技术服务商可对照任意一个类别或多个类别的具体要求进行应征，按照类别，当某一企业被成功遴选，则该企业的实力分数加 1，以此累计的最终结果为排序依据。

第6章 我国语义出版的推进策略

北大青鸟华光照排有限公司,与语义出版建设相关的实力排在前三的企业是北京北大方正电子有限公司、同方知网数字出版技术股份有限公司和北京拓尔思信息技术股份有限公司(表6.2)。

表6.2 我国语义出版软件技术服务商实力排序(TOP 10)

\multicolumn{3}{c	}{数字出版}	\multicolumn{3}{c}{语义出版}
排名	企业名称	分数	排名	企业名称	分数
1	北京北大方正电子有限公司	33	1	北京北大方正电子有限公司	12
2	同方知网数字出版技术股份有限公司	32	1	同方知网数字出版技术股份有限公司	12
3	潍坊北大青鸟华光照排有限公司	25	3	北京拓尔思信息技术股份有限公司	9
4	上海精灵天下数字技术有限公司	22	4	潍坊北大青鸟华光照排有限公司	8
5	珠海启裕软件科技有限公司	15	5	版云(北京)科技有限责任公司	6
6	北京拓尔思信息技术股份有限公司	14	5	北京博云易讯科技有限公司	6
7	北京博云易讯科技有限公司	13	5	上海精灵天下数字技术有限公司	6
7	北京方正阿帕比技术有限公司	13	5	中新金桥数字科技(北京)有限公司	6
9	北京泽元迅长软件有限公司	11	9	北京方正阿帕比技术有限公司	5
10	武汉理工数字传播工程有限公司	10	9	中国科学技术信息研究所	5

同时,笔者根据语义出版涉及的16个技术类别,分别抽取软件技术服务商的基本数据,可视化形成我国语义出版软件技术服务商的技术类别分布图,红色节点代表技术类别,蓝色节点代表软件技术服务商(图6.1,彩插见书末)。例如,在主题词表建设工具方面,中国科学技术信息研究所、北京方正阿帕比技术有限公司、北京拓尔思信息技术股份有限公司等7家企业机构的建设能力较为突出。

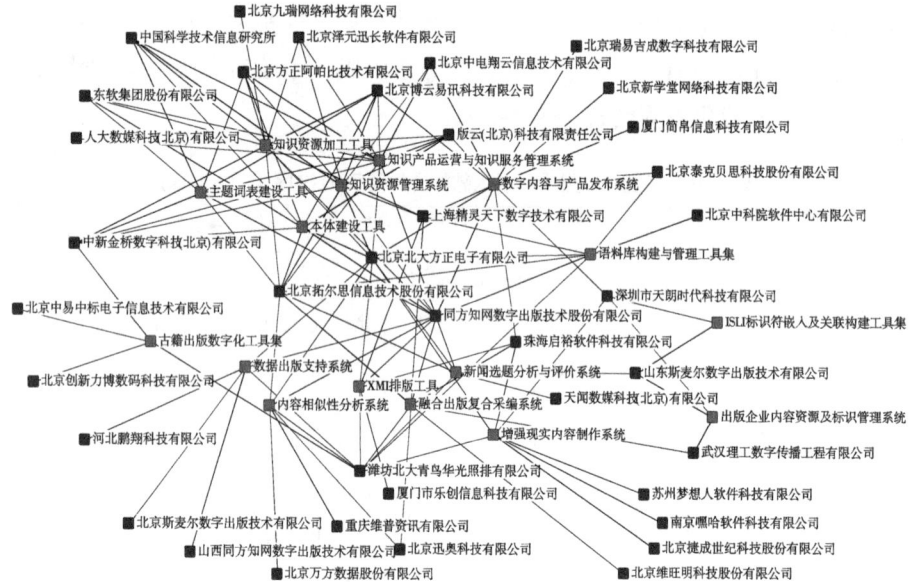

图6.1 我国语义出版软件技术服务商的技术类别分布

6.3.2 加大语义出版领域知识库的开发力度

领域知识库是对领域知识进行管理、存储和利用的常见工具,是发挥语义出版知识价值的基础性工程。对此,出版业需要大力提升领域知识库的内容组织与储备能力,加强语义出版的前端内容建设和开发力度。领域知识库的建设过程,既包括对原始内容资源进行知识单元的抽取、标识和分类,并以机器可理解、可处理的方式来表示,又包括通过领域本体的构建、领域人工专家经验知识的补充,使知识库具有分析推理产生新知识的功能。基于此,可从以下3个方面提升语义出版领域知识库的开发力度,以期实现加快出版资源整合、降低成本、提高市场竞争力的目标。

一是充分发挥人力与内容资源优势,创建特色突出、专业鲜明的本地化知识库。2015年,在以学术出版的知识组织和知识服务为主题的专题研讨会上,国家新闻出版广电总局数字出版司负责人曾表示,传统出版业拥有海量的数字内容资源,其质量受到普遍认可,专业化程度较高,但是在服务层面则较为落后,难以匹敌现有的信息集成与服务商,尤其是用户意识较为薄弱,因此,需要构建一种全新的知识体系及服务形式来充分发挥传统出版机构的人力与内容优势,拓展已有的出版业务形态。而领域知识库便是出版业构建知识体系的具体路径。并且,该路径是在最大限度地利用和整合专业领域作者资源、编辑资源，以及自身长期积累的内容资源，是能够促进语义出版发展的切实可行的前进道路。

二是加强已有开放知识组织体系的共享利用，扩充和验证领域本体的知识结构及内容描述。一般而言，知识组织体系具有范畴分类、概念关系、定义注释等功能，可以有效辅助领域本体的构建。20世纪80年代以来，我国已编制出版多部大型综合性或专业性知识组织体系，其中，叙词表是重要的组成部分。目前，经过笔者查证我国有实体资料的叙词表便有149种，综合性叙词表的代表有《汉语主题词表》《中国分类主题词表》等，2000年以来的专业性叙词表有《压水堆核电站主题词表》《中国中医药学主题词表》《广播电视音像资料叙词表》《肿瘤专业文献分类主题一体化词表》《黄河水利科技主题词表》《海军主题词表》《地质学汉语叙词表》《电力主题词表》《测绘学叙词表》等。由此可见，现有的知识组织体系成果较为丰硕，涉及专业领域较多，并且已逐渐呈现出网络化、数字化、开放化的应用特征。出版业可借此机会引入知识组织体系，使之与出版内容资源或其他相关资源互联互通，将之用于切词、信息抽取、聚类、词频统计等文本信息处理流程，让之服务于知识库构建过程中的计算语言学应用。可以建立知识库自动化分类系统，实现对海量内容资源进行自动标注、知识关联、知识组织、知识揭示的功能。可以通过词族知识概念体系，推进"分类（类目词）—主题词—关键词"的主题分类一体化应用，达到领域知识库内学科导航的目的。从自身本质就属于知识本体的意义上来说，还可进行智能推理、语义聚类和跨语言检索。

三是采取"众包"模式，探索"分布建设、集成应用"的语义出版知识库发展新模式。所谓"众包"模式，是指部分专业出版机构按照服务领域划分，联合开展专业数字内容资源知识库建设的探索，包括各个出版机构依据内容资源的规律和特征，形成数据储存标准研制、语义分析、知识挖掘等关键技术应用、知识库功能设计与层级构建等。语义出版的发展不能仅靠一家独大，更需要发挥中小型出版机构的优势，探索多方分散型出版资源的数据加工和集群管理模式。对于中小型出版机构而言，采用"众包"模式是参与语义出版建设、降低转型升级风险成本、挖掘优势资源内在价值的重要举措，能够充分保留出版内容资源的延展性权利，即出版机构具有先占权，一旦内容资源或领域知识库被利用而产生任何商业价值，出版机构都能从中分取相应利益。同时，"众包"模式也能够有效弥补大型出版机构专业知识的缺陷与不足。

此外，需要明确的是，增强语义出版领域知识库的开发力度，是在推动语义出版流程与传统出版流程的有效整合的前提下，只有这样，才能实质性将语义化、关联化、知识化的内容生产工作流纳入出版机构的整体数字化运营体系，才能有效保障领域知识库构建工作的有序展开。

6.3.3 强化语义出版人才队伍的持续建设

语义出版是出版产业的革命，而革命的主要动力来自具有创新意识和专业技能的人力资源储备，包括开展语义出版业务的专业编辑、产品、技术、营销等多个方面的人力资源。加强语义出版人才队伍建设，需要从选题策划、思想观念、技术能力、营销方式等方面实现语义出版人才自我知识的迭代更新，而不仅是传统式"选题—组稿—审稿—编辑加工—校对"的编辑能力培训和信息化软件、数字出版平台的操作使用。当前，从出版业的实际出发，强化我国语义出版人才队伍的持续建设，可从两个方面推进，一是现有编辑资源的能力升级，二是复合型人才的培养和引进。

第一，在知识经济条件下，编辑资源依然是出版企业竞争力的核心，编辑资源的价值是出版其他任何环节都不可取代的。对于编辑而言，其知识结构应是一个科学的、有机的、完善的体系，是一个不断与外界循环的机体，应当拥有某一专业知识造诣和较为高深的学术水平，也应具有一定广博性，具备洞察学术动向的敏感力和预测学科发展趋势的超前感[1]。在语义出版的发展要求下，传统编辑工作的内容、工序、手段等都发生了根本变化，编辑能力需要在知识加工、技术经验、用户互动3个层面提升和完善。

知识加工，体现为在出版内容数量不断激增和传播速度不断加快的前提下，编辑人员需要在一系列语义技术的自动化加工处理的基础上，依托敏锐、专业的编校能力，对出版内容的语义标引结果、领域词汇抽取结果、内容实体间关联结果进行严格甄选和修订，包括知识单元的标引颗粒度、准确性、完备程度、有效性等，以保障编辑活动的高效和专业。

技术经验，是指编辑人员需要不断接收实时化、立体化、智能化语义技术的冲击，汲取语义出版的新动态、新标准、新技术、新模型，将持续积累的语义出版知识转化为应用于语义出版实践的经验基础，从而通过能

---

[1] 吴平. 编辑本论[M]. 武汉：武汉大学出版社，2005：127-131.

力增强用户的阅读体验。技术经验的提升，应侧重于语义出版在内容组织和表现形式上科学的整合和重组、灵活的制作和封装，摆脱以往以传统文字内容策划和纸质出版为工作核心的"平面"编辑思维，重点观察和优化图、文、声、像等各种传达信息知识方式的关联合理性和创新性、动态重组的稳定性和快捷性、页面展示的效果和友好性、服务产品的兼容性和易操作性等。

用户互动，要求改变传统编辑状态下"作者→编辑→用户"的单向线性方式，强化知识流动过程中编辑与作者、用户之间更为丰富的交互能力。在此过程中，编辑需要发挥敏锐的洞察能力和策划能力，紧密围绕作者、用户的需求体验和反馈信息，发现一些潜在的规律和关系，及时动态掌握当前的研究热点，实时调整选题策划、服务产品的设计与实施方式，使得策划、选题、服务、营销等活动更有方向性[1]。

第二，在复合型人才的培养和引进方面，可考虑依托出版机构，联合高等院校、科研院所、信息技术企业等共同构建一支了解知识组织和知识服务原理、掌握基本技术技能、洞察用户行为规律的复合型、专业化、层次化的学术梯队和人才队伍。一般而言，出版机构拥有丰富的出版内容资源及专业化编辑人才队伍，高等院校和科研院所在人员新生力量、技术/资源获取能力、理论研究基础等方面均具有一定优势，信息技术企业则拥有强大的技术研发能力和丰富的项目实施经验。四方通过合作和学习，能够形成人才资源的优势互补，这将推动语义出版的快速普及与可持续发展。具体来看，出版机构可与高校、研究机构、相关技术企业联合设立专业课程，制定语义出版人才培养计划，逐步建立起面向实践的语义出版产业人才建设机制，培养对象包括出版企业在岗人员、专业学生，由此可向出版产业定向输送出版与科技知识相融合的基础型和高级型人才。

6.3.4 探索语义出版服务产品的盈利模式

目前，从数字出版产业链的视角来看，开展语义出版服务的主体涉及产业链上下游多个环节，既有上游的信息技术提供商，又有下游的信息集成服务商和以图书馆为代表的服务对象。相对于其他服务主体，出版机构具有一定先天优势，但也存在较大挑战。出版机构拥有大量优质出版内容及

---

[1] 闻丽，周光睿，谢荣秀. 中国科技期刊语义出版中编辑活动变化趋势[J]. 中国科技期刊研究，2016，27（12）：1274-1278.

版权归属，不涉及语义出版过程中出版内容再加工的知识产权侵犯问题，拥有稳定的、专业的作者和编辑资源，很大程度上可以等同为推进语义出版开展的资源质量审核、知识体系构建的专家资源，拥有具有较大黏性的用户资源，由此可以较为准确地获取用户对知识服务产品的需求，有助于将语义出版服务产品转化为经济效益。但是，为适应市场经济条件和谋求自身持续发展，出版机构必须以商业利润为目标，探索语义出版服务产品的盈利模式。目前，"互联网+"时代出版业的盈利模式主要指的是出版机构基于新的媒介生态下多点支撑的盈利方式，主要包括平台模式、数据模式、延伸价值链模式，具体涵盖下载内容付费、在线浏览内容付费、单次付费和包月/包年付费，注重用户驱动、立体开发、提升体验的服务产品开发，注重效率化、便利化、个性化的服务产品消费，注重出版内容的版权保护[1]。据此，结合语义出版的特性，以及现有的持续积累的内容、人力等资源优势和实践经验，出版机构探索语义出版服务产品的盈利模式，可从以下3个方面开展。

一是挖掘语义出版用户需求，提升用户知识服务体验。被公认为传播学之父的美国学者威尔伯·施拉姆（Wilbur Lang Schramm）曾于20世纪50年代在其著作《传播学概论》中提出了一个受众对信息内容选择的公式，即选择的或然率=报偿的保证/费力的程度，分子受信息内容本身及受众对信息满意度的影响，分母受信息传播渠道及其可获取性的影响[2]。这就要求在开展语义出版知识服务进程中，所提供的知识服务产品需要匹配用户个性化目标需求，且产品获取过程中需要保障产品的易得性和易用性。由此，在前期用户服务需求调研方面，需提前界定核心用户，可以采用深度访谈、眼球实验、用户行为计算等方式获取用户潜在知识关注点，不断优化和完善知识单元的组合层级及其显示结构，从而有助于出版机构迅速定制内容和设计版面，在节省用户时间的同时提升用户体验，增加用户黏性，使出版机构获取更多利润。

二是根据出版资源优势，加强语义出版特色产品开发。出版资源优势不仅局限于内容优势，还包括用户优势、技术优势、人力优势、品牌优势等。任何一个新兴业态的开展和推进，必然会受制于资源、环境和支持的力度，出版业只有充分挖掘和利用自身出版资源优势，才能以最优的资源

---

[1] 程忠良. "互联网"+时代出版业发展路径研究[M]. 合肥：中国科学技术大学出版社，2016：128-129.
[2] 张青. 受众选择时代的期刊发展策略[J]. 出版发行研究，2012（5）：78-80.

组合配置设计出符合机构发展规划且能够直接创造出经济效益的出版产品。例如，专业出版机构可根据医学、农学、工程学、计算机科学、理学、社会科学等细分专业设置，构建符合内容特色和人才力量的知识组织体系及以此为基础的专业知识体系内容。中小型专业出版机构也应充分发挥自身出版内容优势，只有遵循以点及线、以线及面的发展原理，才能最大程度发挥语义出版知识服务的功效价值。以标准、年鉴、机构名录、百科全书等工具书为主的出版机构，也可侧重于底层工具产品的开发，以满足下一阶段语义出版产品查询与验证的服务需求。此外，在产品开发的目标方面，可从满足用户某一个点的刚性需求入手，再迅速推进铺开，以一定成本基础不断尝试性开展语义出版知识服务，该盈利模式会更为稳定、持续和长久。

三是优化语义出版知识产权保护工作。网络技术和数字出版的发展，拓展了出版业的内容在线发展空间，给出版内容提供者带来了新的经济增长点，但由于在网络和新媒体环境下，数字内容极易被复制、加工和再发布，这就对内容资源的知识产权保护手段提出了更高的要求。当前，我国出版业也越来越清楚地认识到，网络出版的版权保护问题愈发凸显。语义出版是以网络传播为主的出版形态，除去设置密码、付费浏览等控制访问产品的技术保护措施和添加数字水印、DRM 技术等识别授权产品的技术保护措施之外，还需重视专利和软件著作权的保护效用。专利和软件著作权的申请，是使技术开发成果获取版权属性、实现版权增值的有效途径。一方面，可以明确技术信息的专有权利和权益，保障知识服务产品的独占性和异质性；另一方面，也可通过部分或全部权利转让获取一定利润。

需要注意的是，语义出版服务产品的目标之一必然是获取可观的经济效益，但在现阶段，语义出版服务产品的盈利模式还处在一个循序渐进、按部就班的上升过程，也有可能是一个"进取—否定—再进取"的循环过程，这需要出版业在前期准备中在成本可控范围内扎实地做好基础资源建设工作，持以长远的发展视角来看待和探索语义出版产品的盈利模式。

6.4 小结

语义出版是数字出版的高级形态，是知识服务的重要表现形式。随着我国对数字出版和知识服务投入的不断加大，语义出版展现出强大的发展动力。目前，以出版机构、信息服务商、信息集成商、信息技术提供商、图书馆为主体的语义出版建设机构均在语义出版内容建设与服务方面付诸了一系列行动，在此过程中，由单一建设逐步向融合合作转变，呈现出共建共赢的语义出版发展态势，并探索性取得了较好的实践结果，包括建设基于语义的知识服务平台，制定行业标准规范，构建领域本体，发布以图片、数据、某一主题等知识单元为对象的知识产品等。但同时，作为一个新兴的出版业态，语义出版在转型的过程中还需解决诸多问题，需要从战略层面优化培育语义出版市场环境，从产业层面持续推进语义出版实践发展，在此过程中，不断提升我国语义出版水平，促进出版业朝着技术、知识、服务密集型的方向加速发展。

  目前，在战略层面，一是需要政策环境的持续支持和不断优化，重点支持产学研模式的技术对接；二是支持语义出版示范性平台建设，以起到全局指导作用；三是构建"国家—行业—企业"三级标准体系，以利于知识单元语义关联和共享发布；四是加强语义出版理论探索，以经过实践检验的理论方法科学指导我国语义出版的发展。同时，在产业层面，一是联合语义出版多元建设主体的力量，共同推动核心技术的研发建设；二是从充分发挥自身优势、加强开放知识组织体系的共享利用、探索"众包"策略下的知识库共建模式3个方面提升语义出版领域知识库的资源储备能力；三是从现有编辑资源能力升级和复合型人才培养与引进两个方面强化语义出版人才队伍的持续建设；四是重点关注语义出版服务产品的盈利模式。

  需要注意的是，语义出版是一个不断创新发展的出版业态，需要出版业在语义出版前期阶段做好基础资源建设工作，需要以一个长远的发展视角来看待语义出版的知识供给价值和经济盈利价值，需要多方的共同努力才能真正实现语义出版的价值功效，才能实质性深化我国出版产业的改革路径。

第 7 章 研究总结与展望

本研究结合知识组织理论、科学交流理论、社会网络、用户行为特征等，提出开放信息环境下的学术资源产生渠道、出版形态和用户交互模式，并从语义出版的流程与步骤、功效特征等视角，设计语义出版的语义网络揭示框架与实现路径，立足于我国实践发展提出语义出版的推进策略及相关建议，构建适用于我国语义出版发展的策略体系。本章节在对上述研究进行总结的基础上，着重提出了本研究的主要结论，说明了创新点及不足之处，并对后续的研究方向和研究内容加以展望。

7.1 主要结论

本研究经过一系列调查、访谈和研究工作，取得了如下几个主要结论。

①通过梳理和总结国内外语义出版相关研究现状、探索实践，本研究认为，国内外学界和业界对语义出版给予了高度关注，语义出版的成功研发可以推动数字内容的结构化和关联性，增强机器对数字内容的可理解能力，使之更有利于内容的按需重组与集成，有利于实现大规模、个性化的内容服务，从而创新信息服务模式，在知识生产、利润提升和产业服务方面起到积极作用。但是，首先，语义出版的内涵和外延在语义网技术和相关驱动技术的革新中不断更新，有必要对语义出版的定义概念进行系统性梳理，加强语义出版在知识组织、知识服务范畴的理论拓展。其次，语义出版实现方

法的研究成果缺乏面向语义出版流程的方法层面的系统性梳理，而且相关实现方法的可用性和兼容性还有待检验。最后，语义出版在知识服务视角下的应用场景和服务形态尚未形成，语义出版服务产品及其发布形式的设计规划较为缺失。

②语义出版概念中的"语义"可以理解为数据（含各种统计或测量的数字数据和符号、声音、图像等模拟数据）、词汇、句子、篇章等内容资源所蕴含的概念意义或逻辑意义，以及内容资源之间的关联意义，而语义出版概念中的"出版"则符合现代出版学对出版的基本定义。语义出版在内容层面强调信息知识，突破了图书、期刊、报纸、工具书等传统出版物内容资源的限制，注重融合社会化媒体资源和开放获取资源等其他信息来源的发布内容，注重多来源内容资源的细颗粒度加工、知识化组织与语义性关联，在复制与传播层面强调以屏幕显示为复制手段，以计算机、手机等电子通信设备为传播渠道。

③相对于数字出版，语义出版实现流程的独特性体现在：一是增添了出版机构主动式内容采集的过程，使得内容采集资源和内容创作资源构成了语义出版的资源基础，而不局限于拥有版权属性的本地资源仓储；二是细化了内容编辑与发布的环节内容，侧重于内容的结构化加工、语义化关联、知识化挖掘和动态化重组与发布；包括从海量内容资源中抽取一定的知识单元，对其进行语义化标引、关联、分析和评价，并形成机器可读的规范化表示方式，以可视化、交互式的在线表现形式对外呈现出来，充分盘活出版内容资源的知识属性，增强了内容资源的检索、聚类和应用的功能，提升了内容资源的深度开发和集成应用的能力；三是在内容消费阶段重点关注用户、作者、编辑三者之间的反馈与互动，颠覆了传统出版的线性出版流程，同时，融入大众参与方式，让用户参与语义标注等环节的构建与更新。

④语义出版内容组织的基础是对语义元素的抽取与识别，可理解为对知识单元的语义特征进行提取和描述，语义关系揭示是对知识单元之间的语义结构进行理解和关联，语义网络聚合是围绕学科、主题、机构、作者等需求和行为要素，根据语义结构对知识单元进行有序集成。其中，内容元素是语义出版内容组织的核心元素，主要包括：主题/关键词或人、机构、项目、基金、活动等科研实体；具有独立属性和表现格式的知识单元，如图片、表格、视频/音频等；专门以数值方式表示的科学/实验数据集，配以相关的数据描述和解释说明，如实验工具、实验材料、代码、参数指标；基于论证

视角的科学陈述元素,包括学术观点、科研结论、科学事实及规则(如科学研究方法等)、理论依据(如公式、公理等);引文数据集的引证态度(正引、负引)描述及结构化存储(如题名、作者、卷期、出版者等)。此外,还应着重从书目、术语、引证、论证和科研本体这 5 个视角,加强语义出版的语义关系与语义网络的构建,并对其描述表达方式、揭示技术手段进行不断优化。

⑤以用户为导向开展语义服务,是符合经济时代要求的将技术创新研发与出版内容资源相结合的知识服务新业态。目前,用户需求主要集中于选题热点推荐与评估、核心内容相似性检测、寻求科研合作伙伴、知识社群的即时交互、移动知识获取等。对此,可结合用户的知识程度、需求场景和浏览方式的不同,分别提供面向系统学习的知识化服务、面向场景识别的精准化服务和面向移动应用的碎片化服务。此外,就语义出版产品的类型而言,它既可以是一种基于传统出版物的内容增值形式,又可以是一种面向主题、评价和推理的出版资源集成平台(包括图片库、视频库等数据集),还可以是一种基于本体的知识体系自动化发布模型。其中,基于文献增值的语义出版产品,是指针对特定形态文献进行原有知识内容的语义扩充,表现为内部内容增强和外部数据关联,并依据用户个性化需求和信息行为特征进行知识语义相关性关联、评价、排序和推荐,以丰富出版物内容、改善科学传播质量。

⑥当前,我国政府出台了一系列政策措施促进信息服务产业结构朝着技术、知识、服务密集型的方向加快发展,出版业也重新审视了爆发式信息增长环境下的自身定位,不少出版机构提出并践行着向知识服务商转型的发展目标。语义出版是我国出版业开展知识服务的主流方向之一,特别是语义技术、本体等为语义出版提供了技术基础,出版机构的集团化结构调整也提升了出版内容资源的整合规模,拓展了语义出版的资源基础,体系化知识单元的服务供给需求也奠定了语义出版的用户基础。但同时,我们也应注意到制约语义出版进一步发展的诸多问题。例如,语义出版市场培育环境和产业发展环境较不成熟。由此,需要优化语义出版发展的政策环境、支持语义出版示范性平台建设、加快语义出版标准体系建设、加强语义出版理论探索、着力语义出版核心技术的联合研发、加大语义出版领域知识库的开发力度、强化语义出版人才队伍的持续建设、探索语义出版服务产品的盈利模式。

7.2　研究不足与展望

本研究对语义出版开展了较为系统、深入的研究，对相关概念基础、体系框架、内容组织和服务形态进行了积极探索，但由于客观研究条件、时间和个人研究能力的限制，本研究在以下方面还存在诸多不足，在以后的工作中将会着重研究和补充。

一是缺乏语义出版技术标准的本体构建。本研究只是罗列了较为通用的语义出版的相关技术、标准规范，缺乏对多源技术标准体系的本体集成。例如，面向学术文献的 SPAR，全称是 Semantic Publishing and Referencing，是由核心本体、相关本体、神经医学语义应用本体、本体设计模式和外部本体构建而成的本体集合，包含了出版过程的文档描述、书目数据标识、文献引用类型及统计（CiTO/C4O）、书目参考（BiRO）、文档区块及状态（DoCO/PSO）、作者角色及贡献（PRO）、文献发布工作流（PWO）等，构建过程参考了 FRBR、DC、SKOS 等其他已有本体。下一步可参考该框架进行适用于我国语义出版发展环境的本体集合构建研究。

二是缺乏语义出版的实证系统开发。尽管从学术资源语义整合框架、技术路径和服务形态等方面系统阐述了语义出版的建设思路与关键技术，但缺乏以出版资源为基础的实证系统开发，缺乏对上述语义出版实现方法和服务形态的合理性和适用性的验证和完善。

三是语义出版的理论探索并不完善。本研究结合知识组织与知识服务理论、科学交流理论、现代出版学等相关理论基础，提出了语义出版的概念基础、体系框架和内容组织。但明显语义出版的理论体系远不止如此。语义出版的理论体系将随着互联网的语义技术发展而不断深化，同时，语义出版又是一项兼具综合性、交叉性和跨界性的研究课题，既有内容组织、算法逻辑，又有技术实现、工具构造，既有版权保护、信息安全，又有协同共建、运营盈利，因此，还需围绕上述问题不断完善语义出版的理论体系。

综合本研究的研究结论及存在的研究不足，尤其是由于篇幅、研究整体性的限制，还存在以下问题值得下一步的深入研究。

一是在语义技术、信息科学等领域发展的推动下，语义出版正稳步朝着成熟化和实例化迈进，也在不断挑战着出版业内容加工与传播模式。未来语义出版技术的相关研究将继续以"特征描述—特征抽取—知识关联"技术框架为基础不断丰富和发展。其中，出版资源的富语义建模研究仍有进

第7章
研究总结与展望

一步发展的空间,如何不断完善、丰富和创新出版资源的组织体系、集成工具和服务形态,如何实现出版资源语义特征的自动抽取等问题仍是未来各界关注的重点技术内容。因此,下一步研究可加强对已有知识组织体系的集成、融合及映射研究,加强对知识组织体系构建方法、工具及标准的研究,如概念遴选工具、新词发现工具、概念关系构建方法、语义计算、本体网络等。

二是语义出版涉及资源、技术、人员等,投入成本较高,小规模的出版机构难以独立完成,需要一定的开放共享机制的支持,如小规模出版机构的元数据资源共享,专业出版机构可以根据本机构的资源特点构建领域知识库。那么,如何有效整合语义出版产业链的不同建设主体资源,正确把握和控制竞合关系、利益分配及产业链整合,是值得深入研究的重要内容。

三是语义出版的实践性要求进行实证研究,将相关研究运用于具体的内容组织、语义关联和知识揭示之中,限于现有条件,下一步将更多地以工程技术领域或某一学科的科技文献资源为实证基础,借助《汉语主题词表》《英文超级科技词表》等知识组织工具,探索以 RDF 三元组为描述方式大规模发布科技文献的知识节点和知识关系链接,实现多类型、多来源的海量数据基于知识节点的数据融合,以 SPARQL 引擎实现科技文献数据的开放复用与智能查询,解决和突破知识关联网络的构建、存储、组织、索引和检索等关键问题。

附 录

附录1 访谈提纲

机构名称：_____　　　　姓名：_____
访谈时间：_____　　　　地点：_____

一、语义出版的基本概念与组成部分

您认为什么是语义出版？语义出版的表现/服务形式都有哪些？或是您认为应该从哪些方面更好地展现和获取知识？

语义出版的流程依次包括哪些？与传统出版流程有何不同？

编辑在语义出版中的作用。

语义出版的关键技术和底层内容资源应包括哪些？

语义出版应坚持"技术为王""用户为王"还是"内容为王"？

二、语义出版的内容组织方式

语义出版过程中如何应用和设计标准规范。DC、MARC、RDA、FaBiO等元数据标准及其语义化表示功能的实践性如何？

怎么看待知识库、本体在语义出版中的价值？

语义出版内容建设与服务过程中出版业和图书馆等其他机构的优势和区别在哪里？

三、语义出版的发展方向

对当前我国语义出版的理论研究与实践应用进行评价。(可扩展至国外语义出版发展对我国有什么启示)

语义出版服务的盈利模式应该如何设计?

语义出版的发展前景如何?您觉得需要在哪些方面进行深入研究?

附录 2 高链接量关联数据的集合目录（TOP50）[1]

排序	被链接次数	ID	数据名称	数据创建者	存储地址	数据类别	最新更新日期
1	341	1073	DBpedia	DBpedia Team - http://wiki.dbpedia.org/Imprint	https://datahub.io/dataset/dbpedia	跨学科	2016/7/30
2	229	566	NCI Thesaurus（国家癌症研究所词表库）	NCICB Support	https://datahub.io/dataset/bioportal-ncit	生命科学	2013/10/10
3	219	722	SNOMED Clinical Terms（系统临床医学术语集）	Vivian A. Auld	https://datahub.io/dataset/bioportal-snomedct	生命科学	2013/10/10
4	212	1044	Medical Subject Headings（医学主题词表）	Stuart Nelson, M.D.	https://datahub.io/dataset/bioportal-msh	生命科学	2013/10/10
5	204	127	NIFSTD（神经科学信息框架标准本体）	Fahim Imam	https://datahub.io/dataset/bioportal-nif	生命科学	2013/10/10
6	196	82	Logical Observation Identifier Names and Codes（逻辑观察标识符名称和代码系统）	Ms. Kathy Mercer, LOINC Developer	https://datahub.io/dataset/bioportal-lnc	生命科学	2013/10/10
7	194	1145	MESH Thesaurus（OWL version）（国家医学图书馆医学主题词表）	Robert Hoehndorf	https://datahub.io/dataset/bioportal-mesh-owl	生命科学	2013/10/10

[1] 数据集结果为 2017 年 1 月 26 日版关联数据云（http://lod-cloud.net/2017-01-26），ID 为关联数据云赋予的唯一标识码。

续表

排序	被链接次数	ID	数据名称	数据创建者	存储地址	数据类别	最新更新日期
8	193	31	Cancer Chemoprevention Ontology（癌症化学预防本体）	Dimitris Zeginis	https://datahub.io/dataset/bioportal-canco	生命科学	2013/10/10
9	188	1158	Read Codes, Clinical Terms Version 3 (CTV3)（临床术语第三版）	NHS Information Authority Loughborough	https://datahub.io/dataset/bioportal-rcd	生命科学	2013/10/10
10	187	563	CRISP Thesaurus, 2006（计算机检索科学项目信息词典）	Anita Ghebeles	https://datahub.io/dataset/bioportal-csp	生命科学	2013/10/10
11	166	610	Experimental Factor Ontology（实验因素本体）	James Malone	https://datahub.io/dataset/bioportal-efo	生命科学	2013/10/10
12	152	396	Suggested Ontology for Pharmacogenomics（药物基因组学建议本体）	Adrien Coulet	https://datahub.io/dataset/bioportal-sopharm	生命科学	2013/10/10
13	150	752	GeoNames Semantic Web（地理名称学语义网）	Bernard Vatant	https://datahub.io/dataset/geonames-semantic-web	地理科学	2016/7/30
14	145	110	Ontology for Biomedical Investigations（生物医学调查本体）	OBI Consortium	https://datahub.io/dataset/bioportal-obi	生命科学	2013/10/10
15	139	1247	RadLex（放射学词汇）	Radiological Society of North America	https://datahub.io/dataset/bioportal-rid	生命科学	2013/10/10
16	136	388	Cancer Research and Management ACGT Master Ontology（癌症研究与推进临床基因组试验管理本体）	Mathias Brochhausen	https://datahub.io/dataset/bioportal-acgt	生命科学	2013/10/10

续表

排序	被链接次数	ID	数据名称	数据创建者	存储地址	数据类别	最新更新日期
17	131	54	BIRNLex（生物医学信息研究网络项目词典）	William Bug	https://datahub.io/dataset/bioportal-birnlex	生命科学	2013/10/10
18	130	928	Cell line ontology（细胞系本体）	Usha Mahadevan	https://datahub.io/dataset/bioportal-mccl_x1	生命科学	2013/10/10
19	127	920	Bone Dysplasia Ontology（骨发育不良本体）	Tudor Groza	https://datahub.io/dataset/bioportal-bdo	生命科学	2013/10/10
20	124	565	NIF Dysfunction（神经科学信息框架功能障碍）	Fahim Imam	https://datahub.io/dataset/bioportal-nif_dysfunction	生命科学	2013/10/10
21	120	205	Health Level Seven（卫生信息交换标准）	Methodology and Modelling Committee	https://datahub.io/dataset/bioportal-hl7	生命科学	2013/10/10
22	116	929	eagle-i research resource ontology（eagle-i 研究资源本体）	Carlo Torniai	https://datahub.io/dataset/bioportal-ero	生命科学	2013/10/10
22	116	978	BioAssay Ontology（生物医学本体）	Stephan Schurer	https://datahub.io/dataset/bioportal-bao	生命科学	2013/10/10
24	115	350	NIF Cell（神经科学信息框架细胞）	Fahim Imam	https://datahub.io/dataset/bioportal-nif_cell	生命科学	2013/10/10
25	113	771	Sleep Domain Ontology（睡眠域本体）	Sivaram Arabandi	https://datahub.io/dataset/bioportal-sdo	生命科学	2013/10/10

附　录　159

续表

排序	被链接次数	ID	数据名称	数据创建者	存储地址	数据类别	最新更新日期
26	111	480	National Drug File（国家药物档案）	Michael J. Lincoln MD	https://datahub.io/dataset/bioportal-ndfrt	生命科学	2013/10/10
27	109	1008	Malaria Ontology（疟疾本体）	Pantelis Topalis	https://datahub.io/dataset/bioportal-idomal	生命科学	2013/10/10
28	106	171	International Classification for Nursing Practice（国际护理实践分类）	Amy Coenen	https://datahub.io/dataset/bioportal-icnp	生命科学	2013/10/10
29	105	217	SemanticScience Integrated Ontology（语义科学集本体）	Michel Dumontier	https://datahub.io/dataset/bioportal-sio	生命科学	2014/7/30
29	105	1012	Human developmental anatomy, timed version（人体发育解剖学）	EMAP Administrators	https://datahub.io/dataset/bioportal-ehda	生命科学	2013/10/10
31	104	624	Cardiac Electrophysiology Ontology（心脏电生理学本体）	Raimond L. Winslow, PhD	https://datahub.io/dataset/bioportal-ep	生命科学	2013/10/10
32	102	653	Vaccine Ontology（疫苗本体）	Yongqunh He	https://datahub.io/dataset/bioportal-vo	生命科学	2013/10/10
33	101	1009	NanoParticle Ontology（纳米粒子本体）	Nathan Baker	https://datahub.io/dataset/bioportal-npo	生命科学	2013/10/10
34	99	623	MedDRA（国际医学用语词典）	MSSO Help Desk	https://datahub.io/dataset/bioportal-mdr	生命科学	2013/10/10
35	98	482	eVOC（Expressed Sequence Annotation for Humans）（表示人类基因组序列注释）	Evoc Administrators	https://datahub.io/dataset/bioportal-ev	生命科学	2013/10/10

续表

排序	被链接次数	ID	数据名称	数据创建者	存储地址	数据类别	最新更新日期
36	97	1002	Online Mendelian Inheritance in Man（人类孟德尔遗传数据库）	Jan Willis, NLM	https://datahub.io/dataset/bioportal-omim	生命科学	2013/10/10
37	95	1227	Neural ElectroMagnetic Ontologies（神经电磁本体）	Gwen Frishkoff	https://datahub.io/dataset/bioportal-nemo_x1	生命科学	2013/10/10
38	94	808	Uber anatomy ontology(Uber解剖本体)	Chris Mungall	https://datahub.io/dataset/bioportal-uberon	生命科学	2013/10/10
39	91	1150	Brucellosis Ontology（布鲁氏菌病本体）	Yongqunh "Oliver" He	https://datahub.io/dataset/bioportal-idobru	生命科学	2013/10/10
40	85	451	Influenza Ontology（流感本体）	Burke Squires	https://datahub.io/dataset/bioportal-flu	生命科学	2013/10/10
41	84	478	COSTART（不良反应词库编码标志）	U.S. Food and Drug Administration Center for Drug Evaluation and Research	https://datahub.io/dataset/bioportal-cst	生命科学	2013/10/10
42	83	223	Subcellular Anatomy Ontology（SAO）（亚细胞解剖学本体）	Maryann Martone	https://datahub.io/dataset/bioportal-sao	生命科学	2013/10/10
43	82	969	Gene Ontology（基因本体）	Gene Ontology	https://datahub.io/dataset/bioportal-go_x2	生命科学	2013/10/10
43	82	1057	Host Pathogen Interactions Ontology（宿主病原体相互作用本体）	Wageningen UR Livestock Research	https://datahub.io/dataset/bioportal-hpio	生命科学	2013/10/10

续表

排序	被链接次数	ID	数据名称	数据创建者	存储地址	数据类别	最新更新日期
45	80	772	NCBI organismal classification（国家生物技术信息中心生物分类）	NCBI information	https://datahub.io/dataset/bioportal-ncbitaxon	生命科学	2013/10/10
46	79	97	Adverse Event Reporting ontology（不良事件报告本体）	Melanie Courtot	https://datahub.io/dataset/bioportal-aero	生命科学	2013/10/10
46	79	508	Ontology for Drug Discovery Investigations（药物发现研究的本体）	Larisa Soldatova; Da Qi (ddq@aber.ac.uk)	https://datahub.io/dataset/bioportal-ddi	生命科学	2013/10/10
48	78	355	Gene Ontology Extension（基因本体扩展）	Gene Ontology Consortium	https://datahub.io/dataset/bioportal-go_x1	生命科学	2013/10/10
49	77	860	PMA 2010（应用程序项目组合管理系统）	Jim Martin	https://datahub.io/dataset/bioportal-pma	生命科学	2013/10/10
50	76	418	ICPC-2 PLUS（国际初级保健分类术语集）	Prof Helena Britt	https://datahub.io/dataset/bioportal-icpc2p	生命科学	2013/10/10
50	76	1159	MedlinePlus Health Topics（国家医学图书馆健康主题）	Ms. Naomi Miller	https://datahub.io/dataset/bioportal-medlineplus	生命科学	2013/10/10

参考文献

外文文献

［1］AALBERSBERG I J, HEEMAN F, KOERS H, et al. Elsevier's article of the future enhancing the user experience and integrating data through applications［J］.Insights, 2012, 25（1）: 33–43.

［2］Academic Publishing in Europe［EB/OL］.［2015–04–03］.http: //www.ape2012.eu/.

［3］Altmetric. Top 100 article 2016［EB/OL］.［2017–01–10］.https: //www.altmetric.com/top100/2016.

［4］BALLER S, DUTTA S, LANVIN B. The global information technology report 2016: innovating in the digital economy［R/OL］.［2017–01–07］. http: //www3.weforum.org/docs/GITR2016/WEF_ GITR_ Full_Report. pdf.

［5］BBC Music［EB/OL］.［2015–04–09］. http: //www.bbc.co.uk/music/artists/mostviewed.

［6］BERNERS–LEE T. Linked data–design issues［EB/OL］.［2017–02–02］.http: //www.w3.org/DesignIssues/LinkedData.html.

［7］BERNERS–LEE T, HENDLER J, LASSILA O. The semantic web: a new form of web content that is meaningful to computers will unleash a revolution of new possibilities [J/OL] .Scientific American, 2001 (5) [2015-04-03] . http: //www.scientificamerican.com/ article/the-semantic-web/.

[8] BIZER C. Expert report on linking data [R/OL] . [2017-02-02] . http: //151.1.219.218/b43d3f37-bd5d-4144-9779-b27a0ca3d1d5.pdf.

[9] BIZER C, HEATH T, BERNERS-LEE T. Linked data: the story so far [M] // SHETH A. Semantic services, interoperability and web applications: emerging concepts. Hershey: IGI Global, 2011.

[10] BJÖRK B C, LAAKSO M, WELLING P, et al. Anatomy of green open access [J] . Journal of the association for information science and technology, 2014, 65 (2): 237-250.

[11] BOUKACEM Z C. Online article searching on publisher platforms by STM French scholars: findings and analysis [J] . The Canadian journal of information and library science, 2012, 36 (3): 88-105.

[12] BRAAK K.Update projects to use GBIF metadata profile version 1.1 (currently 1.0.2) [EB/OL] . [2015-06-08] .http: //dev.gbif.org/issues/browse/POR-2460.

[13] CHI Y. The e-volution of publishing: challenges and opportunities in the digital age [J] . Publishing research quarterly, 2014, 30 (4): 344-351.

[14] CICCARESE P, OCANA M, CLARK T. Open semantic annotation of scientific publications using DOMEO [J] . Journal of biomedical semantics, 2012, 3 (1): 1-14.

[15] CLARK T, CICCARESE P N, GOBLE C A. Micropublications: a semantic model for claims, evidence, arguments and annotations in biomedical communications [J] . Journal of biomedical semantics, 2014, 5 (1): 28.

[16] CML. Five key questions form foundation for media inquiry [EB/OL] . [2017-01-10] .http: //www.medialit.org/reading-room/five-key-questions-form-foundation-media-inquiry.

[17] DAVIS J, LAGOZE C. "Drop-in" publishing with the World Wide Web [J] . Computer networks and ISDN systems, 1995, 28 (1-2): 247-255.

[18] DAVIS M. Project 10X's semantic wave 2008 report: industry roadmap

to Web 3.0 & multibillion dollar market opportunities［R/OL］.［2016-10-07］. http：//www.isoco.com/pdf/ Semantic_Wave_2008-Executive_summary.pdf.

［19］Document management—Portable document format—Part 1：PDF 1.7：ISO 32000-1：2008［S/OL］.［2017-01-26］. https：//www.iso.org/standard/51502.html.

［20］DUCHARME B. What can publishing and semantic web technology offer to each other?［EB/OL］.［2015-04-09］. http：//www.snee.com/bobdc.blog/2009/02/publishing-and-semantic-web-te.html.

［21］EDItEUR. Online information eXchange［S/OL］.［2017-01-26］. http：//www.editeur.org/8/ONIX/.

［22］Elsevier. Elsevier announces winners of "apps for science" challenge［EB/OL］.［2017-02-17］. http：//www.prnewswire.com/news-releases/elsevier-announces-winners-of-apps-for-s cience-challenge-132995468.html.

［23］ETTORRE M, PONTIERI P, RUFFOLO M, et al. A prototypal environment for collaborative work within a research organization［C］// International Workshop on Database and Expert Systems Applications. IEEE, 2003：274-279.

［24］Extensible markup language (XML) 1.0：W3C RFC-xml-1998［S/OL］.［2017-01-26］. http：// www.w3china.org/translation/xmlbase20010627_cn.htm.

［25］FAUZI F, BELKHATIR M. Multifaceted conceptual image indexing on the world wide web［J］. Information processing & management, 2013, 49 (2)：420-440.

［26］FERRARA F, TASSO C. Integrating semantic relatedness in a collaborative filtering system［C］// International Workshop on Personalization and Recommendation on the Web and Beyond. 2012.

［27］First public working draft：digital publishing wai-aria module［EB/OL］.［2017-02-01］. https：//www.w3.org/blog/news/archives/4798.

［28］FISTEUS J A, GARCIA N F, FERNÁNDEZ L S, et al. Ztreamy：a middleware for publishing semantic streams on the Web［J］. Web semantics: science, services & agents on the World Wide Web, 2014, 25（2）: 16-23.

［29］ GROTH P, GIBSON A, VELTEROP J. The anatomy of a nanopublication ［J］. Information services and use, 2010, 30（1-2）: 51-56.

［30］ Health informatics—Traditional Chinese medicine literature metadata: ISO/TS 17948: 2014［S/OL］.［2017-01-26］. https://www.iso.org/standard/61081.html.

［31］ HEATH T, BIZER C. Linked data: evolving the web into a global data space［M］. San Rafael: Morgan & Claypool Publishing, 2011.

［32］ HKLIS Dissertations and Theses Collections［EB/OL］.［2017-02-01］. http://library.hkbu.edu.hk/electronic/libdbs/dol.html.

［33］ IFLA Study Group on the Functional Requirements for Bibliographic Records. Functional requirements for bibliographic records［M］. Munich: K.G. Saur Verlag, 1998.

［34］ IFLA. UNIMARC: universal MARC format［M］. London: IFLA International Office for UBC, 1977.

［35］ Information and documentation—Digital object identifier system: ISO 26324: 2012［S/OL］.［2017-01-26］. http://www.iso.org/iso/catalogue_detail?csnumber=43506.

［36］ Information and documentation—Format for information exchange: ISO 2709: 2008［S/OL］.［2017-01-26］. https://www.iso.org/standard/41319.html.

［37］ Information and documentation—International standard audiovisual number（ISAN） —Part 1: audiovisual work identifier: ISO 15706-1: 2002［S/OL］.［2017-01-26］. http://www.iso.org/iso/home/store/catalogue_tc/catalogue_detail.htm?csnumber=28779.

［38］ Information and documentation—International standard book number（ISBN）: ISO 2108: 2005［S/OL］.［2017-01-26］. http://www.iso.org/iso/catalogue_detail?csnumber=36563.

［39］ Information and documentation—International standard link identifier（ISLI）: ISO 17316: 2015［S/OL］.［2017-01-26］. http://www.iso.org/iso/catalogue_detail.htm?csnumber=59560.

[40] Information and documentation—International standard musical work code (ISWC): ISO 15707: 2001 [S/OL]. [2017-01-26]. http: //www.iso.org/iso/catalogue_detail?csnumber=28780.

[41] Information and documentation—International standard recording code (ISRC): ISO 3901: 2001 [S/OL]. [2017-01-26]. http: //www.iso.org/iso/catalogue_detail?csnumber=23401.

[42] Information and documentation—International standard serial number (ISSN): ISO 3297: 2007 [S/OL]. [2017-01-26]. http: //www.iso.org/iso/catalogue_detail?csnumber=39601.

[43] nformation and documentation—The Dublin core metadata element set: ISO 15836: 2009 [S/OL]. [2017-01-26]. https: //www.iso.org/standard/52142.html.

[44] International Digital Publishing Forum.EPUB 3.0 [S/OL]. [2017-01-26].http: //idpf.org/ epub/30.

[45] Internet Engineering Task Force. Open uniform resource locators [S/OL]. [2017-01-26]. https: //www.w3.org/Addressing/URL/url-spec.html.

[46] IPTC. IPTC photo metadata standard [EB/OL]. [2015-06-08]. http: //iptc.org/standards/photo-metadata /iptc-standard/.

[47] KLUMP J, BERTELMANN R, BRASE J, et al. Data publication in the open access initiative [J]. Data science journal, 2006, 5: 79-83.

[48] KUUSI O, MEYER M. Anticipating technological breakthroughs using bibliographic coupling to explore the nanotubes paradigm [J]. Scientometrics, 2007, 70 (3): 759-777.

[49] LANCASTER F W, SMITH L C. Science, scholarship and the communication of knowledge [J]. Library trends, 1978, 27 (3): 367-387.

[50] LEE S K, CHUN A H. Automatic tag recommendation for the web 2.0 blogosphere using collaborative tagging and hybrid ANN semantic structures [C] // Wseas International Conference on Applied Computer Science. World Scientific and Engineering Academy and Society (WSEAS), 2007: 88-93.

[51] LELLA A, LIPSMAN A, MARTIN B. The 2015 U.S. mobile app report [EB/OL]. [2017-01-05]. http: //www.comscore.com/Insights/

Presentations-and-Whitepapers/2015/The-2015-US-Mobile-App-Report.

[52] LEWIS D W. The inevitability of open access [J]. College & research libraries, 2012, 73 (5): 493-506.

[53] LOIZOU A, DASMAHAPATRA S. Recommender systems for the semantic web [C] //ECAI 2006 Workshop on Recommender Systems. 2006: 1-5.

[54] LOPS P, DE GEMMIS M, SEMERARO G, et al. Content-based filtering with tags: the first system [C] // Ninth International Conference on Intelligent Systems Design and Applications. IEEE Computer Society, 2009: 255-260.

[55] MARCONDES C H. Knowledge network of scientific claims derived from a semantic publication system [J]. Information services & use, 2011, 31 (3-4): 167-176.

[56] MAYER D. Mainstream semantic enrichment: a key platform for your growth now easier than ever before [EB/OL]. [2015-04-09]. http://www.stm-assoc.org/2011_12_02_Innovations_Mayer_Mainstream_Semantic_Enrichment.pdf.

[57] NASA scientific and technical information program [EB/OL]. [2017-02-01]. http://www.sti.nasa.gov/find-sti/#ntrsharvest.

[58] New roadmap for future of publishing is underway as W3C and IDPF officially combine [EB/OL]. [2017-02-21]. https://www.w3.org/2017/01/pressrelease-idpf-w3c-combination.html.en.

[59] Office of the Deputy Assistant Secretary of the Army (Research & Technology). Emerging science and technology trends: 2016—2045 a synthesis of leading forecasts report [R/OL]. [2017-01-05]. http://www.defenseinnovationmarketplace.mil/resources/2016_SciTechReport_16June2016.pdf.

[60] Open archives initiative protocol for metadata harvesting [S/OL]. [2017-01-26]. http://www.openarchives.org/pmh/.

[61] Open Calais: Thomson Reuters [EB/OL]. [2015-04-09]. http://www.opencalais.com/.

[62] OSA Publishing. Author guidelines for supplementary materials in OSA

journals[EB/OL].[2015-06-08]. http://aolp.osa.org/submit/style/multimedia.cfm.

[63] PERONI S. Semantic web technologies and legal scholarly publishing[M]. Cham, Switzerland: Springer, 2014: 45-94.

[64] PERONI S, SHOTTON D. FaBiO and CiTO: ontologies for describing bibliographic resources and citations[J]. Web semantics: science, services and agents on the World Wide Web, 2012, 17: 33-43.

[65] Protégé[EB/OL].[2017-03-01].http://protege.stanford.edu/support.php#documentation Support.

[66] QI H Y, LI Y Z. Design of publishing information service system based on Web3.0[J]. IERI procedia, 2012, 2(4): 543-547.

[67] RADOULOV R. Exploring automatic citation classification[D]. Waterloo: University of Waterloo, 2008.

[68] RENEAR A H, PALMER C L. Strategic reading, ontologies, and the future of scientific publishing[J].Science, 2009, 325(5942): 828-832.

[69] ROBERTSON G, CARD S K, MACKINLAY J D. The cognitive coprocessor architecture for interactive user interfaces[C]// ACM Symposium on User Interface Software and Technology. DBLP, 1989: 10-18.

[70] ROWLANDS I, NICHOLAS D, RUSSELL B, et al. Social media use in the research workflow[J]. Learned publishing, 2011, 24(3-4): 183-195.

[71] RSC Semantic publishing[EB/OL].[2015-04-09]. http://www.rsc.org/publishing/project-prospect/.

[72] SÁNCHEZ D, ISERN D, MILLAN M.Content annotation for the semantic web: an automatic web-based approach[J].Knowledge and information system, 2011, 27(3): 393-418.

[73] SCARDILLI B. Pubs21.com: a new semantic search option[J]. Information today. 2014, 31(4): 31.

[74] SCHUHMANN R D, GRABMÜLLER C, KAVALIAUSKAS S, et al. A case study: semantic integration of gene-disease associations for type 2 diabetes mellitus from literature and biomedical data resources[J]. Drug discovery today, 2014, 19(7): 882-889.

[75] Semantic Publishing [EB/OL]. [2015-04-03]. https: // semanticpublishing.wordpress.com/ category/ semantic-publishing/.

[76] SHNEIDERMAN B. The eyes have it: a task by data type txonomy for information visualizations [J]. Craft of information visualization, 1996: 336-343.

[77] SHOTTON D. CiTO, the citation typing ontology [J/OL]. Journal of biomedical semantics, 2010, 1 (S-1): S6. [2015-06-08]. http: // www.ncbi.nlm. nih.gov/pmc/articles/ PMC 2903725/.

[78] SHOTTON D. Semantic publishing: the coming revolution in scientific journal publishing[J]. Learned publishing, 2009, 22 (2): 85-94.

[79] SHOTTON D, PORTWIN K, KLYNE G, et al. Adventures in semantic publishing: exemplar semantic enhancements of a research article [J]. PLoS computational biology, 2009, 5 (4): 1-17.

[80] SMALL H. Co-citation in the scientific literature: a new measure of the relationship between two documents [J]. Journal of the american society for information science, 1973, 24 (4): 265-269.

[81] SUDESHNA D, GOETZ M, GIRARD L, et al. Scientific publications on Web 3.0 [C] // The 13th International Conference on Electronic Publishing. ELPUB, 2009: 107-129.

[82] SURHONE L M, TENNOE M T, HENSSONOW S F. Publishing requirements for industry standard metadata [M]. Beau Bassin: Betascript Publishing, 2010.

[83] Syntax for the digital object identifier: ANSI/NISO Z 39.84-2005 (R 2010)[S/OL]. [2017-01-26]. http: //www.niso.org/apps/group_public/project/details.php?project_id=62.

[84] TANG X W, WAN X J, ZHANG X. Cross language context aware citation recommendation in scientific articles [C] //The Association for the Advancement of Artificial Intelligence. The 28th AAAI Conference on Artificial Intelligence(AAAI 2014), Jul 27-31, 2014, Quebec.

[85] Taylor&Francis open access survey[EB/OL]. [2017-02-01]. http: // www.tandf.co.uk/journals/explore/open-access-survey-june 2014.pdf.

[86] The article of the future: creating an optimal way to communicate research

[EB/OL]. [2015-04-09]. http://www.articleofthefuture.com/about.

[87] The National Technical Reports Library [EB/OL]. [2017-02-01]. http://www.ntis.gov/products/ntrl/.

[88] The OpenURL framework for context-sensitive services: ANSI/NISO Z39.88-2004 (R2010) [S/OL]. [2017-01-26]. http://www.niso.org/apps/group_public/project/details.php?project_id=82.

[89] The Smart Article: discover new enhanced chemistry content [EB/OL]. [2015-04-09]. http://onlinelibrary.wiley.com/subject/code/000128/homepage/new.htm.

[90] TILLETT B B. Bibliographic relationships [J]. Springer netherlands, 2001 (2): 19-35.

[91] Total APC expenditure 2010-14 [EB/OL]. [2017-02-21]. http://files.figshare.com/1542374/Analysis_of_Jisc_Collections_APC_data.pdf.

[92] TUTEN T L, SOLOMON M R. Social media marketing [M]. 2nd ed. Los Angeles: Sage, 2015.

[93] UCREL Semantic Analysis System (USAS) [EB/OL]. [2017-03-01]. http://ucrel.lancs.ac.uk/usas/.

[94] VAN GODTSENHOVEN K. Emerging standards for enhanced publications and repository technology survey on technology [M]. Amsterdam: Amsterdam University Press, 2009.

[95] W3C. OWL [S/OL]. [2017-01-26]. https://www.w3.org/TR/owl-features/.

[96] W3C. Scalable Vector Graphics (SVG) WG: 2 drafts published [EB/OL]. [2016-09-20]. https://www.w3.org/blog/news/archives/4806.

[97] W3C. SKOS [S/OL]. [2017-01-26]. https://www.w3.org/2004/02/skos/.

[98] W3school. RDF [EB/OL]. [2017-03-01]. http://www.w3school.com.cn/rdf/rdf_intro.asp.

[99] WAARD A D. From proteins to fairytales: directions in semantic publishing [J]. IEEE intelligent systems, 2010, 25 (2): 83-88.

[100] WAARD A D, CASTRO A G, LANGE C, et al. Proceedings of the first workshop on semantic publication [EB/OL]. [2015-04-03]. https://svn.kwarc.info/repos/clange/conferences/eswc2011/sepublica/

proceedings/proc.pdf.

[101] WAN X J, LIU F. Are all literature citations equally important? automatic citation strength estimation and its applications [J]. JASIST, 2014, 65（9）: 1929-1938.

[102] WARE M. Access vs. importance: assessing professional and academic information [EB/OL]. [2017-01-14]. https://www.wesrch.com/business/paper-details/pdf-BU1H5HLPVNEUU-access-vs-importance-assessing-professional-and-academic-information#page1.

[103] WARE M, RICCI L. Evolution of the STM publishing platform: an industry overview and roadmap [R]. Minneapolis: Outsell, 2012.

[104] WATSON M. When will "open science" become simply "science"? [J]. Genome biology, 2015, 16: 101.

[105] XIN Z, YUAN X. Treemap visualization [J]. Journal of computer-aided design and computer graphics, 2012, 24（9）: 1113-1124.

中文文献

[1] RDA发展联合指导委员会. 资源描述与检索: RDA[M]. 北京: 国家图书馆出版社, 2014.

[2] SIEGEL D. Web 3.0: 互联网的语义革命[M]. 管策, 译. 北京: 科学出版社, 2013.

[3] W3school. 语义网[EB/OL]. [2017-02-01]. http://www.w3school.com.cn/semweb/index.asp.

[4] 安东尼乌, 等. 语义网基础教程[M]. 胡伟, 程龚, 黄智生, 译. 3版. 北京: 机械工业出版社, 2014.

[5] 百道网. 2011—2015当当数字阅读报告[EB/OL]. [2017-02-21]. http://www.bookdao.com/article/214435/.

[6] 车海燕. 面向中文自然语言Web文档的自动知识抽取和知识融合[D]. 长春: 吉林大学, 2008.

[7] 陈兰杰, 侯鹏娟. 数字文献资源关联关系揭示方法研究[J]. 图书馆, 2015（2）: 41-45.

[8] 陈颖青. 数字出版与长尾理论[M]. 北京: 华夏出版社, 2013.

[9] 程维红,任胜利,沈锡宾,等.中国科协科技期刊数字出版及传播力建设[J].中国科技期刊研究,2014,25(3):340-345.

[10] 程忠良."互联网"+时代出版业发展路径研究[M].合肥:中国科学技术大学出版社,2016.

[11] 丛挺.我国出版企业新媒体技术采纳研究[D].武汉:武汉大学,2014.

[12] 丛挺,徐丽芳.我国出版企业新媒体技术采纳状况分析[J].中国编辑,2015(2):38-41.

[13] 戴维民.语义网信息组织技术与方法[M].上海:学林出版社,2008.

[14] 段宇锋,朱雯晶,陈巧,等.朴素贝叶斯算法与Bootstrapping方法相结合的中文物种描述文本语义标注研究[J].现代图书情报技术,2014(5):83-89.

[15] 方卿.论网络环境下非正式交流的复兴[J].情报理论与实践,2002,25(4):258-261.

[16] 高红.书目关系的综合研究[J].图书情报工作,2006,50(9):108-112.

[17] 龚益.术语、术语学和术语标准化[EB/OL].[2016-09-09].http://www.bjpopss.gov.cn/bjpssweb/n3181c48.aspx.

[18] 关联数据云(LOD Cloud)[EB/OL].[2017-02-01].http://lod-cloud.net/2017-01-26.

[19] 国家新闻出版广电总局办公厅.关于开展专业数字内容资源知识服务模式试点工作的通知[EB/OL].[2017-01-01].http://www.gapp.gov.cn/news/1663/247536.shtml.

[20] 贺德方,曾建勋.科技报告体系构建研究[M].北京:科学技术文献出版社,2014.

[21] 洪娜,张智雄.Protégé在科研本体构建与推理中的实践研究[J].现代图书情报技术,2009,25(Z1):1-5.

[22] 侯春彦,李富岭.科技期刊全方位数字化的成功探索:以《色谱》为例[J].出版发行研究,2014(4):70-73.

[23] 胡吉明.作者同被引视角下的我国信息服务研究分析[J].情报杂志,2009,28(10):170-174.

[24] 化柏林.学术论文中方法知识元的类型与描述规则研究[J].中国图书馆学报,2016,42(1):30-40.

[25] 黄崑,王珊珊,耿骞.国外图像特征研究进展与启示[J].图书情报工作,2015,59(8):138-146.

[26] 黄涛.知识服务的语义匹配机制研究[M].武汉:华中师范大学出版社,2015.

[27] 黄孝章,张志林,陈丹.数字出版产业发展模式研究[M].北京:知识产权出版社,2012.

[28] 黄有璨,吴越.知乎的野心与"新机会"——周源:知乎将进入"平台化"阶段,打造知识服务市场[EB/OL].[2017-01-11].http://mp.weixin.qq.com/s/2HAygt28y3wlRw9z0y5f3Q.

[29] 黄智生,钟宁.海量语义数据处理:平台、技术与应用[M].北京:高等教育出版社,2012.

[30] 基础医学科学数据中心.RNA编辑数据库:元数据标准信息[EB/OL].[2017-01-10].http://www.bmicc.cn/web/share/metadata.

[31] 贾君枝,薛秋红.中文人名名称规范档与维基百科的链接[J].图书情报工作,2015,59(16):129-134.

[32] 蒋南平,龙运书,冉恩贵.经济学基础[M].北京:清华大学出版社,2014.

[33] 开拓创新务实进取 努力开创科技与数字出版工作新局面:孙寿山在全国科技与数字出版管理工作会议讲话[EB/OL].[2016-12-26].http://www.gapp.gov.cn/contents/1301/87210.html.

[34] 柯匹,科恩.逻辑学导论[M].张建军,潘天群,顿新国,等,译.13版.北京:中国人民大学出版社,2014.

[35] 科印网.人民出版社探索语义自动识别技术获得可喜成果[EB/OL].[2015-04-09].http://www.keyin.cn/news/zhhd/201007/21-310120.shtml.

[36] 赖茂生.从电子出版到数字出版[J].中国电子出版,2000(2):40-41.

[37] 赖院根.期刊论文与专利文献的链接研究[J].图书情报知识,2011(1):63-69.

[38] 赖院根,曾建勋.期刊论文与专利文献的整合框架研究[J].图书情报工作,2010,54(4):109-112.

[39] 冷伏海,徐跃权,冯璐.信息组织概论[M].2版.北京:科学出版社,2008.

[40] 李航.浅析语义技术对传统出版的影响及发展策略[J].出版发行研

究，2017（1）：35-38.

［41］ 李弘.面向知识服务的出版融合发展浅析［J］.科技与出版，2016（12）：12-16.

［42］ 李林容.新媒体概论［M］.北京：法律出版社，2015.

［43］ 李玲.美国光学会期刊出版发展动态研究［J］.中国科技期刊研究，2014，25（8）：1005-1008.

［44］ 李凌凌.传播学概论［M］.2版.郑州：郑州大学出版社，2014.

［45］ 李楠，孙济庆，马卓.面向学术文献的语义出版技术研究［J］.出版科学，2015，23（6）：85-92.

［46］ 李小燕，田欣，郑军卫，等.我国数据出版前景探析［J］.中国科技期刊研究，2015，26（8）：792-799.

［47］ 李苑.视频实验期刊（JoVE）：视频出版的启示［J］.中国科技期刊研究，2014，25（9）：1157-1161.

［48］ 梁艺多，翟军.本体推理在关联数据链接发现中的应用研究［J］.现代图书情报技术，2015（4）：87-95.

［49］ 林清发.项目带动数字出版转型发展：以时代出版传媒公司为例［J］.出版发行研究，2014（9）：19-22.

［50］ 刘凤红，崔金钟，韩芳桥，等.数据论文：大数据时代新兴学术论文出版类型探讨［J］.中国科技期刊研究，2014，25（12）：1451-1456.

［51］ 刘锦宏，张亚敏，徐丽芳.增强型学术期刊出版模式研究［J］.编辑学报，2016，28（1）：15-17.

［52］ 刘岭.学术交流需求变化环境下的科技期刊服务趋势及策略［J］.中国科技期刊研究，2015，26（3）：252-256.

［53］ 刘盛博.科学论文的引用内容分析及其应用［D］.大连：大连理工大学，2014.

［54］ 刘盛博，丁堃，张春博.基于引用内容性质的引文评价研究［J］.情报理论与实践，2015，38（3）：77-81.

［55］ 刘天星.中国科技期刊集群发展之路探讨［J］.中国科技期刊研究，2014，25（6）：754-760.

［56］ 刘晓娟，黄海晶，尤斌.语义网技术在图书馆数字资源深度聚合中的应用［J］.图书馆杂志，2015，34（6）：76-82.

［57］ 刘玉琴，彭茂祥.国内外学术关系分析方法与工具研究综述［J］.情

报科学, 2013, 31 (11): 137-142.

[58] 刘志辉, 张志强. 研究领域分析方法研究述评 [J]. 图书情报知识, 2009 (4): 81-88.

[59] 陆伟, 黄永, 程齐凯. 学术文本的结构功能识别: 功能框架及基于章节标题的识别 [J]. 情报学报, 2014, 33 (9): 979-985.

[60] 陆伟, 孟睿, 刘兴帮. 面向引用关系的引文内容标注框架研究 [J]. 中国图书馆学报, 2014, 40 (6): 93-104.

[61] 马费成. 论情报学的基本原理及理论体系构建 [J]. 情报学报, 2007, 26 (1): 3-13.

[62] 马费成, 宋恩梅. 信息管理学基础 [M]. 2版. 武汉: 武汉大学出版社, 2011.

[63] 马凤. 基于隐语义相似度分析的专业文献检索方法及实证研究 [J]. 情报理论与实践, 2014, 37 (1): 110-115.

[64] 马瑞敏, 邱均平. 基于CSSCI的论文同被引实证计量研究: 以图书馆学、情报学为例 [J]. 图书情报知识, 2005 (7): 77-79, 98.

[65] 迈尔-舍恩伯格, 库克耶. 大数据时代: 生活、工作与思维的大变革 [M]. 盛杨燕, 周涛, 译. 杭州: 浙江人民出版社, 2013.

[66] 米哈依洛夫, 等. 科学交流与情报学 [M]. 徐新民, 等, 译. 北京: 科学技术文献出版社, 1980.

[67] 宓永迪, 夏勇. 资源描述框架 (RDF) 的应用 [J]. 大学图书馆学报, 2001, 19 (2): 24-26.

[68] 欧石燕. 中文叙词表的语义化转换 [J]. 图书情报工作, 2015, 59 (16): 110-118.

[69] 潘安, 韩敏. 语义出版与编辑作为 [J]. 中国编辑, 2016 (3): 47-52.

[70] 彭希珺, 张晓林. 国际学术期刊的数字化发展趋势 [J]. 中国科技期刊研究, 2013, 24 (6): 1033-1038.

[71] 齐燕. 引用语义化相关问题初探 [J]. 情报理论与实践, 2013, 36 (8): 15-20.

[72] 乔晓东, 白海燕, 梁冰. NSTL的关联数据构建与应用场景设想 [J]. 数字图书馆论坛, 2012 (2): 54-60.

[73] 邱春艳. 期刊文献与科学数据的关联服务研究 [J]. 情报资料工作, 2014 (2): 63-66.

［74］ 屈宝强，王凯．数据论文的出现与发展［J］．图书与情报，2015（5）：1-8.

［75］ 曲立，尹洁林．知识服务业精益运营模式研究［M］．北京：经济科学出版社，2015.

［76］ 全国信息与文献标准化技术委员会．标准文献元数据：GB/T 22373—2008［S］．北京：中国标准出版社，2008.

［77］ 全国信息与文献标准化技术委员会．信息与文献　都柏林核心元数据元素集：GB/T 25100—2010［S］．北京：中国标准出版社，2010：2-3.

［78］ 人民网．胡锦涛：在中国科学院第十五次院士大会、中国工程院第十次院士大会上的讲话［EB/OL］．［2016-12-23］.http：//theory.people.com.cn/GB/11808872.html.

［79］ 任磊，杜一，马帅，等．大数据可视分析综述［J］．软件学报，2014，25（9）：1909-1936.

［80］ 任艳青，陈培颖，胡蓉，等．科技期刊的知识服务系统：以《自动化学报》知识服务平台为例［J］．中国科技期刊研究，2011，22（5）：688-692.

［81］ 萨蕾．数字图书馆元数据基础［M］．北京：中央编译出版社，2015.

［82］ 师曾志．现代出版学［M］．北京：北京大学出版社，2006.

［83］ 史领空．数字时代的出版［J］．编辑学刊，2000（S1）：11-15.

［84］ 搜狐网．方正电子：新计算时代下的数字出版3.0［EB/OL］．［2016-12-23］.http：//roll.sohu.com/20150715/n416833675.shtml.

［85］ 苏静，曾建勋．国内外语义出版理论研究述评［J］．中国科技期刊研究，2017，28（1）：33-38.

［86］ 苏静，曾建勋．开放信息环境下传统学术出版商的内容运营策略：以英国物理学会出版社为例［J］．中国科技期刊研究，2015，26（7）：693-698.

［87］ 苏静，曾元祥．我国青年学者学术阅读与出版行为研究［J］．出版科学，2017，25（2）：64-67.

［88］ 苏静，袁小群，王星．国外面向用户的科技出版平台构建要素与展望［J］．科技管理研究，2015（17）：161-164.

［89］ 苏新宁．面向知识服务的知识组织理论与方法［M］．北京：科学出版社，2014.

[90] 孙豪晨.完善我国书目报导体系刍议[J].文献工作研究,1989(4):12-16.

[91] 孙坦.开放信息环境:学术图书馆信息资源建设的重定义与再造[J].中国图书馆学报,2013,39(3):9-17.

[92] 陶皖,李平,廖述梅.当前基于本体的语义标注工具的分析[J].安徽工程科技学院学报(自然科学版),2005,20(2):52-55.

[93] 腾讯研究院:2016中国数字内容产业全景解读[EB/OL].[2016-12-22].http://www.alibuybuy.com/posts/90054.html.

[94] 汪庆,任慧玲.新技术环境下STM出版发展趋势探析[J].科技与出版,2014(9):123-127.

[95] 王丹丹.数据论文:数据集独立出版与共享模式研究[J].情报资料工作,2015(5):95-98.

[96] 王菲菲,邱均平,余凡,等.信息计量学视角下的数字文献资源语义化关联揭示[J].图书情报工作,2014,58(7):12-18,29.

[97] 王建芳,冷伏海.共引分析理论与实践进展[J].中国图书馆学报,2006(1):85-88.

[98] 王立学,冷伏海.简论研究前沿及其文献计量识别方法[J].情报理论与实践,2010,33(3):54-58.

[99] 王石榴.基于语义Web的科技期刊数字化[J].中国科技期刊研究,2013,24(6):1143-1145.

[100] 王晓光,陈孝禹.语义出版:数字时代科学交流系统新模型[J].出版科学,2012,20(4):81-86.

[101] 王晓光,陈孝禹.语义出版的概念与形式[J].出版发行研究,2011(11):54-58.

[102] 王晓光,徐雷,李纲.敦煌壁画数字图像语义描述方法研究[J].中国图书馆学报,2014,40(1):50-59.

[103] 王星,曾建勋,苏静,等.机构规范文档构建方式研究[J].数字图书馆论坛,2015(7):2-8.

[104] 王亚斌.基于本体的语义标注研究[D].兰州:兰州理工大学,2010.

[105] 王颖,张智雄,孙辉,等.基于本体的国史知识检索平台构建研究[J].图书情报工作,2015,59(16):119-128.

[106] 王勇安,张雅君.论出版产业融合发展的战略思维[J].出版发行研

究，2016（4）：14-18.

［107］王玥，刘谦，范晨芳. 内嵌 PDF 文档在科技期刊网络发布平台全文展示中的应用［J］. 中国科技期刊研究，2013，24（1）：136-140.

［108］王竹立. 系统学习与碎片式学习［J］. 现代远程教育研究，2014（4）：63.

［109］王子舟，王碧滢. 知识的基本组分：文献单元和知识单元［J］. 中国图书馆学报，2003，29（1）：5-11.

［110］温有奎. 基于"知识元"的知识组织与检索［J］. 计算机工程与应用，2005，41（1）：55-57，91.

［111］温有奎，吴广印. 碎片化科研创新点动态挖掘研究［J］. 数字图书馆论坛，2014（7）：25-32.

［112］闻丽，周光睿，谢荣秀. 中国科技期刊语义出版中编辑活动变化趋势［J］. 中国科技期刊研究，2016，27（12）：1274-1278.

［113］翁彦琴，李苑，董文杰.《化学进展》办刊创新实践与思考［J］. 中国科技期刊研究，2015，26（7）：687-692.

［114］翁彦琴，李苑，彭希珺. 英国皇家化学会（RSC）：科技期刊语义出版模式的研究［J］. 中国科技期刊研究，2013，24（5）：825-829.

［115］吴平. 编辑本论［M］. 武汉：武汉大学出版社，2005.

［116］吴思竹，李峰，张智雄. 知识资源的语义表示和出版模式研究：以 Nanopublication 为例［J］. 中国图书馆学报，2013，39（4）：102-109.

［117］鲜国建. 农业科技多维语义关联数据构建研究［D］. 北京：中国农业科学院，2013.

［118］贤信，曾建勋. 科研实体唯一标识系统研究［J］. 图书情报工作，2015，59（12）：113-119.

［119］谢新洲. 数字出版技术［M］. 北京：北京大学出版社，2002.

［120］新华社. 我国人口与健康科学大数据首次发布［EB/OL］.［2017-01-03］. http：//www.gov.cn/ shuju/ 2017-01/05/content_5156735.htm.

［121］新闻出版总署. 关于加快我国数字出版产业发展的若干意见［EB/OL］.［2016-12-23］. http：// www.gapp.gov.cn/news/798/76914.shtml.

［122］徐雷. 语义出版应用与研究进展［J］. 出版科学，2016，24（3）：33-39.

［123］徐丽芳. 科学交流系统的要素、结构、功能及其演进［J］. 图书情报

知识，2008（6）：114-117.

[124] 徐丽芳.数字出版：概念与形态［J］.出版发行研究，2005（7）：5-12.

[125] 徐丽芳，丛挺.数据密集、语义、可视化与互动出版：全球科技出版发展趋势研究［J］.出版科学，2012，20（4）：73-80.

[126] 徐丽芳，方卿，邹莉，等.2006—2010年数字出版研究综述［M］//方卿，徐丽芳.出版学研究进展.武汉：武汉大学出版社，2010.

[127] 许鑫，江燕青，翟姗姗.面向语义出版的学术期刊数字资源聚合研究［J］.图书情报工作，2016，60（17）：122-129.

[128] 杨思洛.引文分析存在的问题及其原因探究［J］.中国图书馆学报，2011，37（3）：108-117.

[129] 杨新涯.图书馆文献搜索研究［M］.重庆：重庆大学出版社，2015.

[130] 杨彦波，刘滨，祁明月.信息可视化研究综述［J］.河北科技大学学报，2014，35（1）：91-102.

[131] 叶蜚声，徐通锵.语言学纲要（修订版）［M］.北京：北京大学出版社，2010.

[132] 由丽萍，张惠春.基于规则的中文框架元素自动标注方法研究［J］.情报学报，2011，30（2）：166-171.

[133] 余溢文，陈爱萍，赵惠祥.基于语义网的学术期刊发展初探［J］.中国科技期刊研究，2013，24（5）：954-956.

[134] 袁正光，刘学谦，张锡玲.现代科学技术知识辞典［M］.北京：科学出版社，1994.

[135] 曾建勋.基于知识链接的科技期刊数字化出版策略［J］.中国科技期刊研究，2011，22（1）：6-9.

[136] 曾建勋.知识链接的构建方式研究［J］.图书情报工作，2010，54（12）：32-35，77.

[137] 张春.网络环境与数字出版［J］.科技与出版，2000（5）：4-6.

[138] 张立数字出版的博客.出版业有"大数据"吗？［EB/OL］.［2017-01-03］.http：//blog.sina.com.cn/s/blog_4b0920d60102wtvk.html.

[139] 张濮.个人数字复合出版环境的构建［J］.出版发行研究，2010（3）：43-46.

[140] 张青.受众选择时代的期刊发展策略［J］.出版发行研究，2012

（5）：78-80.

[141] 张晓林. 开放获取、开放知识、开放创新推动开放知识服务模式：3O会聚与研究图书馆范式再转变[J]. 现代图书情报技术，2013，29（2）：1-10.

[142] 张晓林. 走向知识服务：寻找新世纪图书情报工作的生长点[J]. 中国图书馆学报，2000，26（5）：30-35.

[143] 张晓林，李麟，刘细文，等. 开放获取学术信息资源：逼近"主流化"转折点[J]. 图书情报工作，2012，56（9）：42-47.

[144] 张新新. 变革时代的数字出版[M]. 北京：知识产权出版社，2016.

[145] 张新新. 出版机构知识服务转型的思考与构想[J]. 中国出版，2015（24）：23-26.

[146] 赵捷，苏静. 基于知识元和MARTIF的术语集成方法研究[J]. 图书情报工作，2012，56（22）：16-20，11.

[147] 赵蓉英，温芳芳. 科研合作与知识交流[J]. 图书情报工作，2011，55（20）：6-10，27.

[148] 中国互联网络信息中心. 第38次中国互联网络发展状况统计报告[R/OL]. [2017-01-05]. http：//www.cnnic.net.cn/hlwfzyj/hlwxzbg/hlwtjbg/201608/P020160803367337470363.pdf.

[149] 中国科学技术协会. 中国科协科技期刊发展报告（2014）[M]. 北京：中国科学技术出版社，2014.

[150] 中华人民共和国科学技术部. 李萌副部长介绍促进科技成果转移转化工作情况[EB/OL]. [2017-03-02]. http：// www.most.gov.cn/xinwzx/xwzx/twzb/fbh17022101/index.htm.

[151] 中华人民共和国中央人民政府. 国务院关于印发促进大数据发展行动纲要的通知[EB/OL]. [2017-01-03]. http：//www.gov.cn/zhengce/content/2015-09/05/content_10137.htm.

[152] 周杰，曾建勋. 数字环境下的语义出版研究[J]. 情报理论与实践，2013，36（8）：32-35.

[153] 周杰，苏静，曾建勋. 下一代数字图书馆的发展思考[J]. 图书情报工作，2013，57（8）：35-39.

[154] 朱大明. 数字化出版条件下科技期刊论文摘要内容拓展的探讨[J]. 编辑学报，2014，26（5）：430-432.

后 记

本书是在笔者博士论文的基础上修订而成的，也是笔者尝试将图书情报知识融入出版学领域相对系统也略显稚嫩的学术成果。

2006年笔者被西北大学图书馆学专业录取，2010年被保送至中国科学技术信息研究所攻读图书馆学硕士学位，2013年报考武汉大学出版发行学博士研究生，有幸跟随方卿教授、曾建勋研究馆员从事数字出版领域的相关研究，2017年博士毕业后进入陕西师范大学新闻与传播学院工作。10余年来，笔者一直关注着科学交流方式、信息资源建设和知识组织工具的发展，紧跟国内外出版领域的动态与前沿。

在确定博士毕业论文选题阶段，方卿、曾建勋两位导师都建议笔者要学会理解图书情报学领域与出版学领域的关联与不同，懂得以出版的视角融合图书情报的理论和方法去思考问题。语义出版是一个新兴的出版业态，在概念基础、体系框架、内容组织、服务形态等方面仍处于探索和发展阶段。由此，笔者试图对语义出版及其服务进行探索式的系统研究，这一想法也得到了两位导师的认可。

在博士论文撰写过程中，笔者作为核心成员参与了曾老师主持的国家自然科学基金项目"基于海量数字资源的科研关系网络构建研究"，该项目对科研实体在科学交流活动中呈现出的语义元素进行了有效识别和有序分类，积累了大量的规范数据和研究经验，这对语义出版知识网络的构建具有积极的指导作用。但是，如何构建面向产业创新的工程化语义知识组织方法、如何打造面向用户需求的差异化语义知识服务产品,仍是需要重点攻克的难题。此时,笔者开始着手从语义出版实践、语义出版内涵辨析上,探究语义出版体系框架,并融入知识组织的理论与方法、科研全生命周期等内容,逐步形成了本书的雏形。笔者深知本书是漫漫学术生涯中的"蹒跚学步",只是个人对语义出版建设的若干初步思考,囿于学识水平,本书尚存纰漏与不足,恳请领域专家与广大读者批评赐教。

另外,本书的部分内容曾被修改扩充为论文发表于学术期刊,也可供相关学者雅正。

白云悠悠,长空依旧,仍记得在博士毕业论文撰写期间,曾告诫自己,什么时候能够摒弃学而即用的思想,那才叫真正做学问。"青箬笠,绿蓑衣,斜风细雨不须归",学术探究也许便如雨中渔翁垂钓一般,耐住寂寞,寻求真理,而当小有所获时,那份不足外道的欢喜更胜囊中之物。本书算是所获之一,谨以感谢方卿、曾建勋两位导师的谆谆教诲,谨以献给无私支持的家人,谨以纪念曾经的求学生涯。作为出版学领域的学术新人,也定将怀揣忐忑与憧憬,问道,为学。

苏静
2021 年 6 月 26 日于西安

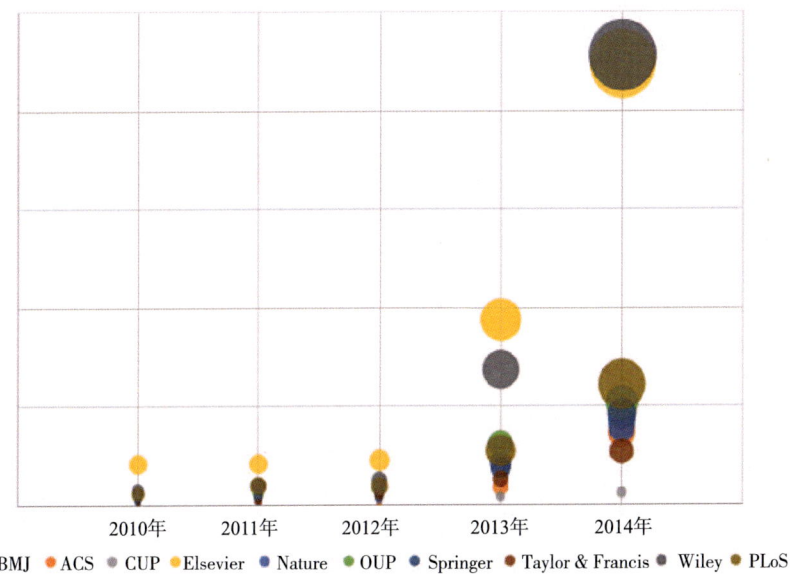

图 2.5　2010—2014 年国际主要出版商的开放出版论文处理费收入

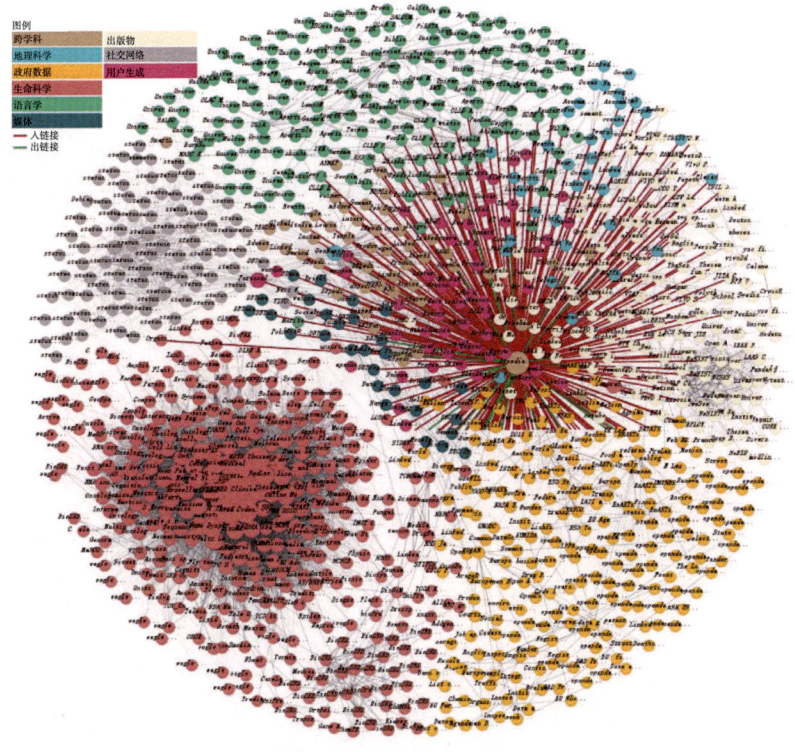

图 3.2　关联数据集云图（2017 年 1 月版）

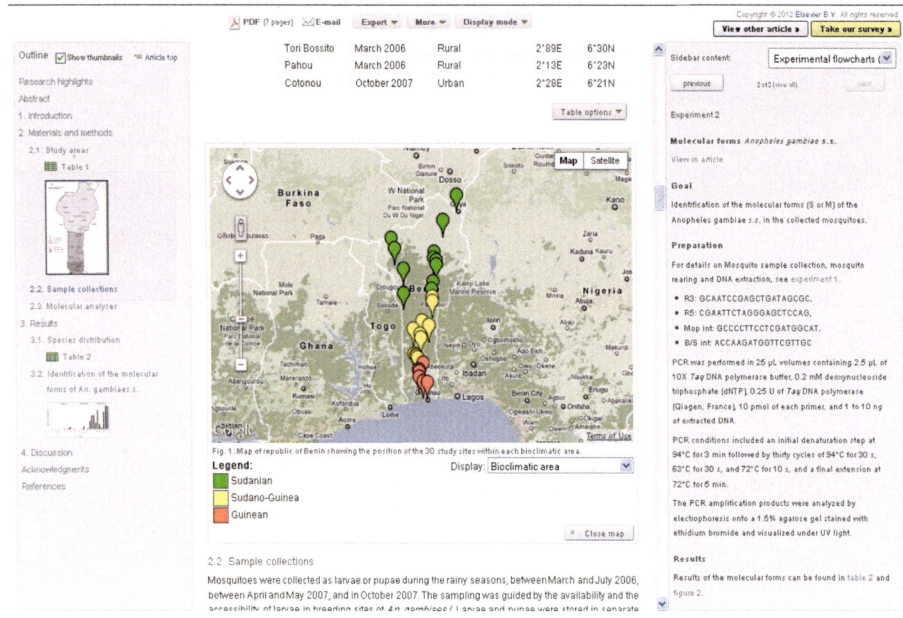

图 3.5　Article of the Future 项目研发的交互性地图

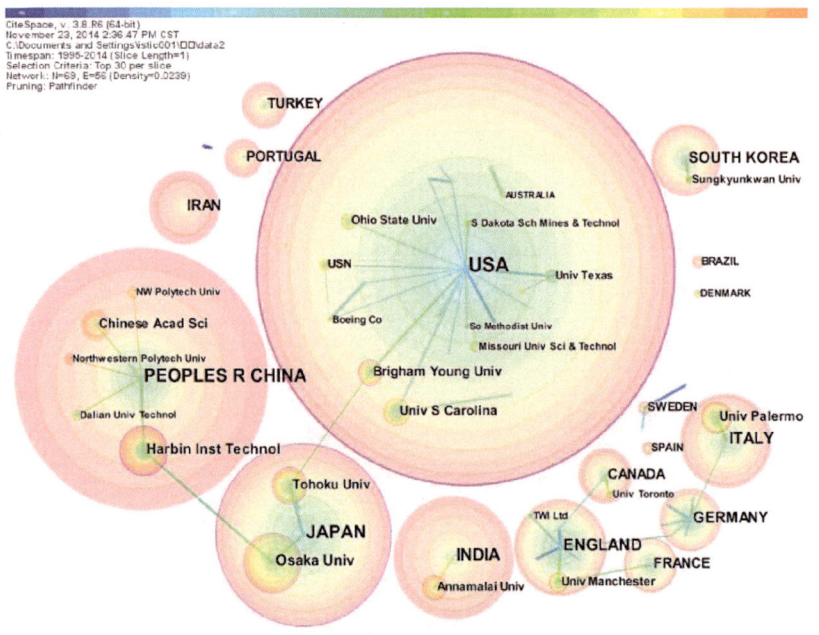

图 3.14　机构及所属国家文献出版规模的可视化示例

图 5.3　基于文献增值的语义出版产品示例

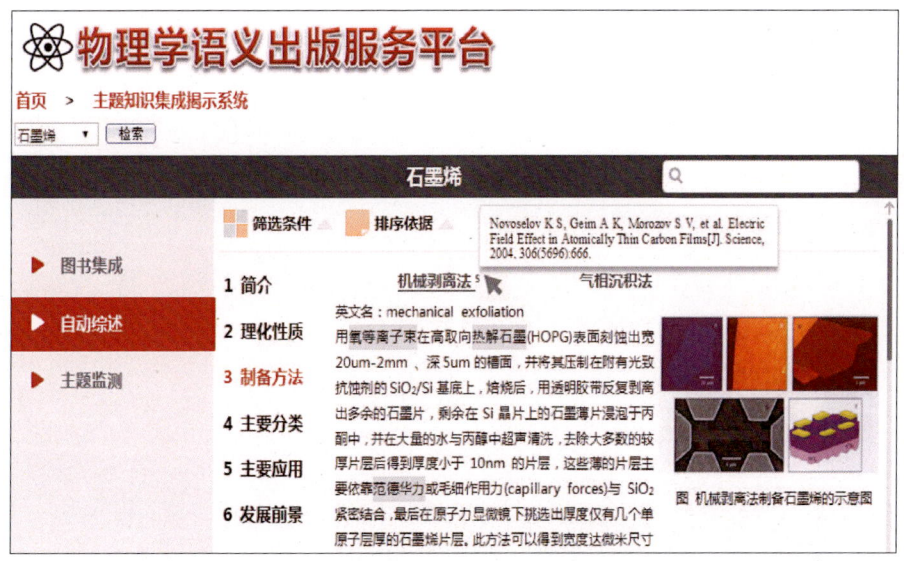

图 5.4　基于集成揭示的语义出版产品示例

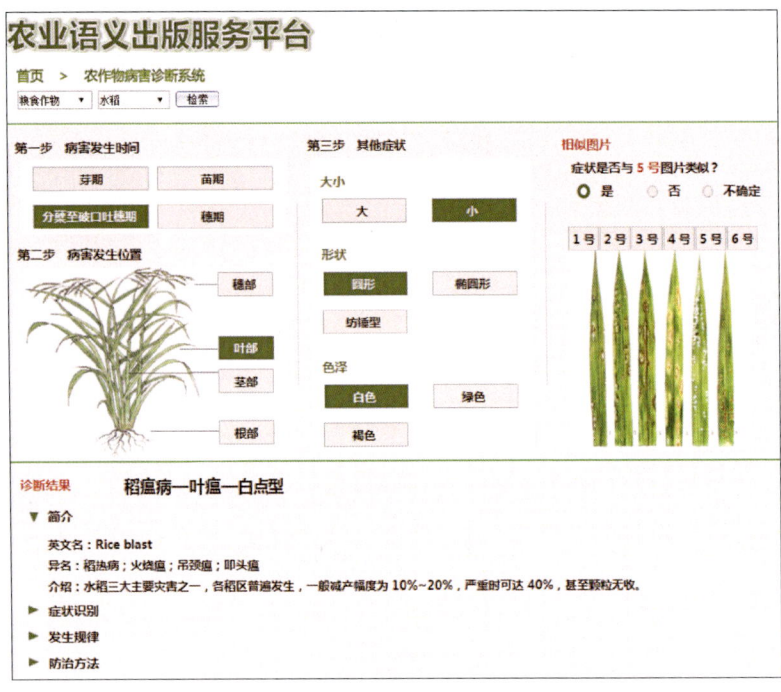

图 5.5 基于智能推理的语义出版产品示例

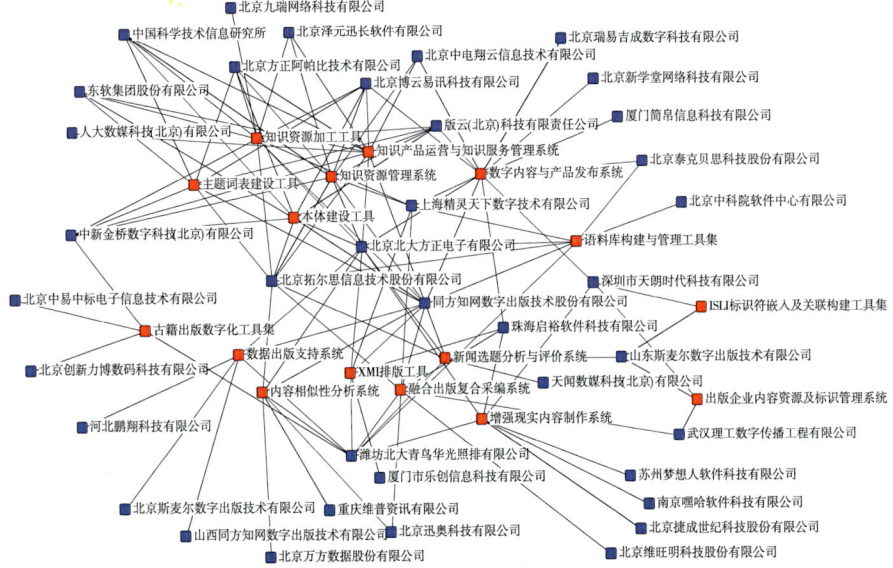

图 6.1 我国语义出版软件技术服务商的技术类别分布